KB134558

좀비 정치

좀비 정치

강준만 지음

인물과
사상사

머리말
'좀비 정치'의
시대

"이 절망적인 극단의 정치를 어찌할까."[1]

"양강 구도의 후보들이 호감도 30% 안팎에 비호감도는 무려 60% 대에 달한다. 역대급 비호감 대선이 만든 풍경이다."[2]

"갈수록 태산이다. 거짓과 막말과 네거티브가 난무한다. '내로남불' 과 'X 묻은 개가 겨 묻은 개 나무란다'식 언행만 두드러진다.…… '얘 가 더 비호감'이라며 상대방을 향해 삿대질을 하고, 흠집 내기에 혈 안이다."[3]

제20대 대통령 선거를 100여 일 앞둔 시점에서 나온 개탄의 목소 리다. 2022년 3월 9일 투표일까지 그런 '극단의 네거티브 정치'는 계속될 것이다. 물론 선거 이후에도 달라질 건 없을 게다. 이런 답답한 상황에서 떠오르는 건 영화와 드라마에서 많이 본 '좀비' 이미지다.

좀비zombie는 원래 서아프리카 지역의 부두교voodoo cult에서 뱀처럼 생긴 신神을 가리키는 말이었지만, 이후 일부 아프리카·카리브해 지역 종교와 공포 이야기에 나오는 되살아난 시체를 뜻하는 말이 되었고, 비유적으로 반쯤 죽은 것 같은 무기력한 사람을 일컫는 말로 쓰이게 되었다. 이후 적용 상황에 따라 좀비 개념은 다양한 진화 과정을 거치게 된다.

좀비는 머리가 텅텅 비어 생각 자체를 못하고 움직이기만 하는 존재지만, 살아 있는 사람들을 물어뜯어 자신처럼 만들려는 '본능'을 발휘할 때엔 전혀 무기력하지 않다. 놀라울 정도로 공격적이고 날렵하기까지 하다. 그러나 여전히 그런 '본능'만 있을 뿐 사고 능력이 없어 소통 불능 상태에 처해 있다. 소통을 거부하면서 상대를 물어뜯으려고만 하는 정치를 가리켜 '좀비 정치'라고 부를 수 있지 않을까?

영국 정치학자 데이비드 런시먼은 "국민들이 때를 가려 박수나 치는 공연 관람객 정도의 역할"만 하는 '구경꾼 민주주의'를 가리켜 '좀비 민주주의'라고 했지만,[4] 한국에서 쓰이는 '좀비 정치'의 의미는 전혀 다르다. 물론 한국에서도 '좀비 정치'의 의미는 쓰는 사람에 따라 좀 다르긴 하지만, 나는 전 더불어민주당 의원 표창원의 정의를 따르고자 한다.

표창원은 2021년 3월에 출간한 『게으른 정의』에서 '좀비 정치'를 "우리 편은 '선', 상대방은 '악'으로 규정하고 '다름'은 '틀림'으로 인식, 사실 관계 확인이나 맥락, 입장 등은 무시한 채, 상대방 혹은 의견이 다른 이를 무조건 공격하고 물어뜯는 정치"로 정의한다. "품격, 논리, 근거, 존중, 배려 등의 덕목과 가치를 내팽개치고, '적'으로 규정한 상대를 향해 잔혹하고 가학적인 공격을 퍼붓는 것만이 '정치'라고 착각한 이들"의 모습이 "뇌와 심장이 멎은 상태에서 물어뜯고 먹어치우는 기능만 남은 좀비"와 많이 닮아 있지 않느냐는 것이다.

표창원은 '좀비 정치'를 주도하거나 지원하면서 큰 이익을 얻는 무리로 "정적政敵과의 전쟁 같은 상황을 조성하고 선동하면서 선출직 혹은 임명직 공직을 차지하고 밀고 당기며 나누는 소위 '실세들'"과 "극단적, 일방적으로 자기편에 유리한 선동을 하며 금전적 이익을 챙기는 언론이나 유튜버 등 소위 '진영 스피커'들"을 지목했다. 그는 후자의 무리를 가리켜 '정치군수업자'라고 했는데, 정말 적합한 표현이다.[5]

디지털 혁명은 정치군수업을 신흥 성장 산업으로 키웠다. 소셜미디어와 유튜브가 공론장을 같은 편끼리만 모이는 곳으로 재편성한 가운데, 이른바 '집단 사고', '필터 버블', '반향실 효과' 등과 같은 현상이 대중의 일상적 삶을 지배하게 되었기 때문이다. 디지털 시대의 과잉 연결이 낳은 저주다. 증오와 혐오를 발산할 수 있는 더 많은 기회와 더 화끈한 콘텐츠를 제공해달라는 수요가 폭증하면서 스타급 정치군수업자들은 돈도 벌면서 소비자의 사랑과 존경까지 누리는 정신적 지도자의 반열에 오르게 되었다.

정치군수업자들의 이해관계와 이들이 추종하는 정치인의 이해관계는 대부분 일치하지만, 일치하지 않을 때도 많다. 군수업체에 평화

무드가 재앙이듯이, 정치군수업자들에게 대화나 타협의 무드는 재앙이다. 자신의 일자리를 잃게 되기 때문이다. 이들은 자신의 안전과 번영을 위해 음모론을 자주 구사한다. 음모론은 공포심을 부추겨 적에 대한 '증오의 정치'를 정당화하며 증폭시킬 수 있기 때문이다.

반면 국정 운영을 책임진 대통령으로선 늘 '증오 마케팅'만을 할 수는 없는 일이다. 하지만 다른 자세를 취하고자 할 때에 관성의 법칙에 따라 움직이는 팬덤을 설득하기는 매우 어렵다. 그래서 이른바 '실세들'이나 그 위치를 지향하는 정치인들은 대통령보다는 사실상 정당을 장악한 팬덤과 이들에게 큰 영향력을 행사하는 정치군수업자들의 뜻을 따르는 경향이 있다. 물론 그렇게 하는 게 자신들에게 더 이익이 되기 때문이다.

이 책에 실린 대부분의 글은 내가 여러 매체에 기고했던 것이지만,[6] 이 책의 구성과 취지에 맞게 좀 늘려 쓰면서 다시 손보는 과정을 거쳤다. 주장의 근거나 인용의 출처도 일일이 밝혔다. 이 책이 '좀비 정치'를 넘어서는 데에 일조할 수 있기를 바라마지 않는다.

2022년 1월

강준만

차례

머리말 '좀비 정치'의 시대 ▪ 4

제1장 **이재명의 만독불침 투쟁사**

윤석열도 부러워한 이재명의 '깡' ▪ 15

이재명 캠프의 '가난 마케팅' ▪ 22

정치 팬덤은 증오를 먹고산다 ▪ 29

이재명의 '균형발전 내로남불'인가? ▪ 43

이재명 지지자들의 세 가지 유형 ▪ 53

제2장 **윤석열의 리더십**

윤석열은 '법조 공화국'을 완성하려는가? ▪ 67

윤석열의 '검찰정권'에 대한 분노와 공포 ▪ 73

윤석열이 '반노동적 노동관'을 벗어나려면 ▪ 79

이준석의 영악한 '치킨 게임' ▪ 90

'갈라파고스 정당'이 만든 '김종인 현상' ▪ 102

제3장 **문재인의 오만과 비극**

문재인의 착한 얼굴에 드리워진 그늘 ▪ 115

왜 이낙연은 혼자 소리내어 울었을까? ▪ 130

문재인이 촉진한 공무원의 '복지부동' ▪ 135

문재인 정권의 집요한 '통계 조작' ▪ 140

괴물과 싸우면서 괴물이 된 비극 ▪ 150

제4장 **너는 어느 편이냐?**

유시민, 제2의 '어용 지식인' 선언인가? ▪ 161

왜 정청래는 '인간 이재명'을 흐느끼며 읽었을까? ▪ 166

김원웅은 '토착왜구 정당' 시절을 어떻게 견뎠을까? ▪ 173

왜 박노자의 눈엔 '극우'만 보이는 걸까? ▪ 181

조은산, "너는 어느 편이냐"고 묻지 마라 ▪ 188

제5장 **진영 논리와 반정치**

부족주의 진영 논리가 반정치를 키운다 ▪ 195

'강성 지지층의 저주'와 싸우는 진중권 ▪ 199

'진영 논리의 독재'에 도전한 김동연 ▪ 205

이건희, 정관용, 장강명의 '회색 예찬론' ▪ 209

소설가 김훈은 '꽉 막힌 꼰대'인가? ▪ 213

제6장 **승자 독식과 증오 정치**

'증오 정치'를 키우는 '승자 독식' ▪ 219

윤희숙, 내로남불은 반민주적 악행이다 ▪ 223

한국 정치판의 '꼴통'을 배격한 정두언 ▪ 227

'혐오 산업'이 된 정치를 구하려는 박용진 ▪ 231

'허경영 현상'과 '경마 엔터테인먼트' ▪ 235

제7장 정치가 사적 보복의 도구인가?

2년 넘게 매일 '쿠데타'를 외치는 나라 ▪ 243
김의겸, 왜 '피 맛' 운운하며 흥분하는 걸까? ▪ 248
권경애, 우리가 꿈꿨던 세상이 이거였는가? ▪ 260
검찰 개혁은 '원한을 갚기 위한 보복 수단'이었는가? ▪ 265
언론도 '원한'의 대상인가? ▪ 269

 제8장 부동산 약탈과 지방 소멸

삼호어묵이 김현미 자리에 앉았더라면 ▪ 279
김수현은 '부동산 약탈'의 책임이 없는가? ▪ 285
마강래, 집값 폭등은 '서울 공화국'의 저주다 ▪ 290
'1당 독재'에 죽어가는 '풀뿌리 민주주의' ▪ 295
'지잡대'라며 누워서 침 뱉는 못난 사람들 ▪ 299

 맺는말 '좀비 정치'를 넘어서 ▪ 305

주 ▪ 310

제1장

이재명의
만독불침
투쟁사

윤석열도
부러워한
이재명의
'깡'

"무협지 화법으로 말하자면 난 '만독불침萬毒不侵' 의 경지다. 포지티브가 아니라 네거티브 환경에서 성장했다. 적진에 서 날아온 탄환과 포탄을 모아 부자가 되고 이긴 사람이다."[1]

민주당 대선 후보 이재명이 2018년에 한 말이다. 그런데 그게 어떻게 가능했던가? 무협지에 나오는 만독불침은 어떠한 독에도 당하지 않는 갑옷이라는데, 이재명에게 그런 기능을 해온 갑옷은 한마디로 말해서 '깡'이었다. 오죽하면 문재인 정권을 충격과 분노에 빠트릴 정도의 '깡'을 보여준 윤석열마저 SBS 예능 프로그램 〈집사부일체〉에 나와 "이재명의 깡을 배우고 싶다"고 했겠는가?[2]

대학 시절에 만나 이재명의 평생 친구가 된 이영진은 "이재명의 특징 중 특징은 두려움을 모르는 것"이라고 했다.[3] 이재명도 자서전에서 두 번의 자살 기도가 실패로 끝난 뒤부터 "긍정과 희망이 나의 무기가 되었다"며 이렇게 말했다. "나는 겁이 없다. 살아가면서 어지간한 일에는 눈도 깜빡하지 않는다. 날 때부터 강심장이어서가 아니라 인생의 밑바닥에서부터 기어올라왔기 때문이다."[4]

인생의 밑바닥에서부터 기어올라왔다고 해서 누구나 이재명처럼 될 수 있는 건 아니다. 이재명은 그런 깡과 더불어 타고난 비상한 머리와 초인적인 노력으로 온갖 역경을 이겨내고 그간 승승장구해왔다. 수많은 사건과 의혹이 있었지만, 무협지에나 나오는 만독불침을 현실 세계에서 구현해 보인 것이다.

개인적 차원에선 박수를 보낼 만한 일이지만, 공적 차원에선 이런 의문이 든다. 깡과 '긍정과 희망'이 무조건 다다익선은 아닐진대, 과유불급의 문제는 없을까? 그는 국가적으로 매우 중대한 문제에 대해서도 너무 쉽게 말하는 건 아닐까? 개인과 국가는 다르지 않은가?

예컨대, 이재명은 2020년 8월 "제가 단언하는데 재난지원금을 30만 원씩 50번, 100번 지급해도 서구 선진국의 국가부채비율에 도달하지 않는다"는 주장을 폈다.[5] 50회면 750조 원, 100회면 1,500조 원이 든다는데,[6] 그게 가능하며 바람직한 일일까? 이재명은 그런 논리의 연장선상에서 2021년 11월에도 전 국민 재난지원금 추가 지급을 강력히 요청했지만, 이는 국민의 60퍼센트 이상이 반대해 거부되었다.[7]

이재명은 11월 18일 결국 자신의 주장을 철회할 수밖에 없었지만, 철회의 명분으로 "지금 소상공인, 자영업자들이 처한 현실이 너무 어렵다"는 이유를 들었다.[8] 이미 국민의힘 대선 후보 윤석열이 내놓은 '소상공인·자영업자 50조 원 지원'을 포퓰리즘으로 비난했는데, 방향 전환이 가능할까? 놀랍게도 이재명은 바로 입장을 바꿔 선거 전에 빨리 해치우자며 오히려 윤석열과 국민의힘을 향해 역공을 폈다. 이재명의 역공에 허둥대는 모습을 보인 윤석열·국민의힘도 한심했지만, 그렇다고 해서 이재명의 묘기 대행진에 박수를 보내긴 어려웠다.

이재명은 12월 6일 '소상공인과 함께하는 전 국민 선거대책위원회 회의'에서 '낮은 국가부채비율'을 근거로 재정 지출 확대를 요구하고 나섰다. 그는 "국가경제 유지 비용을 가계와 소상공인에게 다 떠넘기고 국가부채비율을 50% 밑으로 유지하는 게 무슨 의미가 있냐"며 "국가부채비율이 낮다고 칭찬받지 않는다"고 했다.

뒤늦게나마 소상공인과 자영업자를 생각하는 자신의 마음을 널리 알리려는 건 이해할 수 있지만, 국가부채비율에 관한 전문가들의 견해는 크게 다르다.[9] 그걸 일일이 소개해보아야 우리와 같은 보통 사람들로선 알기 어렵지만, 재정 건전성이 필요하다는 정도는 잘 알고 있다. 그래서 전 국민 재난지원금 추가 지급에도 반대 여론이 높았던 것이다.

평소 이재명을 높게 평가해온 전 국민의힘 총괄선대위원장 김종인은 이재명을 '변신의 귀재'라고 했다. 긍정적 의미로 쓴 말이다.[10] 이재명이 보여준 놀라운 변신은 깡과 '긍정과 희망'이 있기에 가능했을 것이다. 하지만 이런 생각이 드는 건 어쩔 수 없다.

처음부터 전 국민 재난지원금 대신 소상공인·자영업자들을 위한 손실 보상을 외쳤더라면 얼마나 좋았을까? 재정 건전성의 중요성을 부인하지 않으면서 그 필요성을 역설했더라면 어땠을까? 무조건 역공을 펴는 대신 자신의 입장 변화에 대해 좀더 겸허하고 성의 있는 설명을 내놓으면 어떨까?

이재명의 개인적인 깡은 긍정 평가하면서도 그것이 국가적 차원에서 발휘될 때엔 좀 이상하고 무모한 방향으로 흐른다는 생각을 떨치기 어렵다. 전두환에 대한 평가가 상황에 따라 달라지는 것도 좀 어지럽다. 이런 어지러움을 느끼는 사람들을 향해 이재명이 "우리 사회의 가장 심각한 병폐가 흑백 논리, 진영 논리"라며 반박한 것도 영 이상하다.[11] 그 말 자체로선 백번 옳지만, 그간 누구 못지않게 '흑백 논리, 진영 논리'로 여겨질 발언을 많이 해온 분이 아닌가? 아무래도 깡과 '긍정과 희망'을 좀 자제하는 게 어떨까 싶다.

그러나 이재명에겐 그럴 뜻이 없었던가 보다. 그는 전 국민 재난지원금 추가 지급 철회 의사를 밝힌 지 40여 일 만인 2022년 1월 4일 신년 기자회견에서 이걸 다시 꺼내들었으니 말이다. 그는 "최소 국민 1인당 총액 100만 원 정도는 맞춰야 한다"며 "설 전에 당연히 가능하고, 30조 원 정도가 실현 가능한 목표가 아닐까 싶다"고 했다. 지난 40여 일간 진척된 권력 이동으로 인해 이제 이재명은 문재인보다 막강한 권력을 행사하는 문재인 정권의 '구세주'가 아닌가? 그간 추가 경정예산에 난색을 표했던 청와대와 정부 입장이 방역 상황을 봐서 검토할 수 있다며 입장을 바꾼 것도 놀랄 일은 아니었다.

이재명과 여권이 꿈꾸는 것은 '원 모 타임 4·15'라는 건 두말하면 잔소리다. 야당의 승리가 예상되었던 2020년 4·15 총선에서 민주당이 177석을 얻는 압승을 거두며 '대박'을 친 비결도 바로 재난지원금이 아니었던가? 원래 정부는 취약 계층을 중심으로 재난지원금을 주려고 했지만, 민주당이 강하게 우기며 압박하는 바람에 전 국민 지원으로 돌아섰다는 건 이미 널리 알려진 사실이다.

유권자들이 설날 밥상에서 이재명이 하사한 1인당 최소 50만 원의 재난지원금으로 이야기꽃을 피우면 어떤 일이 벌어질까? 60퍼센트 이상의 국민이 나라를 생각하는 마음으로 반대하긴 했지만, 막상 공돈 받고 싫어할 사람이 누가 있을까? 그게 결코 공돈이 아니며, 나중에 국가적으로 엄청난 부작용을 초래한다 하더라도 그건 훗날의 문제이자 연대 책임의 문제가 아닌가? 포퓰리즘이 질긴 생명력을 자랑하는 이유도 바로 여기에 있다는 건 역사가 증명하는 사실이다.

민주당은 왜 선거 때만 되면 재난지원금을 정치자금처럼 활용하는가? 정의당은 이렇게 따져 물었지만, 민주당은 "그럼 어때?"라는 자세다. 그렇다면 소상공인·자영업자 지원은 어떻게 되는 건가? 『한겨레』(2022년 1월 5일)가 「'황당한 거짓말 잔치'로 끝날 자영업자 지원 공약」(논설위원 정남구)이라는 칼럼을 통해 잘 지적했듯이, 여야 합동으로 저지른 사기극이었느냐 이 말이다. 이재명과 민주당은 국민의힘이 '소상공인·자영업자 지원'을 선점하게 놔둘 수는 없다는 입장에서 맞불을 놓았을 뿐 애초에 뜻이 없었던 게 아니냐는 것이다.

아무리 반칙과 사기를 저질러도 괜찮을 거라고 생각하는 걸까? 그렇게 보여선 곤란하다고 생각했던 건지 이재명은 1월 6일 "가장 피해가 큰 소상공인·자영업자에 대한 두터운 지원이 바람직하다"며 전 국민 재난지원금 추가 지급에서 한 발 물러섰다. 이틀 만에 또 바뀐 걸까? 알 수 없는 일이다. 나중에 또 바뀔지 어떻게 알겠는가?

이재명은 아예 산타클로스가 되기로 작정한 것 같다. 그가 거의 매일 쏟아내는 공약 중 언론의 주목을 받는 것들은 대부분 돈 뿌리는 일이다. 독자들이 가장 궁금하게 생각할 '민생' 문제가 아닌가? 표를 얻는 데에 도움이 된다면 무슨 일이든 하겠다는 게 이재명과 여권의 소신인 것으로 보인다. 그가 탈모약에 건강보험을 적용하겠다는 공약을 검토하고 있다고 하자 전 법무부 장관 조국은 "히트작이 될 것 같다"며 "민주당 탈모 의원들이 단체로 기자회견하면 좋겠다"고 했다. 이에 민주당 선거대책위원회 대변인 남영희는 이 글을 공유하면서 "격하게 공감한다"고 했다.

국민건강보험공단 건강보험연구원장을 지낸 제주대학교 의학전문대학원 교수 이상이는 "건강보험 재정을 파탄낼 포퓰리즘 정치"라고 비판했지만, 재정 파탄 문제는 이재명과 여권의 관심사가 전혀 아닌 걸 어이하랴. 문제의 핵심은 탈모약의 건강보험 적용이 아니다. 국민 다수가 원한다면 무엇인들 못하랴. 중요한 것은 이재명이 산타클로스 역할을 하는 문제들에만 관심이 있을 뿐, 국민연금이나 건강보험 재정 문제처럼 표를 잃을 가능성이 있지만 대통령이라면 반드시 해결하거나 짚고 넘어가야 할 문제들에 대해선 입을 굳게 다물고 있다는 사실이다. 그런 기이한 침묵은 문재인 한 명으로 족하지 아니한가?

즉흥성과 순발력은 정책의 미덕이 아니다. 어떤 새로운 정책을 도입하고자 할 때엔 미처 생각하지 못한 문제점들이 무엇인지를 꼼꼼히 살펴보고 나서 '긍정적 검토' 운운하는 말을 해야 한다. 탈모약의 건강보험 적용은 탈모약으로만 끝나지 않게 되어 있다. 수많은 사람이 고통받고 있는, 비슷한 질병이나 미용·성형상의 수요가 줄지어 기다리고 있다. 제대로 먹지 못하는 고통이 탈모의 고통보다 심하다며 임플란트의 전면적인 건강보험 적용을 요구하면, 도대체 무슨 기준과 논거로 그건 안 된다고 할 것인가?

이재명은, 청와대 대변인 시절 나랏돈을 더 풀어야 한다며 "곳간에 작물을 계속 쌓아두기만 하면 썩어버리기 마련"이라고 주장했던 고민정의 이론을 신봉하는 것 같다. 만독불침의 원리를 자기 자신을 넘어 국가에 적용하려는 이 집요함과 무모함을 어찌 해야 하는가?

하지만 이런 걱정으로 밤을 지새울 일은 아니리라. 종국적으로 유권자의 다수가 원한다면 나라가 죽이 되건 밥이 되건 그 선택을 존중하는 수밖에 없는 게 민주주의 체제에 사는 시민의 숙명이 아닌가? 재난지원금을 30만 원씩 50번, 100번 지급해도 서구 선진국의 국가 부채비율에 도달하지 않으니 괜찮다는 이재명의 말을 믿고 사는 게 개인 건강엔 훨씬 나을지도 모르겠다. 50만 원을 어디에 쓸지 미리 궁리해두는 것도 좋을 게다. 그 어떤 국가적 파국이 올 때 오더라도 말이다.

이재명
캠프의
'가난 마케팅'

2021년 12월 4일 이재명은 전북 군산시 군산공설시장에서 한 즉석 연설에서 "제 출신이 비천하고, 비천한 집안이라 주변을 뒤지면 더러운 게 많이 나온다. 제 출신이 비천한 건 제 잘못이 아니니까 저를 탓하지 말아 달라"며 "저는 그 속에서도 최선을 다했다. 진흙 속에서도 꽃은 피지 않느냐"고 말했다.[12]

이 말의 취지는 충분히 이해할 수 있지만, '가난'이 '비천'은 아니라는 건 분명히 해둘 필요가 있겠다. 다른 가난한 사람들에게 모욕일 수도 있잖은가? 그리고 이재명이 오늘의 자리에 올 수 있었던 데엔 그의 가난했던 과거에 대한 대중의 인식이 큰 역할을 했기에 그리 말하는 게 적절한지도 의문이다. 차라리 이재명 캠프에서 자주 벌어지는 '가난 마케팅'을 자제하도록 요청하는 게 어떨까 싶다.

2021년 10월 초순 때 아닌 '어린 시절 옷 사진' 공방이 있었다. 이재명 캠프의 대변인 이경은 자신의 페이스북에 이재명과 윤석열의 어린 시절 사진을 올린 뒤 "이재명의 옷과 윤석열의 옷 사진을 보며 생각은 각자의 그릇만큼"이라는 글을 적었다. 이는 부잣집 아이 같아 보이는 윤석열의 어린 시절 사진을 이용해 이재명이 흙수저 출신임을 강조하겠다는 뜻으로 읽혔다.

그러자 홍준표 캠프의 대변인 여명은 "가난을 '스펙', '패션'으로 활용하는 것이야말로 오히려 취약 계층을 욕보이는 일 아닐까"라고 비판했다. 시사평론가 김수민은 "이재명 쪽은 조국을 속으로 싫어하나 봄"이라는 짧은 글과 함께 조국의 어린 시절 사진을 공개했다. 이는 깔끔한 정장을 입고 나비넥타이를 한 사진 속 조국이 윤석열보다 더 유복하게 자랐다는 뜻으로 해석되었다. 이재명 사진의 원본은 '컬러'였음에도 '흑백'으로 올렸다는 사실이 뒤늦게 밝혀지면서 또 한번 작은 논란이 일었지만, 이 또한 이재명의 가난을 강조하는 효과를 내기 위한 것이었을 게다.

이 공방은 웃어 넘겨도 좋을 해프닝으로 볼 수도 있겠지만, 그런 '가난 마케팅'은 민주당 내에서 불고 있는 '재명학 열풍'을 통해 끊임없이 이어지고 있으니 그리 보기도 어렵게 되었다. 어찌 생각하면, 이는 한국 사회와 한국인에 대해 의외로 많은 것을 말해주는 중요한 '사건'일 수도 있겠다는 생각이 들었다. 왜 그렇게 가난 경험을 강조하는 걸까? 부자보다는 서민 유권자가 더 많기 때문일까? 그럴 수도 있겠지만, 조금 다른 해석도 가능할 것 같다.

누구나 다 인정하겠지만, 정치인이 흙수저 출신이라는 건 큰 정치적 자산이 된다. 아니 '훈장'이라고 해도 무방할 것이다. 대선 후보들 가운데 최고의 흙수저는 단연 이재명이다. 홍준표도 그 자신의 말처럼 "뼛속까지 흙수저"였지만, 이재명의 수준엔 미치지 못한다. 이재명은 공장 생활 6년 동안 4년을 남의 이름으로 살아야 했다. 겨우 13세의 나이에 소년공으로 세상에 뛰어들었기 때문이다.

이재명의 지지자들이 쓴 이재명 예찬서들엔 어김없이 이재명이 겪은 최악의 가난과 그걸 이겨낸 이재명의 불굴의 투지에 관한 이야기가 등장한다. 그런 '인간 승리 스토리'에 호감을 갖는 건 비단 이재명 지지자들에게만 국한된 게 아니다. 문자 그대로 파란만장한 근현대사를 겪어왔거나 그 경험을 가족을 통해 전수받은 한국인들은 그런 스토리를 사랑하며, 이는 대중문화에 고스란히 반영되고 있다.

드라마 작가들이 말하는 성공 공식 중 가장 중요한 것은 '인간 승리'다. 시청자들은 "가진 것 없는 사람이 잘되는 이야기"(김정수), "신분 상승을 다룬 성공 스토리"(정하연)를 사랑한다.[13] 대중은 삶 자체가 성공 스토리인 연예인들을 우대한다. TV의 예능 토크쇼에선 성공한 연예인들이 나와 무명 시절 고생담을 이야기하는 게 주요 메뉴가 되었다. 그래서 급기야 한 어린이는 아버지에게 "아빠, 연예인이 되려면 어릴 때 반지하 방에 살아야 해?"라고 묻는 지경까지 이르렀다.[14]

이렇듯 '가난 경험'을 우대하는 대중의 정서적 토대를 염두에 두지 않았다면, 앞서 거론한 '어린 시절 옷 사진' 사건도 일어나지 않았을 게다. 그런데 무슨 일이건 과유불급이다. '가난 마케팅'이 잘 먹히는 유권자도 있지만, 정반대로 거부감을 갖는 유권자도 많다는 걸 고려하는 게 좋을 것이다. 시대정신연구소장 엄경영이 잘 지적했듯이, "이재명 후보의 전략은 일종의 '무無수저 신화'인데, 현재 2030세대는 '개인별 격차의 공존'을 인정하는 세대라 오히려 '구질구질하다'고 받아들일 수 있다"는 점을 고려해야 한다는 것이다.[15]

그건 이재명 캠프가 걱정할 일이겠지만, 사회 전체를 놓고 보자면 정치판의 '흙수저 우대'는 뭔가 좀 이상하다. 과거의 가난을 그렇게 높게 평가하는 한국인들이 어쩌자고 현재의 가난한 사람들에겐 등을 돌리는 걸까? 아니 왜 모멸까지 하는 걸까? 대중의 일상적 영역에서 하루가 멀다 하고 쏟아져 나오는 각종 '갑질' 사건을 보라. 갑질을 당하는 사람들은 상대적으로 낮은 계급에 속하는 사람들이 아닌가?

어떤 곳에 사느냐에 따라 벌어지는 가난 차별은 징그러울 정도로 심하다. 2020년 3월 『한겨레21』이 서울에 300가구 이상 공급된 공공임대아파트 158개 단지와 서울시 616개 초등학교 통학 구역을 한 달간 분석한 기사에 따르면, 임대아파트 아이들에게 쏟아진 차별과 혐오의 시선, 분리와 배제의 시도가 매우 심한 것으로 나타났다.[16] 임대아파트뿐만이 아니다. 2019년 11월 사회비평가 박권일은 다음과 같이 개탄했다.

"어느 초등학교 옆을 걸어가다 들었다. '야, 걔 빌거잖아. 차도 엄청 구림.' '진짜?' 그 뒤로도 뭔가 재잘댔지만, 잘 기억나지 않는다. 다만 '빌거'란 말이 유리 조각처럼 콕 박혀서, 종일 관자놀이가 지끈거렸다. '빌거' 또는 '빌거지'는 '빌라 사는 거지'다. '월거지'는 '월세 사는 거지'다.……한국 사회에서 계급은 신분을 넘어 인종적 표지가 되었다. 영화 〈기생충〉의 '반지하 냄새'는 그렇게 '자연화'된 계급 차별에 대한 하이퍼-리얼한 묘사였다. 가난한 이에 대한 차별과 모욕은 이미 인종차별처럼 벌어지고 있다."[17]

이런 사례를 열거하자면 끝이 없다. 그런데 그러면서도 우리는 정치라고 하는 공적 영역에서는 전혀 다른 자세를 취한다. 대선 후보에게 이렇다 할 '스토리'가 있느냐 없느냐 하는 건 성패를 결정하는 요인처럼 여겨지는데, 이런 스토리의 최상급이 바로 가난 경험이 아닌가? 이 두 개의 다른 얼굴이 의미하는 건 무엇일까?

'흙수저 출신 우대'는 '가난 존중과 배려'라기보다는 오히려 정반대의 현상이다. 우리가 사랑하는 것은 '개천에서 난 용'의 스토리다. 가난 탈출을 위해 국민적 차원에서 '전쟁 같은 삶'을 살아온 우리에게 가난은 멸시와 혐오의 대상일 뿐이다. 그런 감정이 강할수록 오히려 '개천에서 난 용'의 스토리 파워는 강해진다. 이는 가난한 사람들에 대한 차별과 모욕을 없애거나 개선하는 데에 별 도움이 되지 않는다.

가난 경험이 가난한 사람들을 배려하는 국정 운영의 동력이 된다는 것도 꼭 들어맞는 이야기는 아니다. '개천에서 난 용'이었던 역대 대통령들을 보라. 그들은 거의 대부분 개천을 배신했으며, 이는 개천의 대명사로 통하는 지방의 소멸 현상이 그걸 잘 증명해주고 있지 않은가? 개천에서 더 많은 용이 나와야 한다고 외쳐보아야 지방 소멸만 가속화할 뿐이다. 이게 바로 지난 반세기 넘게 우리의 정신과 몸에 각인된 각자도생 문법이다.

최근 『동아일보』의 통계청 자료 분석 결과에 따르면, 2020년 영양실조와 영양결핍으로 숨진 사람은 345명이었다. 코로나19 유행 전인 2019년(231명)의 1.5배로 늘었다.[18] 통계에 잡히지 않은 사망자와 죽음 직전의 상태까지 이른 사람들을 생각한다면, 결코 무심하게 넘어갈 수 없는 사건이다. 이는 '흙수저 출신 우대'와 전혀 어울리지 않는 풍경이 아닌가?

인하대학교 사회복지학과 교수 윤홍식은 2021년 8월에 출간한 『이상한 성공: 한국은 왜 불평등한 복지국가가 되었을까?』에서 노인 중 절반이 빈곤에 신음하고 세계 최고의 자살률과 최저의 합계 출산율을 기록할 정도로 한국 사회가 불행에 빠진 이유를 탐구했다. 그는 "한국이 이상한 선진국이 된 이유는 한국이 실패했기 때문이 아니라 성공했기 때문"이라는 역설적인 답을 제시한다. 즉, 지금 우리의 불행이 실패의 결과가 아니라 성공의 결과라는 것이다.[19]

우리가 성공할 수 있었던 건 "잘살아보세"라는 구호로 대변되는 가난 탈출을 위한 필사적인 노력과 집념 덕분이었다. 그 방식은 각자도생의 '전쟁 같은 삶'이었다. 고성장 시대가 끝나면서 그마저도 어렵게 되자 희망으로 극복해온 불행이 한꺼번에 터져 나온 게 아닐까?

한국인처럼 '우리'라는 말을 즐겨 쓰는 사람들도 없지만, 동시에 한국인처럼 '나'에 충실한 사람들도 없다. 우리는 '우리'의 관점보다는 '나'의 관점으로 세상을 살아가지만, 우리에게 필요한 건 '우리'의 관점과 '나'의 관점의 균형이다. 달리 말하자면, 사회의 지속가능성에 대한 관심을 '나'의 문제로 여길 수 있어야 한다는 뜻이다.

'어린 시절 옷 사진' 사건처럼 '인간 승리'의 이미지 소통보다는 빈곤층을 위한 실질적인 정책에 관심을 가지면서 각자도생의 관성에 균열을 내려는 시도가 필요하다. 각자도생형 평등주의는 우리의 삶을 전쟁으로 만들면서 불평등을 심화시킬 뿐이다. 하루 벌어 하루 먹고사는 호구지책 문제로 인해 투표할 시간조차 없는 빈곤층은 정치인들의 관심 밖에 머무르고 있기 때문에 더욱 그렇다. 흙수저 출신 우대가 가난한 사람들을 존중하고 배려하는 마음을 키우는 쪽으로 이루어지면 좋겠다.

정치 팬덤은
증오를
먹고산다

"정치 팬덤은 책임지지 않는다"

/

"문재인은 레임덕 없는 첫 번째 대통령이다."[20] 친문 정치 컨설턴트 박시영의 주장이다. 그간 많은 언론도 비슷한 견해를 밝혀왔다. 그렇게 된 이유야 별도로 따져볼 문제겠지만, 국정 운영의 안정이라는 점에서 보자면 반가운 일이다. 그런데 좀 이상하다. 지지율만 놓고 보자면 레임덕이 없을 것 같긴 한데, 속된 말로 대통령의 '말빨'이 여당인 민주당 의원들에게 도무지 먹히지 않는 일이 2021년 1월부터 일어났으니 말이다.

1월 29일 문재인은 신임 법무부 장관 박범계에게 "법무부는 검찰 개혁으로 수사 체제의 변동이 있었는데 국민이 변화로 인해 불편하지 않도록 안착시키는 노력이 중요하다"고 했다. 이는 검찰 개혁을 둘러싼 여권 기류가 '수사권 완전 박탈론'과 '속도 조절론'으로 갈린 상황에서 '속도 조절 당부'로 해석되었다. 그러나 민주당 '수사기소권분리 TF' 팀장 박주민은 방송에 출연해 "대통령이 검찰 개혁 속도 조절을 주문하지 않았냐"는 진행자의 질문에 단호하게 "들어본 적 없다"고 했다. 더불어민주당·열린민주당의 초·재선 강경파는 '속도 조절'은커녕 오히려 '가속'을 외치고 나섰다.

2021년 8월 말 청와대가 언론중재법 개정안에 대한 우려를 당 지도부에 전한 사실이 확인되었지만, '문재인 1기' 청와대 비서관을 지낸 김영배는 방송에서 "청와대가 이래라저래라 할 문제가 아니다"고 했다. 박주민이 좌장인 강경파 초·재선 모임 소속인 김승원은 언론중재법 직권 상정을 거부한 국회의장 이름 뒤에 욕설로 짐작되는 'GSGG'를 붙여 논란을 빚었다.

이런 일련의 사건들에 주목한 『한겨레』 논설위원 이세영은 「팬덤은 책임지지 않는다」는 칼럼에서 논란의 당사자들 모두 SNS 활동으로 대통령의 팬덤과 수시로 소통한다는 사실을 지적하면서 이렇게 말했다. "팬덤의 핵심 관심사인 검찰·언론 개혁의 운명이 걸린 상황이라면 소통의 성실함과 집요함도 더해진다. 글이 오르기 무섭게 '좋아요'와 지지 댓글이 수백 건씩 줄을 잇는 상황이니, 중진과 지도부는 물론 대선 주자들조차 이들 눈치를 살피지 않을 도리가 없다."

이어 이세영은 이런 구조 아래선 잘못된 결정의 책임을 묻는 것이

난망해진다는 점을 우려하면서 이렇게 말했다. "지도부는 자신들을 압박한 소장 그룹에, 소장 그룹은 다시 강성 팬덤에 책임을 미룬다. 그러나 '익명의 다수'는 책임질 수 없고, 책임을 이양할 대상도 없다. 그 결과 목격하게 되는 것은 누구도 결정에 책임지지 않는 '무책임의 난장'이다."[21]

정치 팬덤은 무엇으로 사는가?

/

이 칼럼을 감명 깊게 읽은 나로서는 이 주제를 더 발전시켜 "정치 팬덤은 무엇으로 사는가?"라는 질문을 제기하고 싶다. 문재인 팬덤은 늘 문재인의 뜻에 따르면서 문재인의 성공을 위한 일편단심으로 사는가? 얼른 생각하면 그럴 것 같지만, 결코 그렇지 않다. 문재인의 성공을 위해 문재인의 뜻을 거스르는 것도 가능하겠지만, 문재인의 뜻에 따르건 따르지 않건 팬덤이 오히려 문재인의 실패를 위해 애쓰는 경우도 가능하다. 그간 우리가 목격해온 건 후자에 가깝다. 왜 이런 어이없는 일이 벌어진 걸까?

우리는 정치인 팬덤을 연예인 팬덤과 비슷한 팬덤으로 이해하는 경향이 있지만, 둘은 속성이 전혀 다르다. 연예인 팬덤이 특정 연예인을 사랑하는 것처럼 정치인 팬덤도 특정 정치인을 사랑한다. 그러나 둘은 사랑의 목적과 수단이 다르다. 연예인 팬덤은 연예인을 사랑하며 그게 바로 팬덤의 목적이자 수단이지만, 정치인 팬덤에게 정치인에 대한 사랑은 수단일 뿐 목적은 아니다. 정치인 팬덤을 움직이는 원동력은 사랑이라기보다는 증오이며, 그 증오의 실현을 위한 매개체로서 정치인을 사랑할 뿐이다.

당신은 특정 정치인의 팬이거나 팬에 가까운 지지자인가? 가슴에 손을 얹고 자문자답해보시라. 당신이 지지의 이유로 내세운 가치의 실현은 증오와 무관한가? 그럴 수는 없다. 당신이 원하는 방향으로 세상을 바꾸기 위해선 반드시 누군가를 권력의 자리에서 밀어내야만 한다. 그런 일을 하는 데에 필요한 동력이 바로 증오다.

독일 정치학자 카를 슈미트는 "정치적인 행동이나 동기의 원인으로 여겨지는 특정한 정치적 구별이란 적과 동지의 구별이다"며 "적과 동지의 구별이 사라지면, 정치 생활도 없어진다"고 했다.[22] 슈미트는 나치 전과가 있지만, "정치는 적과 동지를 구별하는 것"이라는 그의 주장은 오늘날까지도 통용되는 '진리'가 되고 말았다. 정치의 속성을 좀 아는 사람이라면 슈미트의 말이 아름답진 않지만 정치 세계의 진실을 말했다는 데에 흔쾌히 동의할 게다.

증오는 삶의 활력을 제공한다

/

적에 대한 증오가 꼭 나쁜 것만은 아니다. 증오는 사회정의를 실현하는 동력이 되기도 한다. 프랑스 작가 에밀 졸라는 "증오란 신성한 것이다"고 했는데,[23] 이는 압제의 지배를 받고 있는 사람들에게 딱 들어맞는 말이다. 미국의 노예폐지 운동가였던 헨리 워드 비처는 "증오만큼 끈질기고 보편적인 정신력은 없다"고 했는데, 노예주나 노예제도 지지자들에 대한 증오 없이 어떻게 목숨을 건 노예폐지 운동을 할 수 있었겠는가?

민주주의 체제하의 정치도 다를 게 없다. 미국 역사가 헨리 브룩스 애덤스는 "현실 정치는 무엇을 가장하든, 언제나 체계적인 증오를 조직화하는 데 달려 있다"고 했다.[24] 모든 정치 담론을 잘 뜯어보시라. 상대편에 대한 증오를 선동하는 게 대부분이다. 예컨대, '적폐 청산'은 그 대의와 명분이 아무리 아름다워도 적폐 세력에 대한 증오 없이는 청산의 동력을 얻기 어려운 법이다.

게다가 증오는 삶의 활력을 제공한다. 미국 사회운동가 에릭 호퍼는 "열정적인 증오는 공허한 삶에 의미와 목적을 줄 수 있다"며 이렇게 말한다. "인생이 무의미하다는 생각에 사로잡힌 사람들은 새로운 의미를 찾기 위한 노력으로 어떤 숭고한 대의에 헌신할 뿐만 아니라 열광적인 불평불만을 키워나간다. 대중운동은 그들에게 이 둘을 다 충족하는 무한한 기회다."[25]

에밀 졸라의 증오는 아름답지만, 그건 특수한 상황에서 발휘될 수 있는 예외에 가깝다. 단지 자신의 공허한 삶에 의미와 목적을 줄 수 있다는 이유만으로 '묻지마 증오'의 전사戰士가 되기를 자처하는 사람이 너무 많다. 설령 정의를 표방한 증오일망정 그들에게 그런 명분은 부차적인 것일 수 있다. 증오를 발산하거나 배설하는 재미없이 정의를 위해 헌신하라고? 견해가 다른 사람들에게 낮은 자세로 설득도

하고 호소도 하라고? 그렇게 할 사람은 거의 없다. 증오의 발산이 우선이다!

이게 바로 정치인 팬덤과 연예인 팬덤의 근본적인 차이다. 2018년 어느 강연회에서 "저도 '문빠'지만……, 이건 좀 아니라고 생각합니다"라는 말을 달고 산다고 밝힌 여성학자 정희진은 "저는 '문빠' 문화가 아이돌 팬 문화를 본받아야 한다고 생각합니다"라면서 이렇게 말했다. "제가 동방신기 팬이면 팬을 모으기 위해 노력을 하죠. 그런데 지금 '빠'들은 그 반대예요. 기존의 지지자조차 쫓아내고 있어요. 아는 지역구 국회의원 관계자들에게 물어보니, '문빠'나 '바사모'나 행동과 사고방식은 똑같다고 하더군요. 골치 아파 죽겠대요. 문재인 정권이 '문빠'의 덕을 볼까요?"[26]

그러나 어이하랴. 증오의 발산을 자제하라는 건 '문빠'가 된 이유를 배반하는 것이라 결코 따를 수 없는 것을. 연예인 팬덤에도 자신이 사랑하는 연예인의 경쟁자를 향한 일탈 행위가 일어나기도 하지만, 그건 팬덤 전체의 자율 규제에 의해 통제 가능하다. 그러나 정치인 팬덤에겐 그런 자율 규제의 메커니즘이 없다. 오히려 정반대로 증오를 선동하는 '좀비 정치'의 메커니즘만 존재할 뿐이다.

민주당 내의 희한한 '성공 방정식'

/

2021년 1월에 일어난 '검수완박 서약서 사건'을

보자. 극성 팬덤은 의원들에게 '문재인 정부 임기 내 검찰수사권 완전 박탈' 서약서를 제출할 것을 요구했다. 서약서를 안 낸 의원들에겐 문자 폭탄을 보내는 등 압박을 가했다. 실제로 10명 안팎의 의원이 서약서를 제출한 것으로 밝혀져 논란이 일었다. 여기저기서 혀를 끌끌 차는 소리가 들리자 의원들은 잇달아 서약서를 SNS에서 삭제했지만, 어쩌다 의회정치가 이 지경이 되었는지 개탄을 금치 못할 일이었다.

민주당의 5·2 전당대회도 극성 팬덤의 위력을 잘 보여준 사건이었다. 전당대회 직전 논란이 된 것은 일부 강성 권리당원들의 문자폭탄 공세였다. 모든 민주당 의원이 나서서 자제를 부탁해야 마땅한 일이었건만, 놀랍게도 최고위원에 출마한 일부 의원들은 문자 폭탄 옹호론을 폈다. 투표 결과에 40퍼센트가 반영되는 권리당원 표심을 겨냥한 것이었을까?

김용민은 '문자 폭탄' 사태에 대해 "저는 적극적으로 의사를 표시하는 지지자들이라고 생각한다"라며 "당연히 민주주의 사회에서는 그런 적극적인 의사 표시는 권장돼야 한다고 생각한다"고 말했다. 강병원은 "문자 폭탄 자체가 건강성을 해친다고 하는 것은 맞지 않는다. 태극기 부대와 다르다"고 주장했다. 김영배는 '문자 폭탄'에 대해 "표현 자체가 잘못됐다"며 "일부 언론사의 오보나 가짜뉴스 등에 대해서는 아무런 지적을 하지 않으면서 민주당 내 특정 현상을 그렇게 지칭하는 것에 대해서는 동의할 수 없다"고 했다.

민주당의 대표적인 소신파 의원인 조응천은 김용민의 문자 폭탄 옹호론에 대해 "김 의원이 박주민·심송민 의원 등 그동안 전당대회에서 1위 했던 성공한 방정식을 따라가는 것"이라고 꼬집었다. 실제로 그가 개탄한 '성공 방정식'은 5·2 전당대회에서도 어김없이 확인되었다. 최고위원 5명은 김용민, 강병원, 백혜련, 김영배, 전혜숙 등 '친문 일색'이었으며, 문자 폭탄을 적극 옹호한 김용민, 강병원, 김영배가 각각 1, 2, 4위를 차지했다. 이런 상황에서 어떤 의원이 감히 강성 지지자들의 뜻을 거스르는 발언을 할 수 있을까?

의원들은 좀비 역할을 거부하다가 사실상 민주당에서 쫓겨난 금태섭을 보면서 "절대 금태섭처럼 하면 안 된다"는 뼈저린 교훈을 음미하고 있을지도 모른다. 한때 소신파의 별명으로 통한 '조금박해'의 일원이었던 박용진이 민주당 대선 경선에서 겨우 1퍼센트대의 누적 득표율을 기록한 걸 보면서 좀비 역할에 충실해야겠다는 다짐을 하고 또 할지도 모르겠다.

팬덤 정치의 지배자는 팬덤이다

/

민주당 의원들에게 좀비가 될 걸 요구한 문재인 팬덤은 무슨 비전과 책임감이 있어서 그런 게 아니다. 이 팬덤의 출발점은 노무현의 죽음에서 비롯된, 니체가 말한 '약자의 원한'이었다. 이 점을 성균관대학교 교수 천정환이 「촛불 항쟁 이후의 시민 정치와 공론장의 변화」라는 글에서 잘 지적했다.

천정환은 "소위 '친노', '노빠'들은 노무현(의 죽음)에 대한 죄의식과 '이명박근혜'에 대한 분노·증오의 감정을 노무현에 대한 우상화를 통해 역逆승화하려 하거나 현실 정치에서의 힘으로 사용하려 했다"며 "'문재인 지키기'의 정치의식은 주로 여기에 근거한다. '문재인 지키기'는 노무현에 대한 애도의 정치의 완수에 해당하는 것이다"고 말한다. 이제 '문빠'로 다시 태어난 그들은 "노무현이 우파와 그 언론은 물론 '좌파'로부터도 협공을 당하여 실패하고 죽음에 이르렀다는 인식"을 절대적으로 신봉하면서 문재인에 대한 그 어떤 내부 비판도 용납하지 않는다.[27]

그들은 이젠 '약자'가 아닌 '강자'의 편에 섰건만, 자신들이 여전히 '약자'라고 주장한다. 이른바 '피포위 의식siege mentality'에 사로잡혀 그러는 이들도 있겠지만, '약자의 원한'을 발휘하는 과정에서 경험한 '권력감정'에 중독된 이도 많다. 독일 사회학자 막스 베버의 정의에 따르자면, 권력감정은 "사람들에게 영향력을 갖고 있다는 의식, 사람들을 지배하는 권력에 참여하고 있다는 의식, 역사적으로 중요한 사건의 신경의 줄 하나를 손에 쥐고 있다는 감정이다".[28] 권력감정에 중독된 팬덤은 권력 재생산을 꿈꾸지만, 그 방법론은 '증오의 정치' 일변도인지라 오히려 역효과를 낳기 십상이다.

문재인은 '양념' 운운하거나 "좀 담담하게 생각하라" 등의 말로 팬덤의 '증오의 정치'를 옹호했지만, 그가 팬덤의 지배자는 아니다. 오히려 팬덤에 끌려다니는 면이 강했다. 아니 문재인뿐만 아니라 그 어떤 정치인도 팬덤을 완전히 장악할 수는 없다. 팬덤은 끊임없이 증오를 발산할 수 있는 기회를 원하기 때문이다. 자신들이 사랑하는 정치인이 증오의 반대 방향으로 나가면 팬덤은 저항하면서 비난을 퍼붓는다.

팬덤을 공격적으로 키운 이재명의 자업자득

/

문재인이 자신의 팬덤과 갈등을 빚는 것에 대해 발설한 적은 없지만, 매사에 화끈한 이재명은 좀 다르다. 이재명이 열렬한 정치 팬덤을 갖게 된 여러 이유 중 가장 중요한 것은 그가 스스로 팬덤의 최고경영자로 나섰기 때문이다. 예컨대, 그는 2015년 9월 29일 SNS에 다음과 같은 글을 올렸다.

"'손가락 혁명' 동지들의 도움이 필요해요. 기사에 욕설 댓글 난무……응원 댓글 좀 부탁합니다.^^……얼마나 효과가 크면 국가공무원인 국정원 직원, 군인까지 목숨 걸고 하겠습니까? 기사를 보면 꼭 공감 누르고 댓글 달고 댓글 추천해주세요. 그게 바로 손가락으로 대한민국을 바꾸는 손가락 혁명입니다."[29]

이재명은 그해 12월 25일 스스로 '손가락 혁명군(손가혁)'의 모집 요강을 밝힐 정도로 팬덤 조직화에 공격적인 면모를 보였다. 이게 바로 기초자치단체장인 그가 불과 1년 만에 대선 후보로 급부상할 수 있었던 결정적 이유였다. 이는 별도의 연구서가 필요할 만큼 중요한 정치적 사건임에도 왜 정치학자들이 잠자코 있는지 모르겠다.

이재명이 팬덤에 줄 수 있었던 것은 '유능한 진보' 이미지와 더불어 화끈한 증오의 담론이었다. 국정 농단에 대한 분노의 소용돌이가 휘몰아치던 2016년 12월 인기를 끈 '이재명의 대표적 4대 사이다'라는 동영상에서 가장 높은 인기를 누린 그의 사이다 발언은 앞서 소개했던 "어설픈 관용과 용서는 참극을 부른다"는 메시지였다.

그 어떤 관용도 없이 상대 진영을 청산해야 할 대상으로만 보는 이재명의 호전성은 '손가혁'에 그대로 이식되었다. 손가혁은 심지어 경쟁자인 문재인마저 증오의 대상으로 보았다. 데이터 기반 전략컨설팅 업체 아르스프락시아가 국회 탄핵소추안이 가결된 2016년 12월 9일부터 2017년 1월 말까지 대선 후보들의 팬 카페 게시글 1만 4,500건을 분석한 결과가 흥미롭다. 공격성과 활동성이 가장 두드러진 집단은 손가혁이었다. 손가혁은 문재인에게 강도 높은 비난과 비판을 퍼부었으며, 문재인 지지자를 '친문독재패거리들', '문베충(일베충을 빗댄 말)'으로 매도했다.[30]

이 민주당 대선 경선에서 패배한 이재명이 경기도지사 출마를 염두에 둔 가운데 문재인 비판을 멈추고 오히려 찬양조로 돌아서자, 일부 팬덤은 강한 불만을 표시했다. "한때 이재명 지지했는데, 내가 손가혁이었는데 왜 (이재명이) '문빠'가 됐냐?"고 비판한 손가혁이 적지 않았다. 이에 대해 이재명은 "이런 극렬 지지자는 부담스럽다"고 했지만,[31] 이 말은 절반의 진실만 담고 있을 뿐이다.

달라진 건 이재명이지, 손가혁이 아니다. 정치인에게 부담스러운 건 '극렬 지지자'가 아니라 늘 증오의 담론만 구사할 수는 없다는 점이다. 펜덤의 문자 폭탄만 해도 그렇다. 이재명은 그간 문자 폭탄을 보내라고 좌표를 찍어주기도 했지만, 자신이 문자 폭탄의 대상이 될 수도 있다는 생각은 하지 않았던가 보다.

이재명은 2021년 7월 페이스북에 "오늘 새벽부터 전화벨에 '법사위를 야당으로 넘기지 말게 해달라'는 문자메시지가 쏟아져 스마트폰으로 도저히 업무를 볼 수 없다"며 "이런 식으로 카페 카톡방에서 선동해 문자 폭탄 보내고 업무 방해, 수면 방해를 하면 하던 일도 못한다"고 토로했다. 그러면서 이재명은 "의견이야 개별적으로 전달하면 얼마든지 참조할 텐데, 이런 폭력적 방식으로 업무 빙해하고 반감을 유발해서는 될 일도 안 될 것"이라며 "문자 보내기 선동을 계속하면 응분의 조치를 취할 수밖에 없으니 이제 중단하시길 바란다"고 경고했다. 그는 얼마 후 이 글을 삭제했지만, 진중권은 "지지자들 세뇌를 시켜놨으니 재미는 다 봤고 이제 비용을 치를 차례"라며 "그게 다 자업자득"이라고 했다.[32]

이재명은 야당에 대한 공격으로 출구를 찾았지만, 그가 이 방법을 '대장동 사건'에서도 한 단계 업그레이드시킨 초강경 모드로 써먹은 건 이미 자충수가 되고 말았다. 인정할 건 인정하면서 합리적으로 해명하면 좋았을 텐데, 자신의 팬덤이 원하는 그림을 충족시켜주기 위해 그럴 수 없었던 걸까?

이제 문제는 '이재명 팬덤'이다

/

팬덤의 증오는 습관이 된다. 그냥 넘어가도 좋을 평범한 시민들의 발언까지 증오를 발동한다. 그 유명한 '아산의 반찬가게 사건'을 보자. 문재인이 "(경기가) 좀 어떠세요"라고 묻자 주인은 "(요즘 경기가) 거지같아요. 너무 장사 안 돼요"라고 답했다. 문빠들은 "대통령에 대한 최소한의 예의조차 없다", "주인장 마음씨가 고약하다"는 등 인신공격성 댓글을 달고 반찬가게 상호와 주소, 주인의 휴대전화 번호까지 공개하는 신상털이로 불매운동까지 벌였다. 반찬가게 주인은 가게로 찾아와 욕하는 문빠들 때문에 공포에 떨었다고 했다.[33]

'광주 커피숍 사건'은 어떤가? 커피숍 주인 배씨가 자영업자의 입장에서 문재인 정부의 경제정책을 신랄하게 비판했다는 이유만으로 증오의 난장판이 벌어졌다. 배씨는 "전화 폭탄과 함께 인터넷에서 신상 캐기가 시작된 뒤 저와 아내, 직원들의 영혼이 무너지기 시작했다"고 했다. 운동권 출신인 배씨는 "전두환·노태우 타도를 외치며 투쟁했던 대학 시절보다 두려움이 더 크다"고 했다.[34]

이런 사건이 터지면 문재인 팬덤과 지지자들이 꼭 하는 말이 있다. 극소수 예외적인 사례로 팬덤 전체를 욕되게 하지 말라는 것이다. 일리 있는 항변이다. 그런데 정말 그렇게 생각한다면 팬덤이 나서서 그런 가해자들을 꾸짖어야 하는 게 아닌가? 그러나 그런 법은 거의 없다. 이재명 역시 마찬가지다. 강성 팬덤의 공격이 자신을 향하면 짜증을 내면서 '응분의 조치' 운운하지만, 자신의 적을 향하면 아무리 지나쳐도 말이 없다.

증오를 먹고사는 정치인 팬덤은 책임을 지지 않을 뿐만 아니라 인정하지도 않는다. 그들의 사전에 '책임'이란 단어는 없다. 그들이 밀어붙인 프로젝트가 실패하면 그건 자기들의 문제가 아니라 반대편의 음모 때문이라고 생각한다. 그들은 거기서 그치는 게 아니라 내부의 적을 찾아내 모든 실패의 책임을 떠넘긴다. 문재인 정권이 노무현 정권의 실패에서 아무런 배움이나 교훈도 얻지 못한 건 바로 이런 '증오의 무책임 메커니즘' 때문이다. 이제 문제는 '문재인 팬덤'의 상당 부분을 흡수한 '이재명 팬덤'이다. 신흥 팬덤인 '윤석열 팬덤' 역시 마찬가지다.

이재명의
'균형발전
내로남불'인가?

지방을 아프리카에 비유한 이재명

/

"(국가)균형발전 정책이 신념이고 함께 사는 세상을 만들어야 한다는 것이 제 생각이다."[35] 이재명이 2021년 12월 11일 대구경북 지역을 찾아 한 말이다. 나는 이 말을 접하는 순간 불과 4개월 전의 '사건'을 떠올리지 않을 수 없었다.

2021년 8월 13일 경기도지사 이재명은 기자회견에서 '전 도민 재난지원금' 지급 방침과 관련해 다른 지역과의 형평성 논란이 제기된 것에 대한 견해를 밝혔다. 그는 "타 시도가 필요하면 하면 되는 것이고, 경기도는 경기도민들의 의사와 경기도민들이 내는 세금으로 자체 결정하는 것이기 때문에 비교할 필요가 없다"며 "아프리카 어느 나라에서는 국가 재난지원금을 지급하지 않는데 왜 우리나라만 지급하느냐, 왜 너희 나라만 지급하느냐는 말과 비슷하다고 보면 된다"고 했다.

이 발언에 대해 '재정 자립도가 낮은 지자체를 아프리카에 비유했다'는 비판이 제기되었다. 이낙연 캠프의 대변인 박래용은 성명에서 "국가를 경영하겠다는 대통령 후보의 발언이라고 믿기 어렵다"며 "다른 시도는 저 멀리 아프리카 어디가 아니다. 함께 상생하고 발전해야 할 국민"이라고 했다. 그러면서 "이 지사는 상대적으로 여유 있는 경기도 예산을 내세워 국민을 차별하고, 분열과 갈등을 부추기고 있다"고 했다. 세수稅收가 많은 경기도와 달리 다른 지자체는 하고 싶어도 못한다는 것이다. 이에 이재명은 "경기도에 세수가 많다는 이야기는 경기도민이 세금을 많이 냈다는 것"이라고 했다.[36]

정세균은 "대통령이 결단한 국가 시책을 정면으로 위반한, 문재인 정부에 대한 반역", 김두관은 "국민적 통합을 해치는 독불장군식 매표 행위"라고 비판했다. 민주당 의원 신동근은 "지방자치제를 내세워 이런 결과를 뒤집는 것은 야당 단체장이나 할 일이지 여당 단체장이 할 일이 아니다"라며 "문재인 정부, 문 대통령과의 인위적 차별화로 보일 수밖에 없다"고 했다.

『조선일보』는 「경기도만 '전 도민 지원금', 최대 표밭 현금 살포 아닌가」라는 사설을 통해 "이 지사는 작년 도민에게 지역화폐로 10만 원씩 재난기본소득을 지급하겠다는 도 방침에 반대한 남양주시에

11차례 감사를 진행하고 경찰에 수사 의뢰까지 하면서 '보복성 조치'라는 비판을 자초했다"며 "이 지사가 대통령이 될 경우 정부 방침에 정면으로 맞서는 시도지사가 나오면 어떻게 대응할 것인지 궁금해진다"고 했다.[37]

이재명의 내로남불 또는 모순

/

아닌 게 아니라 문제는 내로남불이었다. 이재명은 성남시장 시절이던 2016년 6월 박근혜 정권의 지방재정 개편안에 반대해 11일간 단식투쟁을 한 바 있다. 당시 지방재정 개편의 표면적인 이유는 '지방자치단체 간 재정 격차 완화'에 있었지만, 정부의 강한 반대에도 무상복지 정책을 밀어붙였던 성남시처럼 '부자 지자체'의 포퓰리즘 정책을 막겠다는 의도가 깔려 있는 것으로 해석되었다. 당시 이재명은 긴급 성명을 내고 "정부의 이번 방침은 명백한 지방자치 탄압이자 훼손"이라며 "지방재정을 하향 평준화시키겠다는 것"이라고 말했다.[38]

박근혜 정권의 지방재정 개편안은 이재명의 주장처럼 '지방자치 탄압'으로 이해하기로 하자. 그런데 근본 문제는 모든 지자체를 만족시킬 수 있는 균형발전은 가능하지 않다는 점이다. 내가 하면 균형발전이고 네가 하면 '지방자치 탄압'이라는 게 아니라면, 이 문제에 대해 좀더 정직해질 필요가 있다.

이재명의 '아프리카' 발언은 이 발언이 나오기 6개월 전인 2월 17일에 발표한 경기도 내 공공기관 이전 계획과도 상충하는 면이 있었다는 것도 짚고 넘어갈 필요가 있겠다. 당시 이재명은 '균형발전'을 앞세워 경기도 산하 7개 기관을 발전이 더딘 북동부 지역으로 이전하겠다며 "공동체를 위해 희생을 치르면 특별한 보상이 있어야 한다"고 했다. 7개 기관 노조와 수원 시민들이 거세게 반발했는데, 이들의 가장 큰 불만은 경기도의 '통보식 발표'였다. 경기도는 발표 전날 경기도의회와 이전 대상 기관에 계획을 알렸으며, 기관 직원들에게 이전 지역으로 이주를 권하면서 지원 대책은 마련하지 않았다. 한 노조 관계자는 "이 지사가 공공기관 이전 문제는 불통을 넘어 무대응으로 일관하고 있다"고 비판했다.[39]

이 내로남불 또는 모순을 어찌할 것인가? 경기도 내에선 균형발전을 내세웠으면서, 국가적 차원에선 '아프리카' 운운하면서 각 지자체별로 알아서 할 일이라니, 이게 말이 되는가? 이재명이 경기도지사로만 머무른다면 크게 문제될 게 없을지 모르겠지만, 그는 이제 대선 후보로서 국가균형발전을 외치고 있지 않은가? 균형발전에 대한 확고한 철학이 있을 거라고 볼 수 있을까? 대통령이 되기 위해 마지못해 외치는 것이라면, 아무리 '변신의 귀재'라지만, 이건 해도 너무하는 게 아닌가?

"아니 지방 사람들은 댓글도 안 다나?"

/

그럼에도 나는 이재명에게만 문제가 있다고 생각하지 않는다. 이재명이 '아프리카' 발언을 할 때에 앞을 내다보지 못한 건 아닐 게다. 그에게 그렇게 말해도 괜찮다고 생각한 '믿는 구석'이 있었으리라고 보는 게 옳다. 그 '믿는 구석'은 "왜 '지방 소멸'은 주요 대선 이슈가 되지 않는가?"라는 질문과 통한다.

여야를 막론하고 대선 후보들끼리 치고받는 발언들이 언론의 일용할 양식을 풍성하게 제공해주고 있는 상황에서도 '지방 소멸'은 그 중요성에 상응하는 대선 이슈로 떠오르지 못하고 있다. 이는 포털사이트에서 검색해보면 금방 확인할 수 있는 사실이다.

'지방 소멸'이 주요 이슈가 되지 못하는 이유는 간단하다. 각 지역의 유권자들은 자기 지역에 국한된 이익이 될 어떤 말이나 공약을 기대하는 것이지 지방 전체에 대한 국가적 차원의 이야기를 원하는 건 아니기 때문이다. 게다가 대부분 지방민들은 자식을 서울로 보냈거나 서울로 보내고 싶기에 '지방 소멸'에 대한 문제의식도 의외로 강하지 않은 편이다. 즉, 대선 후보들에게 강한 요구를 할 수요가 활성화되어 있지 않다는 것이다. 이런 상황에선 서울 언론도 '지방 소멸'과 국가균형발전을 상품성이 떨어지는 뉴스 주제로 여길 가능성이 높다.

그것도 문제지만, 나는 한국의 언로言路를 사실상 장악한 서울 언론이 지방 문제를 '수도권 대 비수도권의 갈등'이라는 프레임으로 이해하는 게 너 큰 문제라고 생각한다. 이는 지방 문제와 관련된 기사에 달린 댓글을 통해서도 쉽게 확인할 수 있다. 지방을 폄하하고 모독하는 댓글이 많다. 나는 '아니 지방 사람들은 댓글도 안 다나?'라고 푸념한 적도 있지만, 뭔가 큰 오해의 장벽이 가로막고 있다는 생각을 지우기 어려웠다.

'수도권 대 비수도권의 갈등'이라는 프레임은 수도권 독자들을 불편하게 만들고 싶지 않다는 자기 검열의 원인으로 작용하지만, 그건 사실과 전혀 다른 허구다. '지방 소멸'의 피해자는 지방만이 아니다. 수도권 주민의 대부분은 지방 출신이다. 지방에서 먹고살기 어려워 수도권으로 갔지만 여전히 힘겹게 살아가는 사람들의 입장에선 고향 사람들은 생존 경쟁에서 살아남은 승자로 여겨질 수도 있다.

수도권 주민들은 인구의 수도권 집중으로 인해 주택과 교통·환경 문제에서 큰 피해를 겪고 있다. 지방의 많은 지역이 소멸되면 그곳에 살던 사람들은 죽지 않기 위해 일자리가 몰려 있는 수도권을 찾을 수밖에 없다. 아프리카 난민은 막을 수 있을망정 같은 동족이요 국민인데 그런 인구 유입을 막을 수 있겠는가? 앞으로 어떤 일이 벌어질지 상상이 안 되시는가?

'지방 소멸'은 '국가 파산'이다

/

5년 전 중앙대학교 교수 마강래가 『지방도시 살생

부』란 책에서 잘 지적했듯이, 어느 지방 도시 인구가 20만 명에서 10만 명으로 줄었다고 해도 그 도시의 도로·수도·전선·통신망을 절반으로 줄일 수는 없는 일이다. 어느 도시나 기본적으로 들어가는 인프라 비용이 있기 마련이며, 게다가 똑같은 면적에 절반의 인구만 살게 되면 재정 효율성은 급격히 떨어진다. 중앙정부의 지원 없이는 독자적으로 생존할 수 없는 지방 중소도시들은 정부 예산을 빨아들이는 블랙홀이 되고, 결국 국가 파산의 위기로 내몰릴 수 있다는 게 마강래의 진단이다.[40]

어디 그뿐인가? 한국의 출산율은 유엔의 조사 대상 198개국 중 198등으로 2년 연속 꼴찌를 기록하고 있다. 나라가 망하게 생겼다고 아우성치는 사람이 많다. 저출산의 주요 이유 중 하나인 주택 문제는 수도권 집중 문제, 즉 '지방 소멸'과 직결되어 있는 사안이다. 이렇듯 지방이 죽어가는 게 수도권 주민들이 겪는 고통의 원인이 되면서 국가의 존립마저 위협하고 있는 게 분명한데도 왜 지방 문제를 지방만의 문제로 보려고 하는가?

그간 국가균형발전의 주요 수단이 수도권 규제 중심으로 이루어진 데에 일부 책임이 있을지도 모르겠다. 일률적 규제는 때로 합리성이 결여된 경우가 많은데, 그렇게 당하는 사람들로선 정말 분통 터지는 일일 게다. 그런 규제가 성공이라도 했으면 또 모르겠다. '수도권 규제'는 지난 40년 넘게 외쳐져왔음에도 이미 2년 전 수도권 인구 비중이 역사상 최초로 50퍼센트를 돌파했다는 건 그런 '네거티브 방식'의 명백한 한계를 웅변해주고 있다. 수도권과 비수도권의 상생에 기반한, 더욱 과감한 '포지티브 방식'으로 전환이 필요하다.

그걸 논의하고 고민하는 공론장이 바로 대선이다. 재난지원금도 중요한 이슈이긴 하지만, '지방 소멸'의 중요성엔 미치지 못한다. 나는 이재명이 대선 후보라기보다는 경기도지사의 역할에 충실했던 자신의 한계를 넘어서기 위해서라도 '지방 소멸'의 문제를 정면으로 다루는 '이슈 파이팅'을 해주면 좋겠다. 자신의 장기인 '사이다 기질'로 치고 나가면 2022년 대선은 과거 그 어느 대선보다 더 국가의 장래를 위한 생산적인 '비전 경쟁'이 될 수 있을 것이라고 믿기 때문이다. 물론 임기응변이 아닌, 정직한 자세가 필요하다는 건 두말할 나위가 없다.

이재명을 믿을 수 있을까?

이와 같이 글을 쓰고 나서 시간이 꽤 흐른 2022년 1월 중순 현재, 그간 나온 공약이나 이재명의 발언들을 종합해보자면 유감스럽게도 그는 여전히 '아프리카 마인드'에 갇혀 있는 것으로 보인다. 이재명 캠프에선 이런저런 균형발전 전략을 제시하고 있지만, 속된 말로 "장사 한두 번 해보나"라는 생각이 드는 건 어쩔 수 없다. 그런 제안들은 집권 후 쓰레기통으로 직행하더라는 걸 수없이 보아오지 않았던가? 문재인이 부도를 낸 '공기업·공공기관 200여 곳 지방 이전' 공약을 이재명이 다시 추진하겠다고 한 건 평가할 만하지만, 17년 전 행정수도 이전 건을 거론하면서 '보수 야당 탓'만 할 뿐 공약 부도를 낸 문재인 정권의 문제는 무엇이었는지 아무런 말이 없어 도무지 신뢰가 가지 않는다. 대선 후보의 철학과 열정과 진정성이 중요하다는 뜻이다.

이재명은 '화려하고 추상적인 언어의 성찬'에만 주력하고 있다. 지방 나들이를 하지 않을 순 없으니, 지방에만 가면 "지방 소멸은 궁극적으로 국가 소멸로 갈 수 있는 대한민국 미래가 걸린 국가 문제라는 것을 엄중히 인식해야 한다"는 따위의 말은 잘한다. 법을 만들고 투자를 늘려야 한다는 말도 잘하지만, 알맹이는 없다.

그가 1월 4일 야심작으로 내놓은 '워케이션Workation 센터' 설치 공약은 알맹이는 있지만 '전원일기'판 지방관에 갇혀 있다. 그는 "현재 전국 40%에 달하는 지방이 인구 감소로 소멸 위기에 놓여 있다"면서 "그러나 지방은 풍부한 관광 휴식 자원을 가지고 있다"고 말한다. 그러면서 "이를 효과적으로 연계하여 일과 휴가, 관광을 접목하는 이른바 워케이션Workation으로 3마리 토끼를 잡겠다"며 "새로운 시대 변화, 고용 환경 변화에 발맞춰 일과 휴식이 균형 잡힌 삶을 지원하고, 어려운 지역 경제도 함께 살리겠다"고 한다. 좋은 정책이지만, 이건 수도권 주민들의 '여가 정책'이지 '균형발전' 정책으로 보긴 어렵다.

그는 균형발전마저 자신의 간판 정책인 '기본소득 정책'의 하부 개념으로 보는 것 같다. 그는 전남 곡성에 가선 '농민기본소득'을 강조했다. 그는 곡성농협에 모인 농민들과 지지자들 앞에서 가진 즉석 연설을 통해 "퍼주기 소리라고 하고 누가 비난하더라도 (농민기본소득 도입이) 맞다고 생각한다. 농업·농민을 살리기 위해, 농촌을 살리고 국가균형발전을 이루기 위해 농민기본소득을 도입할 사람 누구냐"고 했고, 지지자들은 "이재명"이라고 연호했다.

표를 얻는 데엔 다 좋은 일이긴 하다. 내가 '아프리카 발언'에 집착해 그의 진정성을 의심한 나머지 너무 부정적으로 보는 것일 수도 있겠다. 하지만 '아프리카 발언'을 가벼운 실언으로 넘기긴 어렵다. 이 발언을 "독불장군식 매표 행위"라고 비판했던 김두관은 지금 이재명 캠프의 균형발전 총책을 맡고 있는데, "독불장군식 매표 행위"는 자신의 오해였다고 생각한 걸까?

이재명이 다른 기회에 자신의 '아프리카 발언'에 대해 말해주면 좋겠다. 그가 즐겨 쓰는 어법처럼 "다시 그 시절로 돌아가도 똑같이 말했을 것"인지, 아니면 자신의 잘못된 생각이었다며 후회하는지, 솔직한 말을 듣고 싶다. 대통령이 되어서 수도권의 잘나가는 지자체의 장들이 '아프리카' 운운하면서 균형발전에 역행할 때에 잘하는 일이라고 박수를 칠 것인지, 아니면 감사권과 수사권을 동원해 '보복성 조치'를 취할 것인지, 아니면 다른 제3의 방책이 있는 것인지 그것도 알고 싶다.

이재명
지지자들의
세 가지
유형

진정한 '재명학'을 위하여

2021년 11월 하순 민주당엔 이른바 '재명학' 열풍이 불고 있었다. 민주당 대표 송영길이 "사랑하면 알게 됩니다. 이재명을 공부해주세요"라고 요청했고, '나꼼수' 출신 김용민이 "SNS 활동이 저조한 의원 하위 80% 명단을 공개하겠다"고 하는 등 의원들의 온라인 활동을 요구하는 내부 압박이 거세지면서 일어난 현상이었다.

김용민의 페이스북 글들엔 강성 지지층들이 "◇◇◇ 의원은 미동도 하지 않고 있다", "○○○ 의원을 표적 감시해달라"는 댓글을 달며 반응했다. 민주당 의원들 사이에선 이재명의 일정이나 공약 자료를 SNS에 게시하는 것은 물론, 송영길처럼 이재명 책을 읽고 소셜미디어에 '인증샷'과 독후감을 남기는 일이 유행처럼 번져나갔다.[41]

이에 대해 "이재명 유일 체제. 북조선스럽다"(진중권)는 비아냥도 나오긴 했지만, 나는 좀 다른 의미에서 '재명학'을 적극 지지하고 싶다. 대선 승리를 위한 '재명학'을 넘어서 한국 정치와 한국인을 심층적으로 이해하기 위한 한국학 차원의 '재명학'을 해보자는 것이다. 재명학의 일환으로 이런 질문을 던져보자. 왜 지지자들은 이재명에게 열광하는 걸까?

그간 내가 살펴본 이재명 예찬론을 통해 지지자들의 유형은 크게 세 가지로 나눌 수 있을 것 같다. 첫째, 아프고 불우한 어린 시절을 겪은 사람들이 갖는 '아픔의 연대 의식'으로 지지하는 유형이다. 둘째, "이재명이 대통령이 되면 나라가 뒤집힐 것"이라는 나꼼수 김용민의 말처럼,[42] 이재명을 한국 사회의 대대적인 구조 개혁의 적임자로 보는 유형이다. 셋째, 이재명에게 따라붙는 '유능한 진보'의 이미지처럼, 이재명이 실용적인 개혁에 매우 능할 것이라고 보는 유형이다. 물론 어떤 게 더 강하냐 하는 차이만 있을 뿐, 두 가지 또는 세 가지 유형에 모두 해당하는 지지자들도 있을 게다.

'도덕성'이 먹히지 않는 '테프론 후보'

/

세 유형과 관련, 『중앙일보』가 여론조사업체 엠브레인퍼블릭에 의뢰해 11월 26~27일 진행한 여론조사 결과가 흥미롭다. '지지 후보 결정 시 가장 중요한 변수'를 꼽아달라는 질문에 이재명 지지층은 국정 수행 능력(52.6퍼센트), 정책·공약(16.1퍼센트), 소통·화합 능력(10.0퍼센트) 순이었는데 도덕성이라는 응답은 7.8퍼센트에 그쳤다. 반면 윤석열 지지층은 국정 수행 능력(25.0퍼센트), 도덕성(19.4퍼센트), 정책·공약(17.6퍼센트), 소속 정당(12.1퍼센트)의 순으로 답했다.[43] 11월 29일 발표된 『한겨레』 여론조사에선 이재명의 국정 수행 능력은 50퍼센트로 높게 나왔지만, 청렴·도덕성은 4.6퍼센트로 매우 낮았다(윤석열의 국정 수행 능력은 27퍼센트, 청렴·도덕성은 19퍼센트였다).[44] 이는 이재명을 향해 아무리 도덕성 문제를 제기해도 지지층에겐 먹히기 어렵다는 걸 시사한다.

미국엔 '테프론 대통령'이란 말이 있다. 하원의원 퍼트리샤 슈로더가 작명한 것으로, 대통령 로널드 레이건을 두고 한 말이었다. 레이건은 온갖 실책을 저질러놓고도 그 실책의 책임에서 면제되는 '테프론Teflon(먼지가 붙지 않는 특수섬유의 상표 이름) 대통령'이었다는 것이다.[45] 『워싱턴포스트』 칼럼니스트 조지 윌은 레이건의 테프론 특성을 이렇게 표현하기도 했다. "어느 방에 들어갔다고 하자. 그런데 천장이 무너졌다. 얼굴에 반창고 하나 붙일 필요도 없이 상처 하나 입지 않고 당당히 걸어 나올 수 있는 사람이 바로 레이건이다."[46]

이는 레이건의 '살인 미소'와 친근감을 주고 매력을 풍기는 이미지 덕분에 가능한 것이었다. 이재명에게 그런 '테프론' 특성이 있다면, 그건 바로 이재명 특유의 유창한 언변과 깡, 도덕성 문제를 뛰어넘는, 지지자들의 지지 이유 때문일 게다. 물론 이는 이재명에 대한 양극단적 평가의 이유가 되기도 하다.

이재명 지지자의 세 가지 유형 중 지지의 강도는 첫째 유형, 둘째 유형, 셋째 유형의 순이다. 물론 내 생각일 뿐이지만, 많은 이재명 지지자도 공감하리라 믿는다. 셋째 유형은 미처 알지 못했던 새로운 사실이 나타나면 생각을 바꿀 수도 있지만, 첫째와 둘째 유형은 절대 요지부동이다. 이제 이 요지부동 유형에 대해 자세히 이야기해보자.

이재명을 향한 '아픔의 연대 의식'

/

첫 번째 지지 이유인 '아픔의 연대 의식'은 내가 만든 말은 아니다. 『이재명 페이스북』의 공동 편자인 이수현의 말이다. 이수현은 "2017년 대선 때 당시 문재인 후보를 공격하는 모습에서 나는 대번 알아보았다. 저 사람 상처 많은 사람이구나. 주변의 40대 남자들은 이재명에 열광했지만 나는 그 공격성이 몹시 불편했다"며, "이재명은 왜 공격적 캐릭터가 되었나"에 대해 다시 생각해보았다고 한다. 그는 이재명의 최악의 시절에 대해 "아무도 재명이를 안 도와줬을 것이다. 아무도 안 지켜주니까, 스스로 지킬 사람은 자신밖에 없으니까 갑옷을 입듯 스스로 무장하고 공격적으로 변한 것이다. 세상의 공격에 방어하다 방어하다 반격을 하게 된 것이다"며 다음과 같이 말한다.

"나는 잘 안다. 왜냐면 내가 그랬으니까. 어린 시절 부모님이 일찍 돌아가시고 가장을 승계한 큰오빠는 나의 보호자가 아니라 내 권리를 침해하는 공격자였다. 다 그런 것은 아니었지만 학생을 사랑으로 가르쳐야 할 선생님에게서 맨 처음 세상의 차별을 배웠다. 그러면서 나는 스스로를 보호하기 위해 공격성을 장착해갔다. 전투적으로 살았다. 싸움닭이 되었다. 다행히 다른 형제들이 나 대신 고생을 감수하면서 나는 큰 고생 없이 서울로 유학을 와서 대학까지 무난히 다녔지만 언제나 세상과는 전쟁하는 마음으로 살았다. 내 삶은 이재명 지사와 달리 개인적인 영역에 한정되어 있지만, 이재명 지사의 기질과 너무 닮아 있다."[47]

구체적인 예를 들어보자. "대학을 안 가는 청년에게 세계여행비 1,000만 원을 지원하면 어떨까요?"라는 이재명의 제안은 집중적인 비판을 받고 철회되었지만, '아픔의 연대 의식'을 갖고 있는 사람들은 달리 생각했다. '쇳밥 먹는 청년 노동자' 천현우는 "고3 시절. 공고만 나오면 사람 취급 못 받는다는 식의 압박을 자주 받았다. 결국 떠밀리듯 전문대에 입학했고 지금 먹는 '쇳밥'과 전혀 무관한 학과로 갔다. '만약 대학을 가지 않고 바로 용접을 시작했다면'이란 후회를 곧잘 했었기에 이 지사의 말에 가슴이 울컥했다"며 다음과 같이 말했다.

"고졸 노동자는 교복 벗자마자 바로 일터로 뛰어든다. 사회생활에 필요한 온갖 경험이 부족할 수밖에 없다. 이 지사는 그 경험의 부재를 여행으로 일부 메꿔주자는 취지였을 것이다. 그 발언이 그렇게 큰 조롱거리가 되는 걸까. 세계일주가 안 되면 국내 여행을 지원해주는 정도는 괜찮지 않을까? 마침 정부의 복지제도 중 하나로 근로자 휴가 지원의 사례가 있지 않은가. 20대 초반 내가 모르는 세상을 보고, 알고, 경험하는 일의 중요성을 왜 포퓰리즘이라는 이름으로 단순화해 논의조차 막으려 하는지 잘 이해가 되지 않았다."[48]

『2021·2022 이재명론』의 공동 저자인 장동훈은 천현우의 '가슴 울컥'을 거론하면서 이렇게 주장했다. "그들에게 1,000만 원이든 100만 원이든 액수와 수단이 중요한 게 아니다. 자신들을 바라보고 공감해주었다는 사실 자체가 감격스러운 것이다. 지금껏 사회적으로 대학생의 장학금이나 반액 등록금만이 얘기가 되었을 뿐 그들은 투명인간 취급을 받거나 때론 '루저'로 내몰렸기 때문이다. 바로 여기서 다른 정치인들이 흉내낼 수 없는, 이재명의 태생적 공감 능력을 살필 수 있다."[49]

이재명을 열렬히 지지하는 논객들의 주요 소구점도 바로 그런 '아픔의 연대 의식'이다. 예컨대, 김어준은 "돈도 없고 빽도 없고 줄도 없는 이재명은 자기 실력으로 대선 후보까지 된 사람"이라며 "이제 당신들이 좀 도와줘야 한다"고 했다. 그는 "자기 실력으로 돌파한 사람의 길은 어렵고 외롭지만 있다. 그런데 그 길로 대선 후보까지 가는 사람은 극히 드물고 귀하고 거의 없다"며 "그래서 이재명이 우리 사회에 플랫폼이 될 자격이 있다"고 하지 않았던가?[50]

이는 한국인들에겐 꽤 잘 먹히는 논변이지만 '개천에서 난 용'이 대통령의 가장 중요한 자격이라는 식의 감동 스토리를 모든 사람이 다 지지하는 건 아니다. '아픔의 연대 의식'으로 호감을 갖고 이재명을 지지했다가도 다른 이유로 지지를 철회한 이들도 있다.

예컨대, 대장동 개발 특혜 의혹을 공론화한 주역인 김경율은 『조선일보』 인터뷰에서 "솔직히 나는 이재명 지사를 좋아했다. 들어보진 않았지만 형수 욕설 논란만 해도 뭐랄까, 짠한 느낌이 들더라. 가난했던 나 역시 온종일 욕설과 고함이 떠나지 않는 동네에서 어린 시절을 보냈다. 그래서 이 지사에게 연민 같은 게 있었다"고 말한다.

이어 김경율은 "민주당 대선 후보 중에서도 제일 낫다고 생각했는데, 코로나 사태 때 신천지를 다루는 방법, 지방소득세에 대한 행정권한을 강화하는 모습을 보면서 그가 무서워지기 시작했다. 공직자로서 겪어보지 못한 유형이랄까. 일산대교 통행료 무료화 논란처럼 이율배반적이고 선동적인 모습을 끊임없이 보인다"며 다음과 같이 말한다.

"대장동 사업은 모두 자신이 설계했다, 아무 위험이 없었다 해놓고 국민의힘 게이트라고 하는 걸 보라. 건설 사업에서 페이퍼컴퍼니를 이용한 사익 추구를 엄단하겠다고 했던 이 지사가 (대장동 개발 사업 시행사인) '성남의 뜰'은 페이퍼컴퍼니였다고 당당히 소개한다. 조국 전 장관이 위선 범주에 속한다면, 이 지사는 그걸 뛰어넘는다. 극단적으로 모순된 양태를 그때그때 확신에 찬 발언과 행동으로 밀어붙인다. 공공의 영역에 있을 사람으로는 적합하지 않다고 생각한다."[51]

이재명의 '불광불급'을 사랑하는 사람들

/

둘째 유형의 지지자들은 똑같은 현상을 두고서도 비판자들이 생각하는 것과는 정반대로 생각하는 경향이 있다. 앞서 보았듯이, 이재명은 자신이 "적진에서 날아온 탄환과 포탄을 모아 부자가 되고 이긴 사람"이라며 "'만독불침'의 경지"에 이르렀다고 호언했다. 비판자들은 이재명이 구현해 보인 '만독불침'의 수단과 과정의 정당성을 의심하지만, 지지자들은 이재명의 그런 '깡'을 사랑한다.

이재명은 "내가 노무현 대통령을 보면서 타산지석으로 배운 게 있다. 노무현 대통령은 너무 착해서 상대 진영도 나처럼 인간이겠거니 하며 믿었다. 하지만 그들은 인간이 아니다. 어설픈 관용과 용서는 참극을 부른다"고 했다.[52] 비판자들은 그런 '관용 없는 정치'와 이재명식 적폐 청산이 낳을 결과를 우려하지만, 지지자들은 이재명의 그런 화끈한 비타협주의와 상대 진영에 대한 냉혹함을 사랑한다.

이재명은 불광불급不狂不及이란 말을 좋아한다.[53] 어떤 일을 하는데 미치광이처럼 그 일에 미쳐야 목표에 도달할 수 있다는 말이다. 비판자들은 이 말을 좋아했던 황우석을 떠올리면서 불길하게 생각하지만, 지지자들은 불광불급의 상태가 가져올 수 있는 추진력과 파괴력을 사랑한다. 도덕성을 완전히 외면하는 건 아니겠지만, 그건 부차적인 문제로 여긴다.

그런 지지자들 중엔 지식인도 적지 않다. 『2021·2022 이재명론』의 공동 저자이자 고려대학교 공공정책대학 사회학 교수인 김윤태는 "이재명의 급속한 정치적 부상은 불평등에 대한 대중의 불만과 밀접한 관련이 있다"며, "이재명의 정치적 메시지는 단순히 가난한 사람에 대한 시혜적 복지 대신 사회구조적 불평등을 혁명적으로 바꾸려는 급진적 목표를 감추지 않았다"고 주장했다.[54]

이재명이 "사회구조적 불평등을 혁명적으로 바꾸려는 급진적 목표"를 갖고 있다는 주장을 반박할 수 있는 증거는 무수히 많거니와 이재명 스스로 밝혔듯이 '할 수 있는 일'만 해온 게 이재명의 성공 비결이었다는 건 왜 고려하지 않았는지 궁금하다. 개혁은 혁명보다 어렵다. 국정 운영에서 실험은 곤란하며 실패가 낳을 수 있는 재앙에 대한 '책임윤리'가 중요하다는 점에 대해선 어떻게 생각하는지도 궁금하다. 무조건 세게 말하면 '진보'요 책임윤리를 말하면 '보수'라고 보는 게 아니라면 말이다. 이제 진보도 그저 내지르기만 할 게 아니라 '성공적인 실천'을 내장한 개념으로 이해할 때가 되지 않았을까?

"아주 작은 것일지라도 밀려서는 안 된다"

/

이재명이 '할 수 있는 일'만 해서 성공을 거둘 수 있었던 건 미국의 유명한 빈민운동가 솔 알린스키의 명언을 떠올리게 만든다. "약자들의 싸움은 패배해서는 안 된다. 만약 패배할 것 같다면 무조건 도망치고 이길 수 있는 싸움만 골라서 해야 한다."[55] 여러 면에서 자원이 빈약한 빈곤층에겐 아주 작은 일이라도 승리의 경험을 누리는 것이 중요하다는 이야기다. 한 번 패배하면 다시 일어설수 있는 힘마저 빼앗겨버리고 마니까 말이다.

이길 싸움만 골라서 하는 건 매우 현명한 운동 방식이지만, 문제는 이게 개인에게 체화될 때에 나타날 수 있는 문제다. 이는 "아주 작은 것일지라도 밀려서는 안 된다"는 생각으로 발전하기 쉽다. 그래서늘 성공을 거두긴 하지만, 그건 상처투성이의 성공이다. 성공에 열광하는 사람도 많겠지만, 승패보다는 일에 임하는 자세나 태도를 보는사람도 많기 때문이다.

'세계 최고의 자살율과 최저의 출산율'이 대변하듯이, 한국은 여전히 전쟁 같은 삶을 사는 사회다. 넷플릭스 드라마 〈오징어게임〉과〈지옥〉의 전 세계적인 성공은 자랑스럽게 생각할 일인 동시에 부끄럽게 생각할 일이다. 드라마가 탁월한 예술적 감각으로 사회 현실을포착하고 고발한 문화적 역량은 자랑이지만, 그 사회 현실이 우리가이룬 경제적 성공의 결과라는 점은 수치다. 이재명을 둘러싼 모든 논쟁과 논란은 바로 그런 현실의 자화상일 수 있다.

거의 모든 언론이 똑같이 외치듯이, 이번 대선은 "양강 후보 모두초유의 '비호감 대선'"이다.[56] '비호감 대선'에선 상대편 후보가 당선되면 절대 안 된다는 열정을 가진 사람이 많아지기 때문에 대선은'욕하면서 즐기는' 엔터테인먼트가 될 가능성이 높다. 그 중요한 대선을 그런 식으로 소비해도 괜찮으냐는 비판과 개탄, "대선 후가 걱정이다"는 우려의 목소리는 계속 나올 것이다.

그럼에도 어쩌면 이 모든 게 '승자 독식의 정치'와 '제왕적 대통령제'의 종언을 향해서 나아가는 마지막 길목을 장식하는 거대 이벤트일 수도 있다. 아니 그렇게 믿어야만, 거칠고 살벌한 엔터테인먼트가 된 대선일망정 우리 모두의 역량을 믿고 미래를 포기하지 않는 차분하고 냉정한 정신 상태로 임할 수 있지 않을까?

윤석열의
리더십

윤석열은
'법조 공화국'을
완성하려는가?

한국은 민관 합동으로 세운 '법조 공화국'이다. 고소·고발과 '정치의 사법화'가 왕성하게 일어나 세계 최고 수준에 이른 나라가 아닌가? 법을 사랑하지 않으면 대통령 되기도 힘들다. 2021년 6월 『중앙일보』는 대통령 후보 여론조사의 상위권을 법과대학 출신 정치인이 싹쓸이하고 있다고 지적했다. 윤석열, 이재명, 이낙연, 홍준표, 추미애, 최재형이 그러하며, 이외에도 정세균, 이광재, 원희룡, 황교안 등 죄다 법대 출신이라는 것이다.[1]

국회의원은 어떤가? 대부분 법대를 나온 법조인 출신은 16대 국회 41명, 17대 54명, 18대 59명, 19대 42명, 20대 49명, 21대 46명 등 늘 전체 의원의 15~20퍼센트를 차지해왔다. 너무 많지 않은가?

그럼에도 정당들은 인재 영입 시 법조인을 우대하는 걸 어이하랴. 민주당이 2020년 2월 총선을 앞두고 외부 인사를 영입했을 때 전체의 약 30퍼센트가 법조인이었다.[2]

민주당의 내로남불은 알아줄 만하다. 법조인 출신을 사랑하면서도 검찰총장 출신으로 국민의힘 대선 후보가 된 윤석열에 대해선 '법조공화국'의 완성 가능성을 제기하면서 맹공을 퍼붓고 있으니 말이다. 그런데 어이하랴. 제3자가 말하면 설득력이 있는 내용도 민주당이 말하면 설득력이 뚝 떨어지니 말이다. '내로남불의 저주'라고나 할까?

그런데 왜 법조인 출신이 정치판을 휩쓰는 걸까? 전반적인 사회체제의 보수화(또는 안정화), 유권자의 학력·학벌 우대 풍토, 정치 진입·탈퇴 시 법조인이 누릴 수 있는 호구지책의 비교 우위를 들 수 있겠다. 이 마지막 이유가 중요하다. 법조 출신 정치인은 공천에서 탈락하거나 선거에서 낙선해도 언제든 변호사로 돌아갈 수 있는 자유와 혜택을 누릴 수 있지만, 다른 전문 직종이나 직업을 가진 사람은 비교적 그게 그렇게 쉽지 않다는 것이다.

사실 이 문제는 100여 년 전인 1919년 독일 사회학자 막스 베버가 '직업으로서의 정치'라는 강연에서 '정치를 직업으로 삼는 두 가지 방식'에 대해 말하면서 지적했던 것이다. 그가 말한 두 가지 방식은 정치를 '위해' 살거나 정치에 '의해' 사는 것이다. 물론 이 둘은 상호 배타적인 건 아니다. 많은 정치인이 정치를 위해 사는 동시에 정치에 의해 살고 있다.[3]

정치를 위해 산다 함은 이기적인 목적이건 이타적인 목적이건 정신적인 의미에서 '정치를 자신의 삶으로' 삼는 걸 의미한다. 그렇다면 호구지책은 어떻게 할 것인가? 바로 이 측면, 즉 정치를 지속적인 수입원으로 삼는 걸 정치에 의해 산다고 볼 수 있다. 대중은 정치인이 정치에 '의해' 사는 측면에 대해 양극단의 자세를 취한다. 한 부류는 그걸 너무 인정하지 않아서 탈이고, 또 한 부류는 그걸 너무 인정해서 탈이다.

많은 사람이 의원들에게 정치는 먹고사는 생계 수단이기도 하다는 사실을 인정하지 않는다. 의원들이 생계 수단을 놓치지 않기 위해 벌이는 일은 정치인을 저주해야 할 이유가 된다. 이들이 이상적으로 생각하는 정치인은 현실 세계에 존재하기 어렵다는 사실은 아예 논의 대상도 되지 않는다. 평소에 존경받던 운동권, 학계 인사들조차 정치판에 들어가기만 하면 변질되는 이유는 무엇인가? 그 이유 중의 하나는 그들이 정치를 생계 수단으로 삼기 시작했기 때문이다.

'생계 수단으로서의 정치'를 인정하지 않는 사람들 중엔 정치를 직업으로 택할 뜻이 전혀 없는 사람이 많다. 인생의 황금기 중 10년 이상을 정치에 투자한 사람에게 어느 날 갑자기 "너 나가라"라고 그러면 그 사람은 이후 무엇으로 먹고사는가? 언제든 먹고살 길이 보장되어 있는 변호사들만 정치를 하라는 건가? 그런데 바로 이 '변호사 모델'이 한국 정치판에서 잘나가는 정치인의 모델이 되고 있다. 막스 베버도 자신의 강연에서 변호사가 직업 정치인으로서 지배적인 역할을 해왔던 이유를 바로 그 점과 연결시키고 있다.

그로 인한 문제는 없을까? 문제가 심각하다는 주장이 끊임없이 제기되어왔다. 2012년 19대 총선을 앞두고 당시 한나라당 대표 홍준표는 '법조인 공천 축소'를 내걸면서 "서민과 동떨어진 삶을 살고 있고, 현장의 치열함을 모르고, 제가 잘난 탓에 국민과 소통하는 데 부족하다"고 했다. 자신이 검사 출신임에도 그런 말을 했다는 건 이른바 '법조 마인드'의 문제가 심각하다는 걸 시사해준다.

『경향신문』 논설실장 양권모는 "타협이 생명인 정치와 만사 '법대로 하겠다'는 데 익숙한 법조인의 속성은 본디 부조화적이다"고 했다.[4] 전 국민의힘 대선 경선 후보 유승민은 "법조인이라는 분들은 평생 과거에 매달리는 분들인데, 우리는 지금 미래를 만들어가는 대통령이 필요하다"고 했다.[5] 물론 자신을 돋보이게 하기 위해 한 말일망정, 새겨들을 점은 있다.

17년차 검사 정명원이 2021년 7월에 출간한 『친애하는 나의 민원인』이란 책에서 사법고시라는 관문을 통과하기 위해 오직 공부를 향해서만 진격해온 법조인들에겐 '좁게 집중적으로 보기'라는 성향이 있을 가능성과 그 위험에 대해 말한다. "기본적으로 단호함과 성실함을 탑재한 법조인들이 무언가에 대해 확고한 기준을 갖는다는 것이 어쩌면 우리도 모르는 새 어떤 비극으로 이어질 수 있다는 생각, 그것은 무서운 일일 수도 있겠구나 하는 생각을" 했다는 것이다.[6]

법조인들의 권력 지향성을 지적하는 사람도 많다. 전 법무부 장관 추미애의 『추미애의 깃발』엔 이런 이야기가 나온다. 한양대학교 법대에 장학생으로 입학한 추미애에게 교양과정 교수가 "그렇게 권력 지향적으로 사는 삶이 행복할까?"라고 물었다고 한다. 추미애가 법

대생인 걸 알고서 한 결례이자 도발이었다. 추미애는 이렇게 회고한다. "저는 약자 편에서 생각하는 삶을 살고 싶은데 법학 공부를 하고 있다는 이유로 권력을 추구하는 인생처럼 취급받는 게 맞나 하는 억울한 생각과 함께 자존심에 상처를 받은 기억이 납니다."[7]

그 교수가 저지른 것과 비슷한 실언이 2021년 6월 정치권에 등장했다. 송영길은 사의를 표명한 감사원장 최재형을 향해 "1981년도에 사법시험에 합격한 분이다. 1980년 광주 시민을 학살하고 등장한 전두환 정권 아래에서 사시에 합격해 판사가 된 분"이라고 비판했다.[8] 명백한 실언인 동시에 누워서 침 뱉기 식의 '부메랑 발언'이었다.

송영길은 1994년에 합격했으니 떳떳하다고 할지 모르겠지만, 여권에도 추미애(1982년), 소병철(1983년), 이재명·정성호·조응천(1986년), 전해철(1987년) 등 전두환 정권 시절에 사법고시에 합격한 사람이 많기 때문이다. 노무현은 1975년에 합격했는데, 박정희 정권은 괜찮고 전두환 정권은 안 된다는 기준도 이상하다. 문재인은 1980년 10월에 합격했는데, 이 시기는 전두환 정권으로 볼 수 없다는 것인지 그것도 영 이상하다.

'법조 마인드'의 문제는 앞으로 계속 고민할 가치가 있는 사회적 의제지만, 우리가 유념해야 할 것은 특정 집단의 속성을 곧장 그 집단에 속하는 개인에게 적용하려고 드는 '통계적 차별'일 게다. 통계적 차별은 단순히 편견이라고 할 수 있는 '선호에 의한 차별'과는 달리, 개개인에 대한 정보를 갖지 못했을 때 그 개인이 속한 집단의 특성을 고려해서 판단하는 행위를 가리킨다.[9]

나는 그런 '통계적 차별'을 거부한다. 그래서 문재인이 국민과 소통하는 데 부족했고, 타협을 거부했고, 과거에 매달렸고, 좁게 집중적으로 보는 성향을 드러냈다고 보는 시각이 있다 해도 그게 법조인 출신이기 때문이라고 믿고 싶진 않다. 거대 양당의 대선 후보로 결정된 이재명과 윤석열이 '법조 마인드'의 부정적인 면을 드러낼 것이라고 믿고 싶지도 않다. 내가 믿고 싶은 건 대통령의 특정 마인드가 국정 운영에 미치는 영향을 통제할 수 있는 시스템 건설이며, 현 시점에선 후보의 소통 품성이라도 따져보는 일이다.

정치학자 장훈은 2022년 대선의 관건은 초超대통령제의 해소라고 주장한다. "기왕에 제왕적 대통령제라는 말이 있지만, 지난 10여 년 한국 대통령제는 제왕적 대통령을 넘어 슈퍼맨 대통령이 이끄는 초대통령제로 변화해왔다. 대통령은 국회와 사법부 위에 우뚝 선 초월적 권력으로 어느덧 변신했다. 대통령은 또한 시민 자유의 범위, 내용을 결정하고 정치적 올바름을 정의 내리는 철인왕으로 올라섰다."

장훈은 "초대통령제라는 위태로운 흐름을 멈춰 세우기 위해, 후보들의 정책보다는 성품에 주목할 것이다"면서 세 가지 체크 리스트를 제시한다. "후보들은 마음을 열고 두루 듣는 자세를 지녔는지? 민주 정치의 일상사인, 언짢은 이견을 계속 수용할 참을성과 도량을 갖췄는지? 단임 대통령이 대한민국의 모든 문제를 풀 수 없다는 겸손함을 체득했는지?"[10] 나는 이 덕목을 놓고 경쟁하는 대선이 되기를 바란다.

윤석열의
'검찰정권'에 대한
분노와
공포

윤석열과 관련해 '법조 공화국'의 완성 가능성을 우려했던 민주당이 한 걸음 더 나아가 윤석열의 '검찰정권' 가능성에 대한 분노와 공포를 드러내고 있다. 민주당 중앙선대위 대변인 김진욱은 2021년 12월 3일 '윤석열 후보의 선대위는 검사 출신들로 구성된 검찰 공화국 예고편'이라는 논평에서 "윤 후보가 검사 전성시대를 열고 있다"며, "선대위 핵심, 문고리 권력을 검찰 출신들이 틀어쥐고 당을 장악하고 있다"고 비판했다. 이어 "검사 출신들의 본격 권력 등단 무대가 된 윤석열 선대위에 국민이 설 자리는 없고 국민을 잠재적 범죄자로 바라보는 검사만 있을 뿐"이라고 주장했다.[11]

민주당 대선 후보 이재명은 12월 5일 "검찰을 위한, 검찰에 의한,

검찰의 국가가 되어서는 절대 안 된다. 군사정권이 안 되는 것처럼 검찰정권도 결코 있어서는 안 된다"고 했다.[12] 이어 8일에도 "참혹했던 군사정권에 이어 그 전두환 장군을 존경하는 전직 검사에 의한 검찰권이 들어설지도 모르겠다"며 '검찰정권 불가론'을 역설했다.[13]

여권 인사들도 가세했다. 전 법무부 장관 추미애는 "어느 경상도 어르신께서 오늘 한탄하신 말씀"이라며 "윤석열 옆에는 온통 검사 찌끄레기(찌꺼기의 방언)들뿐이고마! 조폭이네, 나라 절단 낼 놈들이네"라고 했다.[14] 열린민주당 최고위원 황희석은 "윤석열 씨가 대통령이 되고 안 되고 이전에 이들 정치 검사 집단이 직접 정치를 하겠다고 전면에 나선 순간 이미 우리나라 사법은 물론이고 정치의 근본이 무너진 것"이라고 했다.[15]

시인 류근은 "군부 독재 시절엔 군인 출신 대통령이 군인(출신)들을 통제했다. 그런데 지금은 검사들이 아무리 패거리질 패악질을 벌여도 아무도 통제하지 못한다"며, "대통령조차 퇴임 후를 걱정해야 한다. 노무현 전 대통령은 검찰이 죽였다"고 주장했다. 이어 그는 "이재명 바람은 힘이 세다. 검사들이 권력과 돈과 우리 사회의 온갖 특권을 모두 해처먹는 나라를 언제까지 허용할 것인가. 노예근성, 식민근성, 개돼지 근성 가진 자들이야말로 이 시대에 진정으로 '비천한' 자들이다. 싸워야 한다"고 했다.[16]

이에 국민의힘은 '검사 사칭 정권론'으로 맞불을 놓았다. 2002년 공무원(검사) 자격 사칭으로 벌금 150만 원 형을 받은 이재명의 전과를 우회적으로 공격한 것이다. 국민의힘 대표 이준석은 "(검찰정권론은) 검찰 사칭 정권을 만들려는 민주당이 할 말은 아니다"고 썼다. 그러면서 "문재인 정부에서 추미애 장관이 검찰총장 윤석열을 탄압하지 않았다면 지금의 우리 후보는 없었을 것"이라며 "검사 사칭 후보나 사퇴시키라"고 했다.[17]

또 국민의힘은 "'이재명 선대위'에는 검사장급 이상 3명의 의원을 포함해 전직 검사 6명이 포진해 있다"며, "이것은 어떻게 설명하려 하느냐"고 따졌다. 양쪽의 공방을 종합해보자면, 윤석열 측에는 9명, 이재명 측에는 6명의 검사 출신이 있었다.[18] 양쪽 다 많은 건 분명하다. 그런데 9명이면 '검찰정권'이고 6명이면 '검찰정권'이 아니란 말인가?

그런 뜻만은 아닌 것 같고, 아마도 검사의 품질도 고려한 주장이 아닌가 싶다. 윤석열을 비롯해 윤석열 캠프의 검사 출신은 나쁘지만, 이재명 캠프의 검사 출신은 좋다는 의미가 함축되었을 게다. 이런 구분법은 '조국 사태' 기간 내내 지속되었던 문재인 정권의 지론이었는데, 이젠 평가를 내려도 좋은 시점이 되지 않았을까 싶다. 문재인 정권이 목숨을 걸다시피 해서 이루어낸 검찰 개혁 이후의 검찰과 공수처는 어떠냐는 이야기다. 그간 나쁜 검사들은 쫓아냈거나 숨죽이게 만들었으니, 이젠 정의롭고 공정한 검사들의 활약상을 우리는 지금 보고 있는 건가?

그렇다면 나는 여권의 '검찰정권'에 대한 우려와 분노와 공포에 흔쾌히 동의하련다. 그러나 그렇지 않고 친정권·친여적인 색깔만 두드러졌을 뿐 정의와 공정과는 거리가 멀다고 한다면, 달리 보아야 하지 않겠는가? 한국사회여론연구소 여론조사(12월 13일 실시)에서 문재인 정권이 추진한 검찰 개혁의 간판이었던 고위공직자범죄수사처(공수처)의 중립성과 수사 효율성 모두 부정적으로 평가한 응답자가 70퍼센트를 넘었다는 건 무엇을 의미하는가(중립성 부정 평가 72.4퍼센트, 효율성 부정 평가 74.8퍼센트). '동물국회'라는 말까지 들어가면서 공수처법 처리를 강행했던 민주당에서조차 "이럴려고 몸싸움 했나"라는 탄식마저 나오고 있는 지경이다.[20]

그런 현실에 비추어 보자면, '검찰정권'의 탄생 가능성에 대한 우려와 분노와 공포는 '누워서 침 뱉기'가 아니겠느냐는 것이다. 그럼에도 여권의 '누워서 침 뱉기'가 윤석열 캠프의 검사 출신 과잉에 대한 면죄부가 될 수 없다는 건 분명하다. 때마침 『동아일보』 논설주간 박제균이 「윤석열, 검찰주의자-검찰 공화국 우려 씻어야」라는 칼럼에서 좋은 말을 했다. 그는 "만약 윤 후보가 집권해 검사 출신들이 사회 요직을 꿰찬다면 말 그대로 검찰 공화국이다"며 다음과 같이 말한다.

"벌써부터 항간에는 그가 집권하면 특정 인사가 검찰총장이 될 거란 얘기가 돈다. 유능하지만 거칠게 수사한다는 이 인사가 총장이 돼 문 정권에 '복수혈전'을 펼쳐주기를 바라는 시각도 보수 일각에 엄존한다. 하지만 그런 길은 과거보다 미래로 나아가야 할 21세기 대한민국이 갈 길은 아니다. 그렇기에 윤 후보가 문 정권류의 가짜 아닌 진짜 검찰 개혁을 원한다면 '검찰과의 거리 두기'부터 실천해야 마땅하다."[21]

이는 누구나 다 동의할 수 있는 주장이 아닌가? 그런데 윤석열은 '검찰과의 거리 두기'와는 먼 방향으로 나아가고 있다. 그는 12월 17일 자신의 '26년간 검사' 경력을 내세우면서 "당선 즉시 흉악 범죄와의 전쟁을 선포하겠다"고 했다.[22] 국민의 안전을 지키겠다는 뜻으로 한 말이라지만, 너무 낡은 생각이다. 게다가 '검찰주의자·검찰 공화국 우려'가 나오는 상황에서 할 말도 아니다. 아예 눈치조차 없는 건가? 하긴 눈치와는 거리가 먼 사람이니까 문재인 정권이 펄펄 뛸 조국 수사도 밀어붙였겠지만 말이다.

국민은 안전 이상의 것을 원한다. 검사 출신이건 판사 출신이건 변호사 출신이건, 한국 정치에 법조인 출신의 과잉 현상은 어제오늘의 일은 아니지만, 이젠 이 문제를 좀 심각하게 생각해볼 때가 되었다. 한국 정치가 자주 이전투구의 수렁으로 빠져드는 건 법조인 출신 과잉과 무관치 않을지도 모른다. 이공계 출신 인력을 우대하면 안 되는가? 아니 우대하지 않아도 좋으니, 지금처럼 박대하는 짓은 이제 그만둬야 하지 않는가?

기업이 성공하기 위해선 기업을 둘러싼 환경의 다양성이 내부 조직을 구성하는 데 반영되어야 한다는 '필수적 다양성의 법칙law of requisite variety'을 정치에도 원용해보자.[23] 성별과 연령에선 다양성을 살리려는 시늉이나마 내고 있지만, 직업과 전공 분야는 아예 고려 대상조차 되지 않고 있다. 역대 정권들이 임기 말에 몰락한 이유는 권력 그룹의 이질성이 아닌 동질성, 다양성이 아닌 획일성 때문이었음을 상기할 필요가 있다. 누가 정권을 차지하건 인적 구성의 다양성을

살리기 위해 최선을 다하고 스스로 그게 잘 이루어졌는지를 살피는
검증을 제도화해야 한다. 대선 캠프들이 이런 포지티브한 의제를 놓
고 다투기를 소망한다.

윤석열이
'반노동적 노동관'을
벗어나려면

윤석열의 '반노동적·후진적 노동관'

/

국민의힘 대선 후보 윤석열은 2021년 11월 30일 충북 청주의 한 기업을 방문해 "정부의 최저시급제, 주52시간제라는 게 중소기업에서 창의적으로 일해야 하는, 단순 기능직이 아닌 경우에는 대단히 비현실적이고 기업 운영에 지장이 많다"며, "중소기업의 경영 현실을 모르고 탁상공론으로 만든 제도들 때문에 많이 고통스럽다고 받아들였는데 비현실적 제도는 다 철폐하겠다"고 말했다.[24]

이게 처음 나온 발언은 아니다. 그는 지난 7월 『매일경제』 인터뷰에서 "주52시간제에 대해 기업들의 불만이 적지 않은데"라는 질문에 이렇게 답했다. "현 정부는 주52시간제로 일자리가 생긴다고 주장했지만 일자리 증가율이 (작년 중소기업 기준) 0.1%에 불과하다는 통계도 있다. 실패한 정책이다. 스타트업 청년들을 만났더니, 주52시간 제도 시행에 예외 조항을 둬서 근로자가 조건을 합의하거나 선택할 수 있게 해달라고 토로하더라. 게임 하나 개발하려면 한 주에 52시간이 아니라 일주일에 120시간이라도 바짝 일하고, 이후에 마음껏 쉴 수 있어야 한다는 것이다."[25]

그런 '전과'가 있던 터에 나온 '주52시간제 철폐' 발언인지라 여야를 막론하고 비판이 쏟아졌다. 정의당 선대위 대변인 정호진은 "잠잠하다 했더니 다시 망언이 시작됐다"며 "사람 잡는 주120시간 노동을 주장한 터라 주52시간제 폐지가 그리 놀랄 일은 아니지만 도대체 어떻게 살아왔기에 이렇게 비현실적 주장을 쏟아내는지 궁금하다"고 비판했다. 민주당 선대위 대변인 강선우는 "반노동적 노동관, 후진적 노동관만을 강조하는 윤 후보가 어찌 대전환 위기에 처한 대한민국의 미래를 책임질 수 있겠나"라고 비판했다.[26]

윤석열과는 달리 민주당 대선 후보 이재명은 반대 방향으로 나아갔다. 노동시간을 단축해 주4일제 사회로 가야 한다고 했다.[27] 민주당의 해석에 따르자면, '친노동적 노동관, 선진적 노동관'을 드러낸 것이다. 그런데 왜 윤석열은 스스로 반노동적이고 후진적인 노동관을 계속 쏟아내는 걸까? 나 역시 그 이유가 궁금하다. 4개월 전 '120시간' 발언으로 맹폭격을 당했으면 뭔가 느낀 게 있어야 하는 게 아닐까? 아니면 그 어떤 반대와 비난이 있더라도 '마이웨이'를 달리겠다는 걸까?

윤석열은 12월 14일 관훈 토론회에선 주52시간제에 대해 "근로 조건 후퇴는 불가능하다"며 "유연하게 적용하는 조건을 노사가 협의할 수 있게 하는 방안을 고려하고 있다"고 말했다.[28] 관훈클럽에선 긴장한 상태라 비교적 말을 조심스럽게 한 걸까? 그러더니 다음 날엔 한국노총을 방문해 "한국노총의 친구가 되겠다"며 '공공기관 노동이사제'에 대한 찬성 입장을 밝혔다.[29] 또 다음 날인 16일엔 대한상공회의소를 찾아 "네거티브 규제로 제도를 바꿔 기업을 경영하는 분들이 정부 때문에 손해 본다는 생각이 안 들게 하겠다"며 친기업 메시지를 던졌다.

이에 『중앙일보』는 「그제는 노동이사제, 어제는 친기업…윤석열 진심은 뭔가」라는 사설에서 "규제 혁파를 약속하면서 정작 재계가 가장 우려하는 새 규제를 들이미는 모순을 그대로 노출한 셈"이라고 비판했다.[30] 『조선일보』는 「불법 폭력 일삼는 민노총을 기업 이사회에 참여시키자는 건가」라는 사설에서 "노조원이 비노조원을 폭행하고, 업주에게 돈을 요구하고, 집단 괴롭힘으로 대리점주를 죽음으로 몰고 가는 등 폭력과 탈법을 서슴지 않는 노조를 이사회 멤버로 만들면 어떤 일이 벌어지겠나"라면서 "야당 후보까지 노조에 영합한다면 노동 개혁은 요원할 것이다"고 비판했다.[31]

윤석열은 늘 보기에 딱하다. 문제를 제기하는 방법을 모른다. 공개되지 않는 사랑방 잡담회 수준의 언어를 언론 앞에서도 그대로 구사함으로써 자주 화를 자초한다. 늘 군중집회 연설의 선동적 언어를 즐겨 쓰는 이재명과 더불어 둘 다 희한한 케이스다. 평소 말을 신중하게 하지 못하는 윤석열의 한계와 결함은 이미 널리 알려진 것이거니와 비판받아 마땅하다. 하지만 그렇다고 해서 주52시간제 설계의 품질에 대한 문제 제기를 포기할 필요는 없을 게다.

주52시간제 설계의 품질

/

2021년 9월 안산·시흥 지역 소재 기업 135개사를 대상으로 한 지역 상공회의소 조사에선 주52시간 근무제 도입 이후 기업 운영에 미친 영향을 묻는 질문에 대해 조사 기업 70.4퍼센트가 '부정적'이라고 응답했으며, '근무 시간 감소로 생산성 및 매출 악화'(24.8퍼센트)를 가장 큰 부작용으로 꼽았다.[32]

2021년 10월 중소기업중앙회가 중소기업 414곳을 대상으로 실시한 조사에선 응답자의 54.1퍼센트는 여전히 주52시간제 시행에 어려움을 느낀다고 답했다. 주52시간제 시행이 어려운 이유(복수 응답)로는 구인난이 52.2퍼센트로 가장 많고 이어 사전 주문 예측이 어려워 유연근무제 활용의 어려움(51.3퍼센트), 추가 채용에 따른 인건비 부담(50.9퍼센트) 등의 순이었다.

중소 조선업체 근로자 171명을 대상으로 한 별도 설문조사에서는 76.0퍼센트가 주52시간제 시행에 반대한다고 답했다. 반대 이유(복수 응답)는 잔업 감소로 임금이 줄어 생계에 부정적 영향을 미친다는 응답이 96.9퍼센트로 가장 많았다. 임금 감소에 대한 대응책(복수 응답)으로는 별다른 대책이 없어 감수한다는 응답이 71.3퍼센트였고, 근무 시간 외 일자리 구직(투잡 생활)이 40.8퍼센트였다.[33]

2021년 10월 하순 고용노동부가 기업들이 주52시간제 적용을 받지 않고 추가로 일을 시킬 수 있는 '특별 연장 근로' 기간을 올해 한시적으로 90일에서 150일로 늘리기로 한 결정은 어떻게 보아야 할까? 이는 주52시간제 확대로 일부 기업이 '근무 시간을 맞추기 어렵다'며 호소해서 취한 조치였다지만, 원래 특별 연장 근로는 '노동자의 건강권을 해칠 수 있다'며 극히 보수적으로 운영되던 제도가 아닌가?[34]

이는 주52시간제의 설계가 정교하지 못했다는 걸 말해준다. 윤석열은 기업들의 고충과 일부 노동자들의 불만을 지적하려는 것이었는지는 모르겠지만, '120시간이라도'라거나 '개선' 대신 '철폐'라는 과격한 말을 쓸 필요는 없는 일이었다. 그로 인한 거센 반발이 나온 직후에 보이는 친노동 행보는 진정성을 의심받을 수밖에 없다.

최저임금제는 '엉터리'다

/

최저임금제도 마찬가지다. 나는 최저임금제 설계의 품질이 최악이라고 생각하는데, 이른바 '진보'를 표방하는 사람들이 품질엔 아무런 관심 없이 기존 최저임금제가 무슨 선善과 정의의 표상이라도 되든 양 미화하는 것에 대해 개탄을 금치 못한다.

무엇보다도 인상율의 추이에 주목해보시라. 2018년 16.4퍼센트, 2019년 10.9퍼센트, 2020년 2.9퍼센트, 2021년 1.5퍼센트, 2022년 5.1퍼센트다. 이게 정책인가 장난인가? 정책의 생명은 신뢰다. 정책으로 인해 타격을 받을 사람들에게 예측 가능성과 더불어 준비할 시간을 주면서 충격을 최소화해야 한다. 그러나 문재인 정권은 정반대로 갔다.

자영업자 대책은 있었는가? "최저임금에 대한 보수 언론의 무차별적인 저주는 정당한가?"라고 비판하는 전 민주노총 위원장 김영훈마저 "다른 나라에 비해 월등히 높은 자영업자 비율을 포함해 임대료·카드 수수료 부담, 프랜차이즈 갑질 등 불공정한 시장 질서를 바로잡는 경제민주화 정책을 선결하거나 최소한 동시에 진행해야 했다"고 말한다.[35]

도저히 최저임금을 감당할 수 없어 자동 주문 기계를 설치한 자영업자들, 사실상 노사 합동으로 최저임금을 지키지 못한 채 불법을 저지르고 있는 업체에 대한 통계는 있는가?[36] 이런 통계조차 없으면서 문재인은 2018년 5월 '최저임금 긍정 효과 90퍼센트'라고 큰소리를 치기까지 했으니, '엉터리'라는 말이 나온 게 아닌가?[37]

그리고 너무 비겁했다. 최저임금위원회를 내세워 정권이 통제할 수 없는 것처럼 쇼를 해놓고 그로 인한 문제를 도저히 감당할 수 없게 되자 이런저런 압력을 통해 1.5퍼센트(2021년)라는 최저점을 찍도록 한 게 아닌가? "어려운 사람을 돕고 살자는 명분이 아름다우니 일단 저질러놓고 보자. 문제 생기면 그때 가서 땜질 하면 될 거 아닌가"라는 생각이 문재인 정권의 기본적인 국정 운영 자세가 아니라고 말할 수 있겠는가?

윤석열에게 그럴 생각과 역량이 있는지는 모르겠지만, 그가 정작 제기했어야 했던 문제는 우리 사회에서 '친노동적 노동관, 선진적 노동관'으로 통용되는 것이 철저하게 '정규직 중심주의'에 오염되어 있다는 사실이다. 이걸 공격하고 나서는 게 그가 '반노동적 노동관'에서 벗어날 수 있는 유일한 길일지도 모른다. 명분만 앞세우는 이 '정규직 중심주의'에 대해 이야기해보자.

'도덕 쟁탈전을 벌이는 거대한 극장'

/

"우리는 도덕적이려고 노력하는 사람들보다 도덕적이어야 한다는 목소리를 높이는 사람들에게 더 큰 찬사를 보내오지 않았던가!……도덕은 스스로에게 적용하는 것이지 다른 사람에게 강요하는 것이 아니다. 도덕을 앞세운 세대는 지독한 불량배들, 즉 도덕적으로 공격받을 위치에 있지 않기 때문에 어떤 주제에 대해서나 어떤 주장이라도 해댈 수 있는 권리가 있다고 행세하는 사람들을 무수히 양산해냈을 뿐이다."[38]

프랑스 지식인 레지 드브레가 『지식인의 종말』에서 외친 말이다. 이런 외침이 나오게 된 사회적 맥락이 있으니, 우리 처지에선 곧장 믿을 말은 아니다. 그럼에도 생각해볼 점은 있다. 도덕적이려고 노력하는 사람들의 행위는 언론에 보도되지 않는 반면 도덕적이어야 한다는 목소리를 높이는 사람들의 말은 언론에 잘 보도된다. 그래서 도덕을 외치는 도덕주의자들은 사회적 권력까지 누릴 수 있다. 이로 인한 문제는 없는가?

"한국 사회는 사람들이 화려한 도덕 쟁탈전을 벌이는 하나의 거대한 극장이다." 일본 철학자 오구라 기조가 『한국은 하나의 철학이다』에서 한 말이다. 서울대학교 철학과에서 8년간 유학한 그는 "조선 시대에는 도덕을 쟁취하는 순간, 권력과 부가 저절로 굴러 들어온다고 모두가 믿고 있었다"며 한국을 '도덕 지향성 국가'라고 했다. 한국인이 언제나 모두 도덕적으로 살고 있다는 뜻이 아니라 사람들의 모든 언동을 도덕으로 환원해 평가한다는 의미에서다.[39]

외국인, 그것도 일본인의 비판이라는 점에서 그렇지 않다고 반박부터 하고 싶겠지만, 전적으로 동의할 순 없다고 하더라도 대체적으로 맞다는 건 부인하기 어렵다. 아니 그건 내 생각일 뿐이고, 대체적으로 맞지 않다고 생각하는 사람도 많을 게다. 나는 그간 문제인 정권이 경제마저 도덕처럼 다루는 '경제의 도덕화'로 민생을 어렵게 만들었다고 비판해왔는데, 내 주장을 정파적으로 해석한 탓인지는 몰라도 동의하지 않는 사람이 많았다.

그래도 할 말은 계속해야지 어쩌겠는가? 아시다시피 한국은 '어떻게'는 소홀히 하고 '무엇'만 앞세우는 명분 위주의 '한 줄 사회'다. 한 줄로 요약되는 '총론'만 중시할 뿐 세부적인 '각론'은 가볍게 여긴다. "최저임금제·주52시간제 찬성이야 반대야?"라고 윽박지르는 이분법이 판치는 사회에선 그런 제도 설계의 품질을 따지는 게 어려워진다. 그 품질에 문제가 있다고 말하면 노동자의 권익 보호를 위해 만든 최저임금제·주52시간제를 반대하는 '반노동적 노동관'을 가진 꼴통으로 몰리기 십상이기 때문이다.

'정규직 중심주의'가 '진보'인가?

/

대졸 취업 준비생의 65퍼센트가 구직을 포기할 정도로 취업이 어렵고, 졸업 후 처음 가진 일자리에서 1년 이하 계약직 비중이 47퍼센트라는 조사 결과가 나오고 있다. 고용정보원이 추산한 2020년 플랫폼 비정규직 노동자는 220만 명(전체 취업자의 8.5퍼센트)에 이르렀고, 그 수는 급속히 늘고 있다.[40] 이런 통계는 언론에 자주 소개되고 있기에 우리 모두 익히 잘 알고 있는 사실이다. 그럼에도 희한한 건 우리의 노동 관련 논의는 이미 취업을 한데다 든든한 정규직을 차지한 노동자들 중심으로만 이루어지고 있다는 사실이다. 정치나 다른 사회 분야에 영향을 미칠 수 있는 세력의 크기나 힘에서 정규직이 비정규직에 비해 압도적 우위에 있다 보니 '정규직 중심주의'가 '진보'로 통용되는 웃지 못할 일이 벌어지는 게 우리 현실이다.

정규직이 잘되어야 비정규직 노동자들도 잘된다는 노동계의 '낙수 효과trickle-down effect'는 타당한가? 나는 그게 영 이상하다고 생각해 그간 상식 차원에서 '정규직 중심주의'에 강한 이의를 제기해왔는데, 이게 쉬운 일이 아니었다. 자칫 '반노동적 노동관'으로 찍힐 위험이 있고, 실제로 그런 비판을 받기도 했다. 정규직 중심주의자들이 외쳐대는 면죄부 구호는 "전 비정규직의 정규직화"인데, 이건 사실상 실현 불가능하다. 그걸 알면서도 "옳으니까 해야 한다"고 외치는 건 사실상 정규직의 기득권을 보호하면서 비정규직에 대한 '희망 고문'을 연장시키는 위선일 수 있다.

때마침 이 분야의 전문가이자 진보적인 정치경제학자인 홍기빈이 『경향신문』에 기고한 「주4일제와 정규직 중심주의」라는 칼럼에서 '정규직 중심주의'에 강한 이의를 제기하고 나섰다. 칼럼 하나가 이토록 반가운 적은 없었다. 그는 "주52시간 노동도, 최저임금도, 심지어 작업장 안전조차 일률적으로 감시와 규제가 이루어지지 않는 작업장이 허다한 것이 우리나라의 현실이다"며 다음과 같이 말했다.

"이러한 작업장에서 일하는 이들에게는 그 혜택이 제대로 갈 리가 없다. 뿐만 아니라 각종 불안정 노동자, 프리랜서, 영세 자영업자 등에게는 완전히 무의미할 뿐만 아니라 오히려 삶의 불편과 상대적 박탈감만 늘어나게 될 것이다. 결국 은행, 관공서, 공기업, 대기업, 대학과 학교 등 정규적 작업장의 정규직 노동자들에게는 엄청난 혜택이 돌아가겠지만, 그 밖의 사람들에게는 돌아가는 혜택이 극히 불균등하거나 전혀 없거나 오히려 '벼락거지'가 되는 허탈함만 나타날 것이다."

이 문제에 관심 있는 독자께서는 꼭 이 칼럼을 찾아서 전문을 다 읽어보시기 바란다. 이런 이야기는 매우 희귀하니까 말이다. 나는 "'주4일제' 제안은 우리의 현실을 도외시한 채 유럽이나 서구의 진보 정책을 그대로 가져와 '쿨하게' 보이는 데에 집착하는 우리 진보 진영의 버릇이 나타난 예라고 볼 수도 있다"는 그의 생각에 동의한다. 또한 "상대적으로 유리한 위치에 있는 주로 상위 20%를 더욱 윤택하게 해주는 것들"을 "과연 진보적인 사회 정책"이라고 부를 수 있느냐는 그의 문제 제기에도 지지를 보낸다.[41]

지금 우리는 '1퍼센트 대 99퍼센트의 사회'를 빙자해 사실상 '20퍼센트 대 80퍼센트의 사회'에서 20퍼센트의 기득권을 강화하는 방향으로 나아가는 걸 진보라고 부르는 이상한 게임을 하고 있다. 그 게임에 이의를 제기하면 차분하게 논의해볼 생각은 하지 않고 몹쓸 딱지 붙이기부터 해대는 게 습관이 되고 말았다. 20퍼센트의 기득권은 사실상 언로言路마저 장악하고 있어서 다른 이야기를 하는 걸 어렵게 만든다. 이대로 좋은가? 좋지 않다! 더 낮은 곳을 바라보아야 한다. 진짜 도덕이 필요한 곳은 바로 이곳이다.

이준석의
영악한
'치킨 게임'

"그렇다면 여기까지"

/

일차선 도로를 두 대의 자동차가 서로 마주보고 전속력으로 달린다. 충돌하면 운전자 두 명 모두 죽을 게 틀림없다. 살고 싶다면 방향을 바꿔 차선에서 벗어나면 되지만, 그렇게 하는 사람은 패자가 되고 방향을 바꾸지 않은 채 달린 사람이 승자가 된다.

누구의 담력이 더 강한지를 겨루는 '치킨 게임'이다. 아니 담력이라기보다는 광기를 겨루는 게임이라고 보는 게 옳겠다. 완전히 미친 사람이 덜 미친 사람에 비해 우위를 누린다는 점에서 말이다. 하지만 실제론 이와 유사한 현실 세계의 게임에선 상대편에게 자신의 광기나 자신은 죽어도 잃을 게 없다는 점을 미리 우회적으로 알리는 등 각종 책략이 동원된다.

우리는 2021년 11월 29일에서 12월 3일까지 수일간 국민의힘 대표 이준석과 대선 후보 윤석열 사이에서 벌어진 치킨 게임을 구경할 수 있었다. 이준석이 11월 29일 밤 SNS에 "그렇다면 여기까지"라는 짧은 글을 남기고 잠적한 지 나흘 만인 12월 3일 저녁 윤석열은 울산에서 이준석과의 전격적인 회동을 통해 그간의 갈등 해소와 김종인의 총괄선대위원장직 수락 소식을 발표함으로써 치킨 게임은 종식되었다.

치킨 게임이 벌어지는 동안 윤석열과 국민의힘 지지율이 하락세를 보인 가운데 그 수혜자가 된 민주당으로선 영 마땅치 않은 결과였으리라. 그래서 "윤석열 후보의 부재한 정치철학과 무능한 리더십의 실체를 적나라하게 드러냈다"며, "반창고로 땜방한 불안한 봉합"이라는 성명을 냈을 게다.

국민의힘은 안도의 한숨을 내쉬었지만 이준석과 김종인을 보는 시각에 따라 윤석열의 리더십에 대한 평가는 다르게 나타났다. 윤석열의 정치력을 높게 평가한다는 긍정 평가가 우세한 것처럼 보이긴 했지만, 윤석열이 '백기 투항'을 했다고 비판하는 목소리도 나왔다. "겉으론 이준석, 실제론 윤석열 승리"라는 평가도 있었다.

윤석열의 리더십을 어떻게 평가하건, 사실 윤석열에겐 다른 선택의 여지가 없었다. 이준석은 잠행 기간에 윤석열이 방향을 틀 것을 요구하는 '책략적' 발언을 많이 쏟아냈다. 가장 주목할 만한 발언은

12월 2일 〈JTBC 뉴스〉 인터뷰에서 나왔다. 그는 윤석열 캠프의 자신에 대한 '모욕 주기'를 비판하면서 "그런 식의 인식을 가진 사람들이 후보 주변에 있다는 것은 선거의 필패를 의미한다"고 했다. 이어 나온 다음 발언이 중요하다.

"정작 선의로 일해 보려고 하는 사람은 악의로 씌우고 본인들은 숨어서 익명으로 장난을 치고. 그게 다 후보의 권위를 빌려서 호가호위하는 것이고 저는 그런 실패한 대통령 후보, 실패한 대통령 만드는 데 일조하지 않겠습니다."[42]

정말 그랬던 것인지 그 어떤 오해가 있었던 것인지 알 길은 없다. 이준석이 단지 그런 이유 때문에 그렇게 화가 난 것인지 아니면 그 어떤 큰 그림을 그려놓고 정치적 게임을 벌인 것인지 그것도 알 수 없다. 우리가 알 수 있는 건 그의 최후통첩 메시지다. 즉, 정권 교체가 날아가는 한이 있더라도 "실패한 대통령 만드는 데 일조하지 않겠"다는 것이다.

오직 이준석만이 할 수 있는 게임

/

윤석열이 끊임없이 이준석·김종인과 갈등을 벌이거나 적대적 관계를 형성하면서도 대선에서 승리할 수 있을까? 그럴 수 있다고 믿는 사람들도 전혀 없진 않겠지만, 그건 '대선 필패'로 가는 길이라고 보는 사람이 압도적으로 많을 게다.

정권 교체가 실패하면 누가 더 잃을 게 많을까? 이준석이 '중2병'에 걸렸다는 비판의 목소리가 있었지만, 그로선 잃을 게 그런 불명예를 감수하는 정도에 불과하다. 정치 생명까지 끝장난다고 보기엔 그는 너무 젊다. 모든 걸 젊음의 혈기왕성 탓으로 돌리고 개과천선의 과정을 거쳐 얼마든지 재기할 수도 있다는 뜻이다. 반면 윤석열은 어떤가? 끝이다. 모든 게 끝이다. 그걸 굳이 설명할 필요는 없을 게다.

이준석의 치킨 게임은 이 모든 걸 내다보고 벌인 영악한 '중2병' 행세였을 가능성이 높다. 이 게임이 일단 이준석의 뜻대로 성공적으로 마무리된 후 이준석과 윤석열의 돈독한 신뢰 관계를 전하는 기사들이 나왔다. 이준석이 울산으로 가기 하루 전 윤석열의 측근에게 행선지를 미리 알려주는 등 '물밑 소통'을 했다는 이야기도 나왔다.[43] 하지만 그것 역시 '책략'의 일환이었을 뿐, 최종 결과까지 속된 말로 '짜고 친 고스톱'이 아니었다는 건 분명한 것 같다.

흥미로운 건 이런 게임은 오직 이준석만이 할 수 있다는 점일 게다. 대선 100일을 남겨둔 시점에서 역사상 한 번도 경험해보지 못한 이런 유형의 정치 게임을 벌이는 것은 당 대표 선거에서 그의 경쟁자들이었던 나경원, 주호영, 조경태, 홍문표 등은 꿈도 꿀 수 없는 것이다. 상상력이 빈곤해서 꿈을 꿀 수 없는 게 아니다. 나이 때문이다.

연장자가 연하자를 차별하던 세상은 사라진 지 오래다. 우리는 지금 꼰대가 욕이 되는 세상에 살고 있지 않은가? 똑같은 잘못된 일을 해도 꼰대와 청춘에 대한 평가가 다르다. 전자는 치명상을 입어도 후자는 용서받을 수 있다. 물론 집단적 차원에선 꼰대들이 청춘의 기회를 박탈하는 기득권을 강고하게 지키고 있지만, 오히려 그렇기 때문에 청춘에겐 그런 우대의 기회나마 주어지는 것인지도 모르겠다.

이준석은 젊은 나이 때문에 불이익을 보는 경우도 있겠지만, 그걸 압도하고도 남는 이익이나 혜택을 보고 있다. 무엇보다도 기존 문법과 평판의 굴레에 얽매이지 않을 수 있는 '젊음의 특권'을 향유하고 있기 때문이다. 그의 치킨 게임이 '해피 엔딩'이 된다면, 그 1등 공신이 이준석이라는 건 두말할 나위가 없을 게다.

제2의 '치킨 게임'인가?

/

그런데 '해피엔딩'으로 가기엔 가야 할 길이 멀었다. "반창고로 땜방한 불안한 봉합"이라는 민주당의 평가처럼, '울산 회동' 18일 만인 12월 21일 땜방한 반창고가 풀리고 말았으니 말이다. 이날 이준석은 "선거대책위원회의 모든 직책을 내려놓겠다"고 밝혔다. 표면적으론 최고위원 조수진의 '항명'에 따른 것이었지만, 심층적으론 윤석열과의 갈등이 다시 폭발한 것이었다.

이 사건을 다룬 다음 날 신문 사설 제목들이 재미있었다. 내심 환영했을 진보 신문들은 차분한 제목을 내건 반면 분통이 터졌을 보수 신문들은 비교적 격한 반응을 보였으니 말이다. 「재연된 국민의힘 선대위 내분, 이러고도 표 달라 하나」(『경향신문』). 「국민의힘 '자중지란', 국민 보기 부끄럽지 않은가」(『한겨레』). 「야 '울산 회동' 18일 만

에 막장 집안 싸움…'이런 장면 난생 처음'」(『동아일보』). 「항명에 사
퇴까지 매일 내분 야, 국민 시선 두렵지 않은가」(『조선일보』). 「대표는
자기 정치 선대위는 자리싸움, 한심한 국민의힘」(『중앙일보』).

제2의 '치킨 게임'인가? 굳이 논할 가치가 있을 것 같진 않다. '치
킨 게임'은 단 한 번으로 족하며, 그것이 반복되면 이미 '치킨 게임'
이 아니니까 말이다. 누가 잘했건 잘못했건, 책임의 비중을 어떻게 나
누건, 최종 책임은 윤석열에게 있는 것이다. 윤석열 리더십의 부재 또
는 한계, 이 한마디로 총평을 내려도 무방할 것 같다.

그렇긴 하지만 이준석의 두 번째 치킨 게임은 첫 번째 치킨 게임
과는 그 품질이 전혀 다르다는 점에서 이준석의 앞날도 '개과천선'
으로 넘어서기 어려운 치명타를 입게 되었다는 점은 짚고 넘어갈 필
요가 있겠다. 나중에 어떻게 달라지건, 윤석열과 국민의힘이 스스
로 무너져 내리고 있는 가운데 정권교체는 물 건너 간 것처럼 보이는
2021년 말의 상황 중심으로 이야기를 해보자.

첫 번째 치킨 게임은 윤석열 탓을 하는 사람이 많은 상황에서 나
온 것이었지만, 두 번째 치킨 게임은 전혀 그렇지 않았다. 국민의힘
초선 의원들까지 이준석 탓을 하며 들고 일어난 걸 보더라도, 이준석
의 무리수였다는 게 충분히 입증된 것 같다. 이후에 보여준 언행도
계속 무리수 일변도였다. 이준석은 도대체 왜 그랬던 걸까? 모든 정
치인이 다 연구 대상이긴 하지만, 이준석이야말로 정말 흥미로운 연
구 대상이다.

『조선일보』 논설주간 김창균은 「이준석 정치, '보약' 대신 '독약'

으로 기억될 건기」(12월 30일)라는 칼럼에서 "불과 몇 달 전 이준석은 곰팡내 나고 숨 막히던 보수 정당에 청량한 바람을 몰고 온, 말 그대로 풍운아였다"며, "그랬던 이 대표가 자신이 속한 집단에 얼마나 피해를 줄 수 있는지 '독약' 성분으로 존재 가치를 증명하고 있다"고 했다.

'풍운아'가 어떻게 몇 달 만에 '독약'이 될 수 있는 걸까? 사실 우리는 모두 이미 답을 알고 있다. 지독한 '자기중심주의'의 문제다. 엄청난 다변가이자 지독한 자기중심주의자였던 프랑스 철학자 장 폴 사르트르가 떠오른다. 그는 쉴 새 없이 신문에 대서특필될 만한 새로운 기삿거리를 제공했는데, 이마저 비슷하다. 그러나 그의 직업은 철학자였다. 이준석의 직업은 정치인이다. 바로 이 차이가 비극을 만들어낸 건 아닐까?

이준석의 과도한 자기중심주의

/

이준석의 당 대표 도전은 '원맨쇼'만으로 가능한 일이었다. 물론 이준석이 여러 면에서 출중한 점이 있긴 했지만, 국민의힘이 워낙 곰팡내 나고 숨 막히던 정당이었기에 당원투표와 여론조사에서 익명의 다수 유권자를 상대하는 데엔 오히려 원맨쇼가 더 유리했다. 그러나 당선 후 대표직 수행은 원맨쇼만으론 안 된다. 아니 오히려 대표직 수행에 절대적으로 필요한 타협과 단합에 독약이 될 수 있다.

이준석의 집요한 '윤핵관' 타령으로 미루어보아 그는 여전히 국민의힘의 낡은 기득권 질서를 깨는 데에 필요한 원맨쇼의 필요성을 느꼈을 것이다. 그런 일을 하는 데에 "안에서 할 말이 있고 밖에서 할 말이 있다"는 원칙마저 기득권의 논리라고 생각했을 수도 있다. 오히려 밖을 향해 떠들어댐으로써 안을 바꿔보겠다는 야심을 품었을 가능성이 높다. 평상시라면 그게 발칙할망정 문제가 안 될 수도 있다. 그러나 대선을 불과 70여 일 남겨둔 시점이 아니었던가?

자기중심주의가 중증에 이르면 그런 분별력이 작동하지 않는 법이다. 프랑스 정치가 샤를 드골은 "스스로를 없어서는 안 될 인물로 여기지 마라. 전 세계 묘지에는 없어서는 안 될 사람들로 가득 차 있다"는 명언을 남겼지만, 이준석의 자기애와 패기는 자신을 '없어서는 안 될 인물'로 여기게 만들고야 말았다. 자신이 침묵하거나 말 없이 돕느니 차라리 죽는 게 더 낫다고 생각했을 수도 있다.

"세상에는 두 종류의 사람들이 있다. 방으로 들어와 '내가 왔어요'라고 말하는 사람과 '여기들 계셨군요'라고 말하는 사람이다." 미국의 상담 칼럼니스트 앤 랜더스의 말이다. 이준석은 "내가 왔어요"라고 말하는 유형의 사람이다. 그럼에도 이준석은 보기에 좋은 점이 많았다. 그는 윤석열의 정치 경험이 없거나 짧은 게 문제라고 으스대며 말했다. 속으론 "세상을 오래 산 경험은 정치와 무관한가? 왜 자신의 약점일 수도 있는 말을 저렇게 자주 하지?"라는 생각을 했지만, 긍정적으로 봐도 좋을 자신감과 패기로 해석했다.

여야를 막론하고 세대 교체를 열망했던 사람들 중엔 나처럼 생각한 사람이 많았을 게다. 그런데 그렇게 볼 일만은 아니었던가 보다. 이준석의 영악한 '치킨 게임'은 '어리석은 치킨 게임'으로 끝나고 말았으니 말이다. 하지만 정권 교체가 물 건너가도 국민의힘은 통탄할 필요는 없으리라. 이준석의 당 대표 당선은 국민의힘이 민주당에 비해 개방적이고 포용적이어서가 아니라 워낙 곰팡내 나고 숨 막히던 세월이 길었기 때문이었다고 생각하면 되니까 말이다. "국민의힘, 이대론 안 된다"는 강한 문제의식을 부각하고 당 내외의 여론을 결집시킨 이준석의 '절반의 성공'은 흔쾌히 인정하는 게 미래를 위해서도 좋을 것이다.

이준석과 윤석열의 공통점

/

12월 말에 이와 같이 썼는데, 2022년 1월 6일 밤 윤석열과 이준석이 극적으로 화해하는 일이 또 벌어졌다. 당 대표 사퇴가 논의될 정도로 초유의 내홍 사태를 겪었지만, 막판 갈등이 16일 만에 또 봉합된 것이다. 순간 글을 다시 써야 하는 생각이 들기도 했지만, 그대로 가면서 몇 마디 덧붙이기로 했다. 민주당의 주장처럼 "반창고로 땜방한 불안한 봉합"의 새로운 버전일 수도 있으니 말이다.

윤석열은 "이제 다 잊어버리자"며 대선 승리를 위해 힘을 모으자고 했고, 이준석은 "실망스러운 모습을 지금까지 보인 것에 대해서는 제가 사과를 드리고, 앞으로 나아가서 선거 승리로 보답할 수 있도록 하겠다"고 했다. 그간 왜 싸웠으며, 그 싸움의 원인은 어떻게 해소되었는지에 대한 설명은 없었다. 윤석열은 "원래 피는 물보다 진하다고 하지 않습니까? 저희는 피 같은, 같은 당원입니다"라는 말로 얼렁뚱땅 때워 넘겼다. 갈등의 와중에서 국민의힘 내부에선 "뭐 이런 당대표가 다 있나?"라는 말이 나왔다지만, 유권자들로선 "뭐 이런 당이 다 있나?"라고 생각하지 않았을까?

이준석은 "그동안 고민을 여러 경로로 과한 방식으로 표현한 거 같다"고 했다. 그는 별 의미 없이 의례적으로 한 말일 수도 있지만, 나는 이 말에 답이 있다고 생각한다. 쉽게 말해서 싸가지의 문제가 결정적이었다는 것이다. "윤석열, 가만히 있으면 이긴다"거나 "연습 문제 드렸다"처럼 싸가지 없는 발언의 전문을 다 읽어보면 얼마든지 이해할 수 있거니와 탁견일 수도 있는 생각이었다. 그런데 왜 말을 꼭 그런 식으로 표현해야 하느냐 이 말이다.

참 묘하다. 그 점에서 이준석과 윤석열은 닮았다. 내용은 다르지만 화법의 문제에선 닮아도 너무 닮았다. 민주당은 윤석열이 실언을 넘어 망언을 일삼는다고 주장하고, 언론과 유권자도 대부분 공감하는 듯한 자세를 취하고 있다. 하지만, 문제의 핵심은 앞서 지적했듯이 윤석열이 사랑방 잡담회 수준의 언어를 언론 앞에서도 그대로 구사한 데에 있는 것이지 그 취지는 이해할 수 있는 것이었다.

그런데 이게 반복되면서 강고한 프레임이 형성되고 말았다. 흥미성을 추구하는 언론은 어느덧 자연스럽게 그의 실언 가능성에 주목하면서 민주딩의 비난을 그대로 중계하는 데에 익숙하게 되었다는 뜻이다. 그러다 보니 웃지 못할 코미디 같은 일도 벌어진다. 이른바 '장애우 사건'을 보자.

윤석열이 2021년 12월 13일 선거대책위원회 장애인복지지원본부 행사에서 '장애우' 표현을 쓴 데 대해 민주당과 정의당이 격한 비판에 나섰다. 민주당은 "장애인들과 그 가족들의 가슴에 비수를 꽂는 망언을 했다"고 했고, 정의당은 "장애인을 향한 우월 의식과 시혜적 시선을 여지없이 드러낸 것"이라며 "제1야당의 대통령 후보로서 정말 낯부끄러운 일"이라고 했다.

나는 언론이 이걸 그대로 중계 보도하는 걸 보고서 혀를 끌끌 차지 않을 수 없었다. 나는 '정치적 올바름'의 지지자로서 미국처럼 '정치적 올바름'이 절대다수 국민의 혐오 대상이 되지 않게끔 하려면 '과유불급'의 원칙을 지켜야 한다고 역설해왔기 때문이다. '장애우'라는 말 한마디를 가지고 그렇게 비난해대는 것이야말로 사람들의 반감과 염증을 불러일으켜 오히려 '정치적 올바름'을 죽이는 자해 행위가 된다는 게 나의 생각이다.

'장애우'는 오랫동안 진보적 용어였다. '장애우'라고 하지 않으면 욕을 먹을 것 같은 분위기마저 강했다. 그런데 '정치적 올바름'의 원칙은 늘 진화한다. 이 원칙에 충실하고자 하는 이들이 '장애우'는 정의당의 주장처럼 '장애인을 향한 우월 의식과 시혜적 시선'을 드러내는 것이라고 이의를 제기하면서 서서히 사라지게 되었다. 왜 장애인의 생각도 묻지 않고 일방적으로 마음에도 없는 친구 행세를 하려 드느냐는 문제 제기였다. 그래서 보건복지부도 2015년부터 개선 운동에 나선 표현이 되고 말았다.

그런데 이미 입에 붙은 표현을 하루아침에 바꿀 수 있겠는가? 보건복지부가 개선 운동에 나선 지 2년이 지난 2017년에도 이재명과 추미애가 SNS와 공식 행사에서 '장애우'란 표현을 쓴 것도 바로 그런 이유 때문이었을 게다. 여론조사를 해보라. '장애우'란 표현을 쓰면 안 된다고 알고 있는 사람이 얼마나 되는지. 2017년에 쓴 건 2년밖에 되지 않았으니 괜찮고 2021년에 쓴 건 6년이나 지났기에 '비수를 꽂는 망언'이란 말인가? '정치적 올바름'을 남을 비난하고 모멸하기 위한 도구로 써먹는 이런 작태는 '정치적 올바름'의 좋은 뜻마저 죽이고야 말 것이다.

이야기가 길어졌지만, 이준석 역시 윤석열처럼 싸가지 없는 말투로 필요 이상의 오해와 논란을 불러일으키고 있다는 게 나의 주장이다. 이준석은 자신의 싸가지 문제를 지적하면 "날 보고 싸가지 있다고 말하는 사람이 누가 있나?"라는 식으로 항변하지만, 그렇게 대응할 일이 아니다. 나는 그의 '싸가지 없음'을 옹호해온 사람으로서 '과유불급'의 경계를 넘지 말라는 뜻으로 하는 말이니까 말이다. 그가 윤석열과 동병상련하는 심정으로 자신의 싸가지 관리에 노력함으로써 또다시 "반창고로 땜방한 불안한 봉합"이 일어나지 않기를 바랄 뿐이다.

'갈라파고스 정당'이 만든 '김종인 현상'

김종인의 '돌직구 품성'과 '단독자 기질'

/

2021년 12월 3일 국민의힘 총괄선대위원장 김종인이 4번째 선거 지휘를 맡았다. 여야를 넘나들면서 선거 지휘를 하고, 선거가 성공적으로 끝나고 나면 사실상 배신을 당하거나 갈등을 빚어 퇴장한 그의 이력에 대한 평가는 크게 엇갈린다. 긍정적 평가 못지않게 부정적 평가가 많은 탓인가? 2021년 12월 6일 홍익대학교 경제학부 교수 전성인이 『경향신문』에 쓴 칼럼의 제목이 '김종인을 위한 변명'이다. 변명? 김종인이 이번엔 국민의힘을 지휘하는 탓에 불편하게 생각할 『경향신문』 독자들의 기분을 고려한 것인가?

    그런 의아심이 들긴 했지만, 내가 보기에 전성인의 칼럼 내용은 좋았다. 무엇보다도 왜 김종인이 '몽니 부리는 꼰대' 소리를 들으며 권한과 자리를 요구했는지, 그 이유에 대한 설명이 설득력이 있다. 그건 바로 '경제민주화'라는 '미완의 꿈'을 이루고 싶어 하는 김종인의 열망이다. 그런데 이 열망은 자주 권력욕과 혼동된다. '희대의 거간 정치인'이라느니 '노욕의 정치 기술자'니 하면서 험담을 한 이도 적지 않았다.

    정파적 입장에서 그렇게 보는 거야 이해할 수 있다 치더라도 정말 그렇게 믿는 건 한국 정치를 이해하는 데에 별 도움이 되지 않는다. 그런 일방적인 비방은 왜 거대 여야 정당들이 그를 필요로 했는지를 설명하지 못한다. 설명할 수 있다면 여야 정당들은 그런 수준의 인물을 필요로 했을 만큼 한심한 집단이라는 이야긴데, 그런 집단에 표를 준 유권자들은 뭐가 되는가? 우리가 아무리 정치를 욕해도 그렇지, 그렇게까지 우리 자신마저 비하할 필요는 없잖은가?

    김종인은 불행한 사람이다. 한국 사회가 어떻게 가야 한다는 자신의 진보적 비전과 철학을 확고히 갖고 있었고, 그걸 실천하기 위한 권력의지도 없진 않았지만, 체질적으로 정치라는 게임에 맞지 않는 '정치인'이었기 때문이다. 정치가 체질에 맞지 않는 인물이라고 하면 대통령 문재인을 떠올릴 사람들도 있겠지만, 그래도 문재인은 지난 2016년 민주당 대표 시절 김종인을 영입하기 위해 보기에 낯 뜨거울 정도로 온갖 읍소를 마다하지 않았던 사람이다. 자신의 목적 달성을 위한 집념이 강하다는 뜻이다.

반면 김종인은 죽었다 깨나도 그런 읍소를 할 수 없는, '돌직구 품성'과 '단독자 기질'이 매우 강한 사람이다. 자신의 자서전에서 이렇게 밝혔듯이 말이다. "나는 학자 출신 관료들의 어떤 인맥에도 들어 있지 않고, 정치적 파벌에도 속해 있지 않고, 내가 따르는 정치적 보스도 있어본 적이 없다(그것이 지금껏 어디에도 휘둘리지 않고 살아온 배경 가운데 하나다)."[44]

김종인의 안철수에 대한 과도한 독설

/

지식인으로선 경의를 표할 만한 품성이지만, 이는 각종 인맥 관계로 얽힌 정치판에선 정치인으로선 치명적인 결격 사유다. 정치란 우선적으로 '사람 장사'가 아닌가? 그런 장사를 할 수 없으니 자신의 '세력'을 만들 수 없다. 게다가 사람에 대한 호불호好不好가 지나치게 강하다. 독선적이라거나 '고약하다'고 해도 무방할 정도다. 물론 누군가를 극도로 싫어할 때엔 그만한 이유가 있어서 그러는 것이겠지만, 정치인이라면 그런 감정의 표현을 적절히 관리할 줄 알아야 한다. 영원한 적도, 영원한 친구도 없는 정치판에서 "나는 한 번 아니면 영원히 아니야"라고 외쳐서 좋을 게 무엇이 있단 말인가?

김종인이 그런 싫은 감정을 표출할 때엔 인정사정없는 독설가로 변신한다는 것도 문제다. "토론도 못하면서 어떻게 시장 노릇을 할 거냐.""그 사람은 내가 보기엔 정신이 이상한 사람 같다.""떼쓴다."

"세상 물정 모른다." "정치란 그렇게 잔머리를 굴려서 하면 안 된다."
"정치를 잘못 배웠다." "어리석다." "정상적인 사고를 안 한다." "그
런 사람이 대통령 되면 나라가 또 엉망이 된다." 이게 다 누구를 향해
한 말인지 잘 아실 게다.

김종인이 총괄선대위원장을 맡은 직후 야권 후보 단일화에 대해
생각을 밝힌 걸 들어보시라. 그는 국민의당 대선 후보 안철수를 향해
"스스로 윤석열 후보가 단일화 후보가 될 수 있도록 해주면 되는 것"
이라고 했다. 그는 "본인이 정권 교체를 위해서 뭐든지 하겠다고 얘
기를 했기 때문에 전국에서 정권 교체를 위한 길을 택해주시지 않겠
나 생각한다"며 "(대선) 포기는 본인의 결단에 달린 것"이라고 했다.[45]
알아서 스스로 물러나라는 이야기다.

안철수로선 김종인이 빌어도 시원치 않을 판에 그렇게 "약속을
지키라"는 식으로 큰소리 뻥뻥 쳐대니, 내심 '닥치고 완주'를 해야겠
다는 결의를 다지지 않았을까? 국민의당에선 김종인의 발언에 대해
"앞으로 행패질 할 강도가 느껴지는 예고편"이라며 "김 위원장은 없
는 채무도 만들어서 추심하려 하는 악덕 사채업자 그 이상도 그 이하
도 아니다"는 격한 반발이 나오지 않았던가?[46]

김종인의 독설은 무슨 정치적 이점이 있는 것 같진 않다. 유권자
들을 겨냥한 효과는 좀 볼 수 있다고 하더라도, 그걸 상쇄하는 '안티'
세력을 만들 수 있다는 점에서 '가성비'가 높다고 보긴 어렵다. 독설
은 비평가의 무기일 수는 있어도 정치인에겐 늘 부메랑이 될 수 있는
것이다. 그럼에도 김종인의 타고난 기질이 그런 걸 어이하랴.

김종인은 그간 이재명을 "시대 변화에 유연하게 대응할 능력이 탁월"하고 "재주가 많은 사람"이라며 긍정 평가해왔는데,[47] 나는 늘 이게 궁금했다. 이재명은 김종인의 정치적 지향성이나 스타일과는 전혀 맞지 않는다고 생각했기 때문이다. 그러다가 이재명이 평소 김종인을 극진하게 대해왔다는 걸 알고선 이런 의심이 들었다. 그가 친소 관계나 읍소에 약한 건 아닌지, 이는 그가 자신과 비슷한 단독자 체질을 가진 다른 정치인을 과도하게 싫어하는 것과 동전의 양면 관계를 이루고 있는 건 아닌지 하는 의심이다.

'갈라파고스 정당'으로 전락한 거대 정당들
/

정치인으로선 여러 한계를 안고 있음에도 그가 거대 정당들의 요청을 끊임없이 받는 이유는 무엇인가? 단지 '경제 민주화' 때문인가? 나는 한국의 거대 정당들이 '갈라파고스 정당'이라는 점에서 그 답을 찾고 싶다. 2년여 전 민주당의 싱크탱크인 민주연구원은 보고서에서 자유한국당(현재 국민의힘)을 향해 "작은 섬에 고립돼 퇴화하거나 멸종하는 갈라파고스 정당의 길이 될 것"이라고 했다.[48] 이 용법과 비슷하긴 하지만, 나는 좀더 넓은 의미로 쓰고 싶다.

두 정당 모두 '갈라파고스 정당'이다. 둘 다 대중과 차단된 채 독자적인 생태계를 이루고 있다는 의미에서다. 두 정당 모두 강성 당원들의 지배를 받고 있다. 현 시점을 기준으로 말하자면, 민주당은 확실히 그렇고, 국민의힘은 그 지배에서 탈피하는 중이다. 민주당은 앞서 보았듯이, 지난 5·2 전당대회의 최고위원 선거에서 강성 당원들의 문자 폭탄을 옹호한 세 사람이 각각 1, 2, 4위를 차지하며 당선된 것을 단적인 예로 들 수 있겠다.

민주당 정치인은 민심의 바다에서 멀어질수록 당내에선 정치적 경쟁력을 갖는다. 게다가 문재인 정권의 국정 운영 기조가 '팬덤 정치'의 기반 위에 놓여 있는지라 그런 강성 지향성은 증폭된다. 이에 대한 문제 제기는 '적폐 청산'에 역행하는 불순한 책동으로 간주된다. 이는 단호한 응징의 대상이 되며, 이런 행태는 개혁의 이름으로 미화된다.

지난 30년 넘게 이루어진 '민주화 이후의 민주주의'를 잠시 돌아보시라. 정권의 몰락 이유는 늘 '갈라파고스 신드롬'이었다. 점잖게는 '독선과 오만', 속된 말로는 '싸가지 없음'이 지적되기도 했지만, 그 본질은 민심의 바다로부터의 고립이었다. 각종 전자제품의 세계 선두를 달리던 일본이 든든한 내수 시장만을 믿고 치열한 글로벌 경쟁에 뒤처져 '잘라파고스Jalapagos'라는 오명을 얻었듯이,[49] 한국 정당들은 늘 '집토끼' 위주의 국정 운영을 일삼다가 '산토끼'들의 버림을 받는 행태를 반복해왔다.

바로 이런 환경이 김종인의 강점을 돋보이게 만든다. 그는 고령임에도 세상을 보는 눈은 청춘이다. 그는 갈라파고스 정당들이 신봉하는 이념, 좌우 구분, 진영 논리를 시대착오적인 것으로 비웃는다. 그가 여야를 넘나드는 건 이런 신념 때문이다. 그는 국민의힘은 중도로 이끌고, 민주당엔 현실주의를 요구한다. 민주당이 실천하는 진보는 도덕적 당위를 곧장 현실 세계에 적용하는 '실험 진보'이기 때문이다. 단독자 기질은 자신이 권력의 주인공이 되는 데엔 결정적 장애가 되지만, 전체 상황을 객관적으로 조망하는 데엔 유리하다. 그는 어느 정당에 가서건 갈라파고스 정신에 충실한 인사들을 억누른다. 그 과정에서 적을 많이 만들어내지만, 그것 역시 단독자이기 때문에 가능한 일이다.

거대 정당들은 갈라파고스일망정 그의 이런 강점을 알기에 그걸 사용하는 데에 필요한 권한과 자리를 준 것이다. 선거라는 비상 상황에선 그의 다른 결함이 묻히지만, 선거 승리 후엔 다른 상황이 전개된다. "뒷간에 갈 적 맘 다르고 올 적 맘 다르다"는 원리에 따른 권력자의 변심이 가장 큰 이유겠지만, 김종인에게도 성찰은 필요하다. 갈라파고스 정당의 정상화를 위해 애쓴 그가 자신만 갈라파고스로 머무르겠다는 건 과욕이 아닌가? 그에게 그런 성찰이 필요한 기회가 올지는 모르겠지만 말이다.

윤석열에게 '연기'를 요구한 김종인

/

이렇게 글을 끝맺었는데, 2022년 1월 5일 뜻밖의 사건이 터지고 말았다. 김종인이 한 달 만에 총괄선대위원장직을 물러난 사건이다. 문제의 발단은 김종인이 이틀 전인 1월 3일 윤석열의 동의 없이 선언한 선대위 전면 개편이었다. 이 소식을 뒤늦게 들은 윤석열이 공개 일정을 모두 취소함으로써 이게 매우 심각한 문제였음을 예고했다.

1월 3일 오후 김종인은 언론에 공개된 의원총회에서 "그동안 선거운동 과정을 겪어보니 도저히 이렇게 갈 수는 없다"며 "(윤 후보에게) '총괄선대위원장이 아니라 비서실장 노릇을 할 테니 후보도 태도를 바꿔 우리가 해준 대로만 연기演技를 좀 해달라'고 부탁했다"고 말했다. 그러면서 "선대위를 운영하는 사람이 지나치게 후보의 눈치를 보면 선거를 제대로 이끌 수가 없다"고 강조했다.

그럴 수도 있겠다. 선대위를 개편하는 것도 좋고 윤석열이 연기에만 충실한 것도 시도해볼 만한 일이었다. 김종인은 "제가 과거에 여러 번 대선을 경험했지만, 후보가 선대위에서 해주는 대로 연기만 잘할 것 같으면 선거는 승리할 수 있다고 늘 이야기한다"고 말을 덧붙였는데, 박근혜와 문재인이 그렇게 해서 성공한 케이스라는 걸 어찌 부정할 수 있으랴. 물론 후보의 연기에 대해 유권자를 모독하는 '구태 정치의 표본'이라는 주장도 있긴 하지만, 후보에게 한 인간으로서 도저히 감당할 수 없는 것을 요구하는 '대통령제 정치'의 신화는 버리는 게 옳다는 점에서 그렇게 펄펄 뛸 일은 아니리라.

문제는 전혀 다른 데에 있었다. 단 둘이 밀실에서 나눠야 할 이야기를 언론에 대고 떠들어댄 행위가 문제의 본질이었다. 김종인은 기자들에게 선대위 전면 개편 선언에 대해 "제가 (후보의) 동의를 구할 필요가 없다"고 했고, 급기야 "연기만 좀 해달라"는 말을 TV 카메라 앞에서 당당하게 했다. 놀라운 일이었다. 김종인의 총기가 흐려졌나? 그게 아니라면, 윤석열로는 어렵겠다는 판단이 들어 물러날 수 있는 핑계를 만들려고 그랬던 걸까?

무엇보다도 "연기만 좀 해달라"는 말을 온 세상에 대고 떠든 게 치명적인 실수였다. 이는 윤석열이 그간 저질렀던 실언들과는 비교할 수 없을 정도로 큰 실언이었다. 실수가 아니라 의도한 것이었다 해도 그것 역시 치명적인 실수였다. 궁극적인 책임은 후보인 윤석열이 질 수밖에 없는 것이긴 하지만, 윤석열이 그를 내치는 결심을 정당하게 만들어주면서 불명예를 스스로 자초할 필요는 없었다는 점에서 말이다.

이재명 지지자이긴 하지만 정치 평론에서 공정을 잃지 않으려고 애쓰는 중앙대학교 명예교수 이상돈의 관전평이 인상적이다. 그는 "사석에서 그냥 하는 이야기지, 공개적으로 말하면 땅에 떨어진 후보의 권위를 더 떨어뜨리는 것"이라며 "굉장히 경솔한 발언이었다"고 비판했다. 이준석에 대해선 "당 대표가 말을 가볍게 해선 안 되는데 거기서부터 기본적으로 문제가 생겼다. 이 대표는 지난 10년 동안에 단 하루도 입을 쉰 날이 없었을 것"이라며 자중을 촉구했다. 그는 두 사람의 실책에도, 가장 큰 책임은 역시 윤석열에게 있다며 후보 교체 가능성을 시사했다.

김종인이 헌납한 '꼭두각시 프레임'

/

후보가 교체되건, 이재명이 승리하건, 그건 나의 주요 관심사는 아니다. 어차피 나는 적잖은 사람이 그러하듯 마음 둘 곳 없어 하는 관전자일 뿐이니까 말이다. 평소 김종인을 매우 긍정적으로 평가해온 나로선 그의 "굉장히 경솔한 발언"에 관심이 쏠렸다. 이 발언은 이재명 측에 선거의 판도를 좌우할 수 있는 강력한 '프레임'을 헌납한 것이었기 때문이다. 아니나 다를까, 당장 여권에선 '꼭두각시 프레임'이 쏟아져 나왔다.

"결국 대통령을 꼭두각시로 만들고 수렴청정하고 상왕의 역할을 하겠다는 것을 보여준 것"(박영선), "박근혜 씨는 최순실 꼭두각시로, 윤석열 후보는 김종인 꼭두각시로. 윤석열은 박근혜 시즌2"(전용기), "꼭두각시 인형에 기름칠 잘해서 국가의 운명을 책임져야 할 대통령 자리에 앉히겠다고 말하는 것"(신정훈), "제2의 박근혜를 만들려 하느냐"(이원욱), "결국 윤 후보가 허수아비 껍데기라는 것을 자인했다. 연기하더라도 대본을 외울 능력이 있어야 할 것 아니냐"(송영길), "후보가 아바타냐. 지금까지 윤석열 후보가 보여준 모든 행태가 앞으로 개선 불가능한 정치인으로서 최대치였음을 고백하는 듯하다"(박찬대).

윤석열이 무조건 김종인의 뜻을 따르면 따를수록 그의 당선 가능성은 높아질까? 아니다. '꼭두각시 프레임'의 파워만 강해질 뿐이다. 김종인을 내친다고 해서 윤석열의 당선 가능성이 높아질까? 그것도 아니다. 하지만 윤석열은 꼭두각시라는 말은 듣지 않을 게다. "무릎을 꿇고 살기보다는 차라리 서서 죽겠다"는 인생관을 갖고 있는 윤석열로서는 후자가 훨씬 더 나은 선택이었으리라. 이걸 두고 윤석열의 '포용력' 타령을 하는 건 번지수를 잘못 짚은 것이다.

사퇴 직후 서울 광화문 개인 사무실에서 김종인을 만난 취재진에 따르면, 김종인은 "10분여 동안 그간의 논의 경과를 상세히 설명하면서 윤 후보에 대한 작심 비판을 쏟아냈다"고 했다. 윤석열이 김종인에게 '제2의 안철수'가 되어 앞으로 두고두고 혹독한 독설 세례를 받게 될지는 두고 볼 일이다. 그간 김종인의 팬이라면 팬으로서 '경제민주화'를 위한 김종인의 역할을 기대했던 나로서는 '갈라파고스 정당'이 만든 '김종인 현상'이 이렇게 끝을 맺는 것인가 하는 아쉬움을 떨치기 어렵다.

제3장

문재인의
오만과
비극

문재인의
착한 얼굴에
드리워진
그늘

최중철·신평의 '책임 회피형' 대통령론

/

"진정 힘 있는 자는 자신의 성격을 스스로 만들 수 있는 사람이다."[1] 마키아벨리의 말이다. 현대의 마키아벨리를 자처하는 로버트 그린의 해석이 가미된 말이지만, 내가 해석한 두 사람의 메시지는 동일하다. "성격의 노예가 되지 말고 주인이 되어야 한다."

그런데 그게 말처럼 쉬운 일은 아니다. 나는 언제부턴가 대통령 문재인의 착한 얼굴에 그늘이 드리워져 있다는 생각을 했다. 체질상 정말 내키지 않는데도 '운명'에 의해 차출되어 하는 일이라서 그런가 보다 했다. 그런데 그것만으론 설명할 수 없는 다른 이유가 있을 것 같다는 생각이 들었다. 이른바 '책임 회피형 성격' 때문에 그러는 건 아닐까? 이에 대해 말씀드려보겠다.

문재인의 책임 회피형 성격을 가장 먼저 지적한 사람은 정신과 의사 최중철이며, 이를 널리 알린 사람은 판사 출신 변호사 신평이다. 신평은 누구인가? 대구·경북에서 진보적인 목소리를 많이 냈던 그는 박근혜 탄핵 촛불 집회에 거의 매번 참여했으며, 19대 대선 땐 문재인 캠프에서 공익제보지원 위원장으로 활동한 친문 인사 출신이다.

신평은 이른바 '추·윤 갈등' 시 문재인의 굳은 침묵에 대해 "과연 그는 어떤 메시지를 전달할 의도로 지금 침묵을 지키고 있는 것일까. 나는 여기에 도저히 해답을 찾지 못하겠다"고 탄식했다. 그러면서 신평은 "정신과 의사 최중철이 여기에 해답을 제시하려고 한다"며 최중철의 성격 분류론(공격적인 장 중심형, 은둔적인 머리 중심형, 의존적인 마음 중심형)을 소개한다. 이 분류에 따르면, 문재인은 '의존적인 마음 중심형'이라는데, 그 특징은 다음과 같다고 한다.

"자신과 같은 편이라고 생각되는 이들에게는 한없이 선한 의도를 갖고 대하나, 반대쪽의 이들에게는 무관심하다. 이 성격 자체가 내 편, 네 편을 가르는 것에 익숙하기 때문이다. 내 편에만 충성스럽게 대하는 것이고, 내 편에만 의지하여, 그리고 내 편을 통해 안전을 확보하려고 한다. 그리고 이 성격의 가장 큰 특징은 자신이 책임을 지지 않으려고 회피하는 점이다."[2]

문재인의 정무적 업무에 대한 혐오

/

과연 그런 것인지 좀 구체적으로 따져보기로 하자. 문재인은 매우 내성적이고 소극적인 성격의 소유자다. 정치권에서 쓰는 '정무'라는 용어는 주로 갈등의 조정이나 타협을 하는 역할이나 분야를 뜻한다. 청와대 정무 비서관의 역할이 바로 그것이다. 그런데 문재인은 이런 정무 역할을 믿기지 않을 정도로 싫어한다. 문재인이 노무현 정부의 청와대 시민사회수석 비서관직을 사임하고 잠시 야인으로 있던 2007년 2월경 50년 친구인 황호선과 막걸리를 마시면서 나눈 대화 한 토막을 들어보자.

문 요즘 한 가지 고민이 있다.

황 뭔데?

문 대통령께서 내게 다시 청와대로 들어와 일을 해달라고 하시는데 답을 못했네.

황 어떤 일을?

문 비서실장직을 맡아달라고 하시네.

황 아니, 대통령께서 참여정부 임기 말에 국정을 믿고 맡길 수 있는 사람이 당신이라 판단하여 그렇게 말씀하시고, 당연한 요청일 텐데 왜 망설이는가?

문 비서실장직이 문제가 아니라, 비서실장이 겸하고 있는 정무수석 비서관 역할 때문이야.

황 그래서 비서실장직을 맡기 어렵다고 말씀드렸나?

문 응……"비서실장이 겸하고 있는 정무수석의 역할을 제가 할 수 없습니다"라고 말씀드렸지.

황 그래? 대통령께서 뭐라고 답하시든?

문 "정무수석 역할은 나한테 다 맡기고, 니는 정무적 역할 외의 비서실장 본연의 역할만 하믄 된다"라고 말씀하시더라.

황 그러면 왜 망설이노?

문 그래도 어떻게 대통령께 그 일을 하시게 하겠노.[3]

결국, 그로부터 2주 후에 문재인은 비서실장에 임명되었지만, "비서실장으로서 국정 현안을 처리하는 와중에서도 정무적 업무만은 한사코 사양했다고 한다". 그러나 이후 본격적으로 정치판에 뛰어들어 대통령까지 되었으니, 이젠 달라지지 않았을까? 많은 게 달라지긴 했겠지만, 갈등 상황을 다루는 정무적 역할을 싫어하고 거부하는 성격은 그대로였던 것 같다. 이 성격을 이해하면 그간 문재인 정권에서 일어났던 도무지 이해할 수 없었던 일의 비밀이 전부는 아닐망정 상당 부분 풀린다.

여기서 한 가지 주의할 게 있다. 문재인이 모든 갈등 상황을 다 싫어하는 건 아니라는 점이다. 적폐 청산처럼 자신이 쉽게 선악 이분법으로 대처할 수 있는 일은 눈 하나 깜짝하지 않고 밀어붙이지만, 사안이 조금만 복잡해지면 한사코 피하려고 든다. 이른바 '의도적 눈감기willful blindness'가 작동하는 것이다.[4] 그로 인한 혼란과 갈등의 증폭이 극에 이른 게 바로 '조국 사태'였다. 때로 언론은 문재인에게 대단한 전략과 전술이 있는 것처럼 해석했지만, 복잡하게 생각할 것 없다. 문재인의 책임 회피형 성격이 모든 걸 설명해줄 수 있다. 이제 그런 주요 사례 몇 가지를 감상해보기로 하자.

노무현 정권의 검찰 개혁이 실패한 이유

/

첫째, 노무현 정권의 검찰 개혁이 실패한 사건이다. 실패엔 여러 이유가 있었겠지만, 당시 민정수석이던 문재인의 책임 회피형 성격이 일조했다. 당시 『한겨레』의 검찰 전문 기자였던 김의겸은 2017년 6월에 출간된 최강욱의 대담집 『권력과 검찰: 괴물의 탄생과 진화』에서 "청와대의 문재인, 당의 천정배, 법무부의 강금실 세 사람이 똘똘 뭉치고 합심해도 될까 말까인데, 다 따로 놀았다"며 다음과 같이 말한다.

"강금실 장관도 '왜 나를 보호해주지 못했느냐'라면서 문재인 수석한테 굉장히 서운해했어요. 일 년 정도 장관 하다가 김승규로 교체됐잖아요. 그래서 '이제 뭔가 해볼 만한데 나를 보호해주지 못했다'는 서운한 감정이 있었다고 해요. 세 사람이 다 모래알처럼 따로 놀았다는 점이 실패 요인 가운데 하나라고 봅니다."[5]

당시 강금실의 심경은 어떠했을까? 대한민국 검찰 인사를 책임지면서, 사법연수원 10기수 선배인 검찰총장을 지휘해야 했으니 그 부담이 엄청나게 컸으리라는 것은 쉽게 미루어 짐작할 수 있는 일이 아닌가? 강금실은 최근 그때의 심경에 대해 다음과 같이 말했다.

"너무 무서웠다. 나는 팀을 꾸리지도 않고, 혼자서 법무부에 갔다. 거의 죽으러 가는 상황이었다. 사생활이 끝났다는 생각, 감당하기 어려운 걸 선택했다는 느낌이었다. 밖에서 보듯 룰루랄라 하면서 간 게 아니다. 낙마에 대한 두려움도 있었다. 앞서 황산성·손숙 등 여성 장관들이 있었지만 언론이 가만히 놔두지 않아 큰 활약을 못하고 물러났다."[6]

강금실이 역량을 발휘할 충분한 시간을 갖지 못한 채 노무현 정권의 검찰 개혁이 실패로 돌아가고 만 것에 대한 가장 큰 책임은 문재인에게 있었다. 그때나 지금이나 당·정·청이 따로 놀면 그 책임은 사실상 사령탑 노릇을 하고 있는 청와대에 있기 때문이다. 그런데 어이하랴. 민정수석이긴 하지만 당·정·청의 조화와 협력을 이루려면 정무적 역할이 필요한데, 정무적 역할이라고 하면 그건 못한다며 펄펄 뛰는 문재인이 아니던가?

김의겸이 지적한 또 하나의 이유가 의미심장하다. "검찰 개혁을 하려면 국민적인 열망이 있어야 하는데, 오히려 손을 대려고 하면 '왜 손대, 지금 검찰 잘하고 있는데'라는 이야기가 나오는 바람에 동력을 상실해버렸어요."[7] 문재인 정권 인사들은 이때의 경험 덕분에 '국민적 열망'이 중요하다는 건 깨달은 것 같은데, 하나는 알고 둘은 몰랐던 것 같다. 중요한 건 '국민적 열망'인데 '반쪽의 국민적 열망'으로만 밀어붙이려고 했으니 말이다.

지금은 검찰 개혁 강경파로 변신한 김의겸이 2017년까지만 하더라도 점진적 온건론자였다는 것도 많은 걸 시사해준다. 그는 검찰 개혁을 "전폭적·전면적으로 하기보다는 권한을 점차적으로 조정하면서 진행할 수 있는 방법"이 좋다며 다음과 같이 말한다.

"경찰도 15만인데 권한이 집중되면 검찰 못지않은 권력을 가지게 되잖아요. 그것도 지방경찰별로 끊어서 한다든지, 지방경찰화를 먼저 해놓고 검찰이 가진 수사권 가운데 일부는 넘겨주는 방향으로 가야 할 것 같아요. 분할해서 1단계 2단계 3단계 등 단계별로 넘겨줄 수 있는 것 아닌가 생각해요. 개혁이라는 게 한꺼번에 할 수도 있지만 이게 문화와도 연관되는 문제잖아요."[8]

전적으로 동의하지 않을 수 없는 탁견이다. 그러나 이런 탁견은 쓰레기통으로 들어가고 말았다. 문재인 정권은 집권 후 처음 2년간 검찰 개혁엔 신경을 거의 안 쓰거나 오히려 역행하는 일을 많이 했다. 그래놓고선 '조국 사태' 이후 전세 역전을 위해 갑자기 검찰 개혁을 꺼내들면서 정파적 선전·선동에 주력했다. 그 결과는 무엇인가? '두 개로 쪼개진 나라'를 만들고 말았다!

이상돈 비상대책위원장 사건은 누구 책임인가?

/

둘째, 이상돈 비상대책위원장 사건이다. 2014년 4·16 세월호 참사의 충격에도 야당인 새정치민주연합(현재 더불어

민주당)은 6·4 지방선거와 7·30 재보선에서 좋은 성적을 얻지 못했다. 아니, 패배라고 볼 만한 결과였다. 이렇듯, 큰 어려움에 처해 있던 새정치민주연합의 원내대표 박영선은 당의 쇄신을 위해 9월 10일 같은 MBC 출신인 김성수·최명길 의원과 함께 새누리당(현재 국민의힘) 비대위원이었던 중앙대학교 명예교수 이상돈을 만났다. 박영선은 이상돈에게 새정치민주연합의 비대위원장을 맡아달라고 요청했다. 이상돈은 깜짝 놀랐지만, 실세인 문재인과 공동 대표 김한길도 동의한 일이라고 해서 다음 날 박영선과 함께 문재인을 만났다. 꽤 오랫동안 이야기를 나눈 그 자리에서 문재인은 이상돈에게 도와달라고 부탁했다.[9]

그런데 바로 그날 이상돈을 서울대학교 교수 안경환과 함께 공동위원장으로 영입하려 한다는 소식이 알려지자 새정치민주연합 의원 54명은 "이 교수의 비대위원장 영입을 반대한다"며 성명서를 냈다. 특히 친노 강경파가 거세게 반발했다. 다음 날 정청래는 "이상돈 중앙대 명예교수를 단독이든 공동이든 위원장으로 영입한다면 박영선 퇴진 투쟁을 불사하겠다"며, "이 교수 영입은 우리 당의 기본 가치와 자존심을 짓밟는 행위"라고 주장했다. 심지어 그는 "새정치민주연합의 근본적 부분에 대한 9·11 테러 같은 느낌을 받았다"고도 했다.[10]

자, 상황이 이렇게 되었으면 문재인이 나서야 할 때가 아닌가? 그러나 그는 아무 일도 없었다는 듯 굳게 침묵했다. 문재인이 사전에 이상돈을 만났다는 언론 보도가 나오자, 문재인을 보호하기 위해서였는지 아니면 내분을 막기 위해서였는지, 박영선은 아무 말 없이 13일

이상돈 선임을 철회했다. 그리고 10월 2일 원내대표를 사퇴했다. 착한 성품인 것 같다. 아니 속이 없는 건지도 모르겠다. 그는 7년 후 민주당의 서울시장 재보궐선거 경선 레이스에서 친문 당원들의 표심을 잡아보겠다고 "대한민국은 문재인 보유국"이라고 외쳐대니 말이다.

박영선도 착했지만, 이상돈도 착했다. 이상돈은 『시대를 걷다: 이상돈 회고록』에서 이 사건에 대해 이렇게 담담하게 말했으니 말이다. "돌이켜보면, 박 의원이 문재인 의원의 말을 너무 믿은 것이 잘못이었다. 문재인 의원은 처음에는 동의했다가 주변과 지지 세력이 반대하니까 물러나고 만 것인데, 그나마 내가 그 부분을 커버해주어서 파동이 더이상 커지지 않았다."[11]

김종인 비상대책위원장 사건은 누구 책임인가?

/

셋째, 김종인 비상대책위원장 사건이다. 20대 총선을 넉 달 앞둔 2016년 벽두에 당시 민주당 대표 문재인은 김종인의 집에 다짜고짜 쳐들어갔다. "난 당신 볼일 없으니 가시오!"라고 뿌리치는 김종인을 무시한 채 거실 소파에 눌러앉아 "우리 당 비대위원장이 되어달라"며 읍소했다. 새벽 1시가 넘도록 끈질기게 버텼다고 한다.

김종인의 고집도 대단하지만, 문재인의 고집이 한 수 위였던 것 같다. 오랜 기다림 끝에 문재인이 결국 김종인을 영입하는 데 성공했으니 말이다. 그러나 이내 문제가 터졌다. 민주당이 '비례 2번 준다'는 약속을 뒤집고 '10번대'를 제안하자 김종인이 당무를 거부하고 칩거한 것이다. 부인 김미경의 증언을 들어보자.

"선거 보름 앞둔 때였다. 문 대통령이 급하니까 집에 다시 왔다. 또 그 거실 소파에 앉아 읍소하더라. 남편은 화가 나 말을 안 하니까 나만 쳐다보며 '사모님 제가 약속한 것, 거의 다 들어드렸지 않습니까' 하더라. 실은 약속 안 지킨 게 얼마나 많은데. 그래서 내가 문 대통령에게 약속 위반 사례를 30분 넘게 줄줄이 얘기했다. 그러자 얼굴이 벌게지면서 '이제 와 어떡합니까?' 하더라. '2번 주기로 했으면 그렇게 하세요'라고 일갈했다. 그러면서 '김종인에 2번이 웬 말이냐'며 남편을 맹공했던 조국 욕을 좀 했다. 그러자 그날 밤 조국이 갑자기 '김종인에 2번 주는 건 괜찮다'고 SNS에 쓰더라. 내 참……."[12]

민주당 인사들이 '셀프 공천'이라는 모욕적인 표현까지 만들어 김종인을 비난하거나 조롱했을 때, 문재인은 무엇을 하고 있었던가? 이젠 독자들이 답을 잘 알 게다. 김종인은 『영원한 권력은 없다: 대통령들의 지략가 김종인 회고록』에서 "내가 모멸감을 느끼는 부분은 우선 이것이다"며 다음과 같이 말한다.

"밤늦게 우리 집까지 찾아와 '위기에 빠진 당을 구해달라' 부탁했던 사람, 선거 승리만을 위해 민주당에 가지는 않겠다고 하니까 '비례대표를 하시면서 당을 계속 맡아달라'고 이야기했던 사람이 그런 일이 발생하자 전후 사정을 설명하지 않고 나 몰라라 입을 닫은 채 은근히 그 사태를 즐기는 태도를 취하는 것이다. 그것이 나를 더욱 슬프고 분노하게 만들었다. 애초에 정치인의 말을 온전히 믿지 않았지만, 들어오고 나갈 때의 태도가 다르다더니, 인간적인 배신감마저 느꼈다. 이런 건 정치 동의를 떠난 기본적인 인성의 문제다."[13]

이젠 흘러간 역사가 되었지만, 민주당은 김종인 덕분에 20대 총선에서 원내 1당에 오르는 대박을 쳤다. 그런데 총선 끝나자마자 "문 대통령이 입을 싹 씻더라"고 김종인은 회고했다. "총선 뒤 일주일이 넘도록 연락 한 번 안 하더라. 보다 못해 '저녁 먹자'고 불렀다. 대뜸 '당 대표 출마하실 겁니까?' 묻더라. 어이가 없어서 '여보쇼! 내가 대표하려고 민주당 오겠다 했소?'라고 쏘아붙였다."[14]

이 만남을 두고서도 양측에서 서로 다른 말이 나왔다. 만찬 이후 문재인 측은 "현실적으로 당 대표 추대가 불가능하지 않겠느냐는 의견을 전달했고, 김 위원장도 '당권에 관심이 없다'고 답했다"는 이야기를 언론에 전했다. 이에 대해 김종인은 "말을 만들어서 한다"며 "문재인 대표와 대화할 때는 녹음기를 켜놔야 한다"고 했다. 이에 대해 "문재인 대표의 두루뭉술 화법을 꼬집은 것이었다"는 해석이 나오기도 했다.[15]

권한도 주지 않고 책임도 묻지 않는 인사 스타일

/

넷째, 권한도 주지 않고 책임도 묻지 않는 인사 스타일이다. 문재인 정권은 전형적인 '청와대 정부'다. 정치학자 박상훈은 『청와대 정부』에서 청와대 정부를 "대통령이 임의 조직인 청와대에 권력을 집중시켜 정부를 운영하는 자의적 통치 체제"로 정의하면서 이렇게 말한다. "정부가 청와대로 협소해지고, 열렬 지지자들의 여론만 크게 들리게 되면, 시민은 분열되며 정치는 적극적 지지자와 반대자로 양분되는 결과를 피할 수 없다. 문 대통령이 민주적 원리에 맞는 책임 정부가 아니라 청와대 정부를 만든 것이 가져온 폐해는 생각보다 크게 나타날 것이다."[16]

그런 폐해 중 대표적인 것이 인사 문제다. 문재인 정권의 대표적 실정이 부동산 가격 폭등이라는 것은 천하가 다 아는 사실 아닌가? 그런데 문재인 정권은 2020년 12월 4일 4개 부처 장관을 교체할 때 부동산 문제를 다룬 국토교통부 장관 김현미에 대해 "경질이 아니다"며 "새로운 정책 수요가 있어 변화된 환경에 맞춰 현장감 있는 정책을 펴기 위한 변화"라고 강조했다.[17] 언제는 문책성 경질이 있었던가? 문책을 하고 싶어도 할래야 할 수 없는 구조라는 게 중요하다.

문재인의 인사 스타일은 노무현 정부의 인사를 담당했던 전 청와대 인사수석 정찬용이 보기에도 답답하고 한심한 수준이다. 그는 2021년 6월 29일 『중앙일보』 인터뷰에서 부동산 투기와 거짓 해명 논란 끝에 경질된 전 반부패비서관 김기표에 대한 말을 꺼내자 "아……"라는 긴 탄식과 함께 "답답하다. 저도 정말 답답해요"라는 반응을 보였다.

정찬용은 처음엔 "내가 비판하면 듣는 분(문재인)도 불편하실 것"이라며 김기표를 비롯해 부실 검증 논란의 중심에 선 인사수석 김외숙 관련 언급을 한사코 마다했다. 그러다 "청와대에서 아무도 책임지지 않는다"는 지적이 나오자 "그럼 상황이 이렇게 됐는데 인사수석이 책임지지 않으면 문재인 대통령이 책임지란 말이냐"며 김외숙을 직접 겨냥한 말을 이어갔다.

정찬용은 "문 대통령은 김외숙 수석에게 책임을 묻지 않는다. 30년 인연 때문이라는 말도 있다"는 기자의 질문에 이렇게 답했다. "문 대통령이 너무 선한 분이다. 사나이다웠던 노 전 대통령은 그냥 '정 수석이 알아서 하라'고 하면 내가 엎어먹건 돌려먹건 상관하지 않았다. 전권을 위임하니 자신감을 가지고 했는데, 문 대통령은 착하기만 하고 전권 위임을 못한다."[18]

민주당 대표 송영길은 지난 7월 5일 관훈클럽 초청토론회에서 '김기표 사건'과 관련해 "인사수석실·민정수석실을 전반적으로 점검할 필요가 있다"며 "이너서클(내부 핵심)이니 그냥 봐주고 넘어가는 것이 되면 안 된다"는 센 발언을 했지만,[19] 문제는 더욱 근원적인 곳에 있었다.

전권 위임을 못하니 책임도 물을 수 없다. 부동산 정책만 하더라도, 그게 어디 김현미 홀로 세웠겠는가? 청와대가 거의 다 주물럭거렸을 텐데, 무슨 수로 김현미의 책임을 물을 수 있었겠는가 말이다. 김외숙이 져야 할 책임에 대해서도 청와대 관계자들은 "이번 사태는 절대 인사 라인의 잘못이 아니다. 특히 김 수석에 대한 경질 가능성은 없다"고 입을 모으면서도 '책임 소재'를 묻는 말에는 하나같이 묵묵부답으로 일관했다는 게 무엇을 뜻하겠는가?

정무적 역할은 피하는 미시적 책임감

/

그런데 여기서 또 한 가지 주의할 게 있다. 책임 회피형 성격을 가진 사람을 곧장 '책임감이 없는 사람'으로 오해하면 곤란하다는 것이다. 문재인은 책임감이 매우 강한 사람이다. 오히려 너무 강해서 문제일 정도다. 문제는 문재인이 자신의 성격에 맞게끔 책임감을 재정의했다는 것인데, 이는 그가 거시적인 갈등 상황에서 정무적 역할은 피하면서 정무적 역할과는 무관한 미시적인 책임에만 충실한 것으로 나타난다.

문재인은 믿기지 않을 정도로 매우 꼼꼼한 성격이다. 물론 강한 책임감 때문이다. 그는 변호사 시절 소송 기록이 아무리 많아도 그것을 읽어보며 직접 검토하느라 항상 바빴다. 그런 꼼꼼함은 그의 버릇이자 스타일이 되었다. 문재인이 변호사나 대통령의 참모 정도에만 머물렀다면, 그런 꼼꼼함과 치밀함은 큰 장점이 되었을 것이다. 그러나 대통령의 역할은 다르다. 큰 그림을 그리면서 사회적 갈등의 큰 줄기에 더 주목해야 하는 자리다. 하지만 안타깝게도 문재인은 꼼꼼함과 치밀함에만 묶여 있었다.

앞서 보았듯이, 문재인은 주변의 반대가 많으면 쉽게 자기 뜻을 꺾는 스타일이다. 그래서 주변 인사들 중 누가 문재인의 귀를 장악하고 있느냐가 중요해진다. 조국 법무부 장관 임명 건만 해도 그렇다. 문재인 정권의 주요 인사들은 '조국 사태'를 '윤석열의 쿠데타'라고 떼를 쓰면서 여론 조작을 시도해왔지만, 그건 진실과 거리가 멀었다.

문재인이 인사 청문 요청안을 국회에 제출한 건 8월 14일이었고, 검찰이 압수수색에 들어간 건 고발 접수 일주일 만인 8월 27일이었다. 8월 14일에서 8월 27일까지의 13일간 무슨 일이 벌어졌는가? 조국의 비리 의혹에 관한 언론 보도가 폭포수처럼 쏟아졌다. 과거의 비슷한 사례에 비추어 보더라도 감당할 수 없는 수준이었다.

문재인이 조국 임명 직전에 국무총리 이낙연, 비서실장 노영민, 민주당 대표 이해찬, 원내대표 이인영의 의견을 청취한 것도 바로 그런 여론의 분노를 잘 알고 있었기 때문이었을 게다. 권경애의 『무법의 시간』에 따르면, 이낙연은 반대, 노영민은 침묵, 이해찬과 이인영은 임명 강행을 주장했다. 임명 강행의 논거는 검찰과 야당과 언론의 공격에 굴복하지 말라는 민주당 당원들의 마음을 배반해선 안 된다는 것이었다고 한다.[20]

문재인이 문제인가, 이해찬·이인영 같은 강경파가 문제인가? 전체 판도를 읽지 못하는 이해찬·이인영의 강성 기질과 무능이 딱하긴 하지만, 문재인 역시 자신의 책임 회피형 성격에 굴복했다는 점에서 면책되기 어렵다. 성격은 절대 바꿀 수 없는가? 이 글 첫머리에 소개한 로버트 그린의 해법은 "고정된 본성을 극복할 수 있도록 적극적으로 노력하면서 의도적으로 평소와는 다른 접근법이나 스타일을 시도해보라"는 것이다. 이미 늦었다고 포기할 일이 아니다. 남은 짧은 기간이나마 문재인이 '책임 회피형' 대통령과는 거리가 먼 모습을 보여주길 기대한다.

왜
이낙연은
혼자 소리내어
울었을까?

나는 정치인들의 책, 특히 회고록을 즐겨 읽는다. 자기 홍보용으로 쓴 책 아니냐고 폄하하는 사람들도 있지만, 꼭 그렇진 않다. 정치의 이면을 이해하는 데에 큰 도움이 되는 좋은 책이 의외로 많다. 그런 책들 중에 민주당 대선 경선 후보였던 이낙연이 2021년 5월에 출간한 『이낙연의 약속』을 들고 싶다.

이 책을 감명 깊게 읽었다. 너무 가난해 대학 재학 시절 영양실조로 고통받았다는 게 뜻밖이었다. 책 곳곳에서 '약속'을 지키는 걸 제1의 덕목으로 내세우면서 '인간의 품격'을 강조한 게 인상적이었다. 놀라울 정도로 솔직하게 말하는 것에 대해선 감동을 받기도 했다. 대담 형식으로 쓰인 이 책에서 내 시선을 가장 사로잡은 건 다음과 같은 간단한 일문일답이었다.

"최근 혼자 소리내어 울었을 때는?"

"지난 1월, 오해와 비난을 받았을 때."[21]

무슨 일이 있었기에 그랬던 걸까? 그가 민주당 대표로서 가진 2021년 새해 언론 인터뷰를 떠올리지 않을 수 없었다. 그는 "적절한 시기에 두 전직 대통령의 사면을 문재인 대통령에게 건의하겠다"며, "국민 통합을 위한 큰 열쇠가 될 수 있을 것"이라고 했다. 언론은 일제히 청와대의 반응에 주목하면서 '대통령과의 사전 교감' 가능성을 제기했다.

"민주당 내에선 '대통령의 고유 권한인 사면을 여당 대표가 공개적으로 말한 것은 교감 없이는 불가능하다'고 입을 모은다."(『경향신문』)[22] "이 대표가 대통령의 고유 권한인 사면권을 들고 나온 것은 청와대와 사전에 어느 정도 조율을 마친 것이란 관측도 있다."(『조선일보』)[23] "순전히 이 대표 혼자의 결단으로는 믿기 어렵다는 주장이 여권 내에서도 나온다."(『중앙일보』)[24] "민주당 지도부에 속하는 한 의원은 '당에서 주도를 하는 모양새이긴 하지만, 청와대와 미리 이야기하지 않고 독자적으로 내지르긴 힘든 사안'이라며 '이낙연 대표의 스타일을 볼 때도 사전에 교감을 했을 것'이라고 말했다."(『한겨레』)[25]

이낙연의 발언 직후 『중앙일보』가 접촉한 청와대 핵심 인사들은 "검토할 수 있다", "두 전직 대통령 사면이 건의될 경우 청와대에서도 충분히 논의될 수 있다고 생각한다", "여당 대표로서 '건의'라고 하셨는데, 좋은 말씀을 하셨다"고 말한 것으로 보도되었기에,[26] 논의가 이루어지나 싶었다.

그러나 여권에서 거센 반발이 쏟아졌다. 특히 친문 커뮤니티 등을 중심으로 "이 대표는 사퇴하라", "이낙연 지지를 철회한다" 등과 같은 비난이 쇄도했다. 청와대는 내내 침묵했다. 친문 지지자들의 비난이 더욱 거세지자 이낙연은 1월 3일 자신이 참여한 비공개 최고위원회의를 열어 사면 문제에 대해 "국민 공감대와 당사자 반성이 중요하다"며 국민과 당원의 의견을 따르겠다고 밝히면서 한 발 물러섰다.

이낙연은 최고위 회의가 끝난 뒤 기자들과 만나 사면론을 꺼낸 데 대해 "코로나 위기라는 국난을 극복하고 경제를 회복하는 것이 당면한 급선무다. 이를 해결하는 데 국민의 모아진 힘이 필요하다고 믿는다"며 "정치 또한 반목과 대결의 진영 정치를 뛰어넘어 국민 통합을 이루는 정치로 발전해가야 한다. 그러한 저의 충정을 말씀드린 것"이라고 말했다.[27]

이후에도 한동안 친문 지지자들의 비난은 계속되었다. 경쟁자인 이재명은 이 기회를 놓치지 않고 "기득권 카르텔 개혁"을 외치는 등 정반대의 방향으로 나아갔으니, 이낙연에겐 큰 정치적 타격이 되었다. 아니 결정적 타격이었다고 해도 과언이 아니다.

그런데 뭔가 좀 이상했다. 언론이 엉터리 관측을 내놓았던 걸까? 이낙연이 '대통령과의 사전 교감' 없이 무턱대고 제기한 사면론이라면 혼자 소리내어 울 일은 아니잖은가? '오해'라면 도대체 무슨 오해가 있었다는 것인지 그것도 궁금했다.

『이낙연의 약속』이 출간된 지 열흘 후에 출간된 전 의원이자 중앙대학교 명예교수인 이상돈의『시대를 걷다: 이상돈 회고록』을 읽으면서 그런 의아심은 더욱 강해졌다. 2014년 9월에 일어난 '이상돈 비상대책위원장 사건' 때문이다. 이와 비슷한 일은 김종인의『영원한 권력은 없다: 대통령들의 지략가 김종인 회고록』에도 등장한다. 앞서 소개한 바와 같다.

약속을 했어도 지지자들이 강하게 반대하면 철회하는 건 문재인의 워낙 착한 성품 탓일까? 물론 이 두 개의 사례에 근거해 이낙연의 '대통령과의 사전 교감' 가능성에 대해 단언할 수는 없는 일이다. 김종인과 이상돈이 그랬듯이, 이낙연이 훗날 회고록에서 밝힐 이야기가 있을지는 모르겠지만 말이다. 무슨 이유 때문이었건 혼자 소리내어 울었던 이낙연의 아픔과 억울함에 독자의 한 사람으로서 뒤늦게나마 심심한 위로의 뜻을 보내고 싶다.

그런데 문재인이 착하기만 한 것 같진 않다. 그는 12월 24일 박근혜의 특별 사면·복권을 발표했으니 말이다. 그 명분이 재미있다. "국민 통합이 절실하다"나? 문재인은 11개월 전 신년 회견에선 "국민 통합을 해친다"는 이유로 이낙연이 띄웠던 사면론에 단호하게 반대했다. 국민 통합과 관련해 그동안 무슨 변화가 있었는가? 없었다.

박근혜의 사면에 전 총리 한명숙의 복권을 끼워 넣기 위한 타이밍을 고려한 건가? 그래서 야당에선 이번에 이명박 사면을 뺀 건 나중에 문재인의 최측근 김경수 사면을 끼워 넣기 위해 남겨둔 카드라는 말이 나온 건가? 부디 야당의 관측이 틀린 것이었기를 바란다.

더 심오한 뜻이 있는 걸까? 이낙연이 사면론을 띄웠을 때 음식 칼럼니스트 황교익이 퍼부었던 독설이 생각난다. 그는 이낙연을 향해 "정치가 참 무섭다"며 "더불어민주당을 위해 써야 하는 카드를 챙겨 먹고 있다"고 비난했다. "각 당의 대통령 후보가 정해지고 난 다음에 나 사면 카드를 써야 하는 것"인데, 왜 이낙연이 그 카드를 미리 혼자서 챙겨 먹으려 드느냐고 따진 것이다.

정치도 무섭지만 정파적 정치 평론도 무섭다. 더 무서운 건 문재인이다. 문재인은 지난 대선 때 뇌물, 알선수재, 알선수뢰, 배임, 횡령 등 '5대 중대 부패 범죄'와 반反시장 범죄를 저지른 기업인 등에 대한 사면권을 행사하지 않겠다고 공약했다. 그는 "사면권이 대통령의 권한이긴 하지만 그것 역시 국민으로부터 위임된 권한"이라며 "국민의 뜻에 어긋나지 않게 행사되도록 확실한 제도적 장치를 강구할 필요가 있다"고도 하지 않았던가?

무서운 동시에 우습다. "국민 통합을 해친다"는 이유가 11개월 만에 "국민 통합이 절실하다"로 바뀔 수 있는 유체이탈 화법이 말이다. 이낙연은 땅을 치고 후회할지 모르겠다. 그는 "내가 대통령을 안 했으면 안 했지, 문 대통령을 배신할 수는 없다"는 취지의 발언을 했고 그 원칙에 따라 내내 문재인에게 충성스러운 모습을 보였지만, 그건 권력의 속성과 민심의 흐름을 간과한 패착이었음을 지금은 깨달았는지 모르겠다. 권력은 자신에게 위협을 가할 수 없거나 그럴 뜻이 없는 상대는 존중하지 않는 법이다.

문재인이
촉진한
공무원의
'복지부동'

          2021년 7월 2일 대통령 문재인은 '소재·부품·
장비 산업 성과 간담회'에서 "기습 공격하듯이 시작된 일본의 부당한
수출 규제 조치에 맞서 소재·부품·장비 자립의 길을 걸은 지 2년이
되었다"면서 "오히려 핵심 품목의 국내 생산을 늘리고 수입선을 다
변화하여 소부장 산업의 자립도를 획기적으로 높이는 계기로 만들었
다"고 말했다. 그는 "우리가 갖게 된 교훈은 글로벌 공급망 속에서도
우리의 강점을 살려나가되, 핵심 소부장에 대해서는 자립력을 갖추
고 특정 국가 의존도를 낮추지 않으면 안 된다는 것"이라고 했다.

   가슴 뿌듯한 순간이었다. 그러나 그 기쁨은 오래가지 않았다. 4개
월 후 '요소수 대란'이 터졌기 때문이다. 문재인은 "'아무도 흔들 수

없는 나라'를 향해 전진했다"고 선언했지만, 보통 사람들에겐 이름도 생경한 요소수 하나 때문에 큰 혼란을 겪어야 했다. 4개월은 짧지 않은 시간이니 '소부장의 교훈'은 잊었다고 치자. 중국이 요소수 수출을 제한하겠다고 처음 발표한 게 10월 11일이었지만, 청와대는 11월 5일에서야 TF 팀을 꾸렸다. 이건 좀 심하지 않은가?

11월 9일 『한겨레』는 「"요소수 문제 커질 줄은…" 청와대 오판이 혼란 불렀다」는 기사에서 처음에 요소 비료 문제 정도로 생각했고, 산업통상자원부·환경부 등 해당 부처에서 중국의 요소수 수출 제한 조처의 파급 효과를 제대로 파악하지 못해 선제적으로 대응하지 못했다는 청와대의 반응을 전했다. "대통령 임기 말 공무원들이 안 움직이는 게 눈에 보인다"는 청와대 관계자의 말도 전했다.

결국 공무원의 복지부동 탓이라는 이야긴데, 이에 대해 언론의 비판이 나온 건 당연한 일이었다. 나는 공무원의 복지부동이 심각했다는 데엔 동의하지만, 오히려 그렇기 때문에 청와대가 더 큰 비판을 받아야 한다고 생각한다. 문재인 정부는 사실상 공무원의 복지부동을 유도하고 촉진한 정부였기 때문이다.

2017년 8월 문재인은 취임 후 첫 정부 부처 업무 보고를 받는 자리에서 "공직자는 국민과 함께 깨어 있는 존재가 돼야지, 그저 정권의 뜻에 맞추는 영혼 없는 공무원이 돼선 안 될 것입니다"라고 말했다. 아름답고 감동적인 말씀이었지만, 결과를 놓고 보자면 영혼 없는 말씀에 불과했다.

집권 초기 문재인 정부는 이명박·박근혜 정부에서 나타난 적폐를 청산하는 차원에서 공무원 불복종권을 위한 법 개정까지 추진했다. 인사혁신처가 개정안을 주도해 대통령이 주재한 국무회의에서 의결까지 받았다. "공무원은 직무를 수행할 때 소속 상관의 직무상 명령에 복종하여야 한다"는 국가공무원법 57조에 "상관의 명령이 명백히 위법한 경우 이의를 제기하거나 따르지 않을 수 있으며 이로 인하여 어떠한 인사상 불이익도 받지 않는다"는 문구가 추가되었다. 어떻게 되었을까? 법 적용이 쉽지 않다는 이유로 이 문구는 국회에서 실종되고 말았다.[28]

이후 문재인 정부는 공무원의 '복종 의무'를 강조하는 동시에 공무원의 영혼을 강력히 통제하는 방향으로 나아가면서 명실상부한 '청와대 정부'가 되고 말았다. '청와대 정부' 체제하에선 무엇보다도 이견이 용납되지 않는다. 집권 여당인 민주당은 상명하복을 생명처럼 여기는 '군대'가 되어버린 지 오래다. '청와대 정부'는 관료에 대한 불신을 넘어서 관료를 개혁 대상으로 보았다. 2019년 5월 10일에 일어난 '사건' 하나가 많은 걸 말해준다. 그날 민주당 원내대표 이인영과 청와대 정책실장 김수현은 당·정·청 회의 전 마이크가 켜진 줄 모르고 "잠깐만 틈을 주면 엉뚱한 짓을 한다"거나 "장관이 없는 한 달 사이 자기들끼리 이상한 짓을 했다"는 등의 발언을 해 논란을 빚은 바 있다.

관료를 좋게 말하는 사람은 드물지만, 외국에서 살다온 사람들이 이구동성으로 하는 말이 있다. "한국 공무원의 대민 서비스는 세계 최고 수준이다." 민주당 대선 후보 이재명은 "한국 공무원은 세계 어느 나라 공무원보다 수준이 높다"고 예찬하지 않았던가?[29] 중요한 건 그런 공무원이 복지부동을 하지 않고 능동적으로 일할 수 있게끔 해주는 시스템의 건설과 이를 위한 리더십이다.

문재인 정부의 선의를 이해하자면, 아마도 관료를 확실하게 장악해야 제대로 된 개혁을 할 수 있다는 생각을 했을 것이다. 그러나 관료는 노예가 아니다. 청와대가 어떤 큰 방향은 제시해주더라도 그들의 자율성을 존중해주어야만 능동적으로 일할 수 있다. 모든 걸 꽉 틀어쥐고 일방적인 지시만 내려 그들의 복종을 이끌어내겠다는 발상, 이게 바로 복지부동을 키운 이유다.

이와 관련해 그간 일어난 크고 작은 일들을 기록하자면, 한 권의 책으로 내도 모자랄 정도로 많았다. 대통령이 한마디만 했다 하면, 별 실속도 없는 대통령의 심기 경호를 위한 일에 선량한 공무원을 압박해 불법이나 불법 의혹 사건을 저지르게 한 일들도 있었다. 그런 강요된 충성심이 관행이 되면 공무원 조직은 복지부동의 수렁으로 빠져들 수밖에 없다. 영혼은 홀로 사라지는 게 아니다. 공복公僕 의식은 물론 자율성과 능동성과 창의성도 동시에 사라진다. 요소수 사건은 그걸 말해주는 결과일 수 있다.

그런데 이젠 민주당 대선 후보 이재명이 문재인 정권과의 차별화 전략인지는 몰라도 일방적인 '공무원 때리기'에 나서고 있어 우려스럽다. 한국 공무원은 세계 어느 나라 공무원보다 수준이 높지만, 자신의 말을 잘 들을 때에 한해서만 그렇다는 것인가? 특히 한동안 자신의 말을 잘 듣지 않는다는 이유로 기획재정부와 장관인 홍남기에 대해 맹공을 가한 건 보기에 민망할 정도였다. 이게 과연 타당한가? 『한국일보』기자 민재용이 다음과 같이 말한 게 더 설득력이 있지 않을까?

"기재부를 이끌고 있는 홍남기 부총리의 별명은 '홍백기', '홍두사미'다. 정부 정책이 당청의 입김에 번번이 휘둘리자 언론에서 비판조로 붙인 별명이다. 이런 상황에서 공무원들이 청와대와 여당 말 잘 안 들었다고, 그것도 여당 후보의 비판을 듣는 것은 억울한 일이다. 아무리 생각해도 공무원들, 그동안 말만은 정말 잘 듣지 않았던가."[30]

세상에 공짜는 없는 법이다. 아무리 좋은 일이라도 반드시 치러야 할 비용이 있다는 뜻이다. 공무원의 영혼을 지켜주는 일도 명암明暗이 있는 것이지 무조건 좋거나 나쁜 게 아니다. 정부는 공무원이 영혼을 갖게 되면 통제가 어려워진다는 점을 걱정하겠지만, 통제에만 집착하면 더 큰 걸 놓치게 된다. 아니 통제를 하더라도 어떻게 하느냐가 중요하다. '머리'와 '가슴'을 써서 해야 할 일을 힘으로 억눌러서 해보겠다는 건 어리석다. 내 영혼 중한 줄 알면 남의 영혼도 존중해주어야 한다.

문재인 정권의
집요한
'통계 조작'

'정파적 통계'가 갈등을 부추긴다

19세기 프랑스의 공학자이자 자유주의자인 미셸 슈발리에는 "훌륭한 통계는 협박과 유혹에 흔들리지 않는 확고한 증언이다"고 했다.[31] 그러나 세상은 그가 원하는 것처럼 돌아가진 않았다. 통계는 늘 조작의 위협에 시달리느라 훌륭해질 기회가 없었기 때문이다. 그래서 급기야 영국 정치가 벤저민 디즈레일리는 "거짓말에는 세 가지 종류가 있다. 거짓말, 새빨간 거짓말, 그리고 통계"라는 말을 하기에 이른다.[32] 미국 작가 마크 트웨인의 말이라는 설도 있지만, 노인 공경의 차원에서 트웨인보다 30년 연상인 디즈레일리의 것으로 해두자.

그럼에도 여전히 통계의 힘이 강하긴 하다. 정치인이 통계 수치를 잘 활용하면 유권자들에게 매우 강한 인상을 심어줄 수 있다. 똑똑하다는 인상과 더불어 성실하다는 느낌도 줄 수 있다. 무엇이 "엄청나게 많다"고 말하는 정치인과 개략적인 통계 수치를 제시하면서 말하는 정치인을 비교해보라. 누가 더 똑똑해 보이며 누가 더 신뢰할 만한 정치인이라고 여기게 되는지 우리는 잘 알고 있잖은가?

몇 사람이 모인 자리에서 정치적 논쟁이 벌어질 때에도 통계는 힘을 발휘하지만, 오히려 싸움을 부추길 수도 있다. 논쟁을 벌이는 두 사람이 동일한 문제에 대해 각기 다른 통계를 제시하면서 자기 것이 맞다고 주장하는 경우를 생각해보라. 요즘과 같은 스마트폰 시대엔 즉각 팩트 체킹이 가능하지 않느냐고 생각할 수도 있겠지만, 그게 결코 그렇지 않다. 두 사람이 제시한 서로 다른 통계는 각자 나름의 근거는 있기 때문이다.

이런 경우를 생각해보자. 2021년 6월 정부는 지난 4년 동안 서울 집값이 17퍼센트 올랐다고 발표했다. 그러자 경제정의실천시민연합(경실련)은 시세를 기준으로 79퍼센트 올랐으며, 세금 기준이 되는 공시가격은 86퍼센트로 시세보다 더 올랐다고 반박했다. 경실련은 기자회견을 열고 "대통령과 청와대는 더는 국민을 속이지 말고 지금 당장 깜깜이 통계, 조작 왜곡 통계를 바로잡아야 한다"고 주장했다.[33]

정부로선 펄쩍 뛰면서 재반론을 해야 마땅할 일이었다. '국민을 속이는 조작 왜곡'이라는 말까지 듣고서 가만있을 순 없잖은가 말이다.

각기 다른 조사 방식 때문에 빚어진 차이였을망정, 경실련의 통계보다는 정부의 통계가 더 정확하다든가 하는 주장이 나왔어야만 했다. 그런 재반론이 나왔는지는 모르겠지만, 언론 보도에 의존하는 일반 시민들은 아무런 이야기를 들을 수 없었다. 궁금해하는 시민도 없었을 게다. 17퍼센트라는 수치를 믿을 사람이 누가 있단 말인가?

아니 꼭 그렇진 않다. 정부의 통계를 믿으려는 사람이 의외로 많다. 물론 대부분의 통계야 다 믿을 만한 것이겠지만, 부동산 가격 상승의 정도처럼 정치적 논쟁의 소재가 될 수 있는 통계 말이다. 그래서 문재인 정권의 국정 운영을 평가하는 데에 중요한 의미를 갖는 통계는 사적인 정치적 논쟁의 자리에서 '소통'이 아닌 '불통'의 원인이 된다. 이른바 '확증편향'의 원리에 따라 자신의 정파성에 맞는 통계를 선호하기 때문이다.

왜 통계청장 황수경을 경질했는가?

/

문재인 정부의 통계가 논란의 한복판에 서게 된 결정적인 사건은 2018년 8월 통계청장 황수경의 경질이었다. 왜 갑자기 경질했을까? 통계청이 2018년 1분기에 하위 20퍼센트 소득이 8퍼센트나 격감하고 그해 8월 취업자 증가 폭이 5,000명대로 추락했다는 통계를 발표했기 때문이다. 이는 문재인 정권이 밀어붙인 소득주도성장의 실효성을 의심하게 하는 통계였다. 그러자 문재인은 이 정부 공식 통계 대신 보건사회연구원이 근로자가 있는 가구만 따로 추려내 만든 통계를 인용하며 "최저임금 인상은 긍정적 효과가 90%"라고 주장하는 '배포'를 보였다. 게다가 청장이 바뀐 뒤 통계청은 소득 통계의 표본 수, 조사 기법 등을 변경해 과거 소득과 비교하는 것 자체를 불가능하게 만들어버렸다.[34]

황수경 경질에 대해 야당의 비판이 빗발쳤다. 자유한국당 원내대표 김성태는 "국가 경제에 불이 났는데 불낸 사람이 아니라 불이 났다고 소리 지르는 사람을 나무란 꼴"이라고 했고, 자유한국당 의원 주호영은 "국가 통계는 신뢰와 정직이 생명이다. 통계를 소위 마사지하기 시작하면 국가 경제는 망하게 된다"고 했으며, 오신환 바른미래당 의원은 "2분기 가계소득 동향이 1분기에 비해 격차가 벌어졌는데 통계청장이 바뀌었다고 해서 다시 (표본을) 재조정한다고 하면 누가 그 통계를 믿겠냐"고 비판했다.[35]

황수경은 이임식 내내 눈물을 흘리면서 억울함을 내비쳤다. 그는 이임사에서 "통계청장으로 (업무를) 수행하는 동안 통계청의 독립성, 전문성을 최우선 가치로 삼고 중심을 잡으려고 노력해왔다"며, "국가 통계는 올바른 정책을 수립하고 평가함에 있어 기준이 돼야 한다"고 했다. 그는 "통계가 정치적 도구가 되지 않도록 심혈을 기울였다"며 "그것이 국가 통계에 대한 국민 신뢰를 얻는 올바른 길이었기 때문"이라고 말했다.[36] 황수경은 나중에 "내가 잘린 이유는 모르지만, 그렇게 말을 잘 들었던 편은 아니다"고 했다.[37]

"청와대 참모들이 얼마나 머리를 쥐어짰을지"

/

　　이후 문재인 정부의 통계를 둘러싼 논란은 거세졌다. 2019년 10월 자유한국당은 '최저임금 긍정 효과 90퍼센트'라는 문재인의 1년 전 발언은 청와대가 통계청에 압력을 넣어 불법적으로 확보한 가계소득 자료를 재가공한 보고서에 근거한 것인데, 이는 최저임금 인상으로 직격탄을 맞은 자영업자와 무직자 등 '근로자 외 가구'를 빼고 만든 '엉터리 보고서'였다고 주장했다. 자유한국당 의원 추경호는 "정권의 실정을 가리기 위해서라면, 불법도 자행하는 현 정부의 민낯이 그대로 드러났다"고 비판했다.[38]

　　이즈음 비정규직 근로자가 1년 새 87만 명이나 늘어났다는 조사 결과가 나오자 통계청은 "본인이 비정규직인 줄 모르고 있다가 (고용 조사 과정에서) 뒤늦게 깨달은 근로자가 35~50만 명에 달한다"는 기발한 해석을 내놓았다. 2020년 2월엔 코로나 사태로 노인 알바 일자리의 63퍼센트가 중단되었는데도, 이들을 '일시 휴직자'로 간주해 취업자로 둔갑시켰고 이를 근거로 60세 이상 취업자가 57만 명 늘어났다고 발표하기도 했다.[39]

　　2021년 1월 18일 문재인은 신년 기자회견에서 "주택 공급 물량이 과거 정부보다 훨씬 더 많이 설계돼 있다"며 "그러나 한편으로 시중 유동성이 풍부해져 부동산 시장으로 자금이 몰리고, 작년 한해 세대수가 예정에 없이 61만 세대 급증하면서 공급 부족이 부동산 가격 상승을 부추긴 측면도 있다"고 했다.

이에 국민의힘 의원 윤희숙은 구체적인 통계 수치를 들어 반박하면서 "권력 내부 소통과 대국민 메시지 왜곡이 위험 수준에 이르렀다"고 비판했다. 그는 "실패가 불가피했다는 인상을 만들어내기 위해 미적분학에서나 쓰는 '증가의 증가' 개념이 대통령 발언에 동원된 것도 어이없는데, 통상의 반올림 원칙은 내다 버리면서 한쪽은 올려 붙이고 다른 쪽은 통으로 깎는 신공까지 활용됐다"고 했다.[40] 이런 말도 했다. "정말 지질하게 통계를 비튼 건데……화가 나기보다 오히려 짠하다. 이런 걸 생각해내느라 청와대 참모들이 얼마나 머리를 쥐어짰을지 생각하면……."[41]

K-방역도 이런 통계 논란을 비켜가진 못했다. 6월 17일 문재인은 페이스북에 접종자 "1,400만 명!"이라고 자축하는 글을 올렸고, 다음 날 정부는 "백신 접종 규모가 세계 20위권에 진입했다"고 자화자찬했다. 하지만 그건 단순 숫자일 뿐, 인구 대비 접종률은 80위권이었다는 반론과 제발 자화자찬 좀 그만하라는 비판이 나왔다.[42]

여론조사도 다를 게 없었다. 6월 25일 문재인이 의장인 민주평화통일자문회의가 한미연합훈련에 대한 여론조사 결과를 발표했다. 반대 47.3퍼센트, 찬성 46.6퍼센트였다. 언론은 일제히 "찬반 팽팽"이라고 보도했다. 이상한 결과였다. 2020년 11월 조사에선 '예정대로 해야 한다'(66.5퍼센트)가 '축소하거나 연기해야 한다'(28.7퍼센트)를 압도했기 때문이다. 왜 그렇게까지 달라진 걸까? 이유는 간단했다. '코로나로 훈련이 어렵다', '남북 관계 진전을 위해' 등 문구를 넣어서 '훈련 중단' 쪽으로 응답을 유도한 결과였다.[43]

'실업자 되기'는 '하늘의 별 따기'

/

문재인은 7월 27일 참모회의에서 태양광 발전량 수치가 2.9퍼센트밖에 안 된다는 보고를 받자, 전력 시장에서 거래하지 않는 신재생 에너지 발전량까지 정확히 산출하라고 지시했다. 그러자 산업부가 8일 만에 다시 꺼내든 보고서엔 11퍼센트가 적혀 있었다. 말 한마디에 무려 3배 이상 늘어난 것인데, 대형·소형·가정집 태양광 판까지 포함해 그것도 한여름 일조량이 가장 좋은 피크 시간을 기준으로 적용한 것이었다.[44]

8월 2일 국회 입법조사처가 공개한 '2021년 국정감사 이슈 분석' 보고서는 정부의 '노인 일자리' 사업에 대해 "일자리 사업보다 복지 사업 측면이 강하다"며 "고용 통계에 노인 일자리 사업을 반영하는 것은 실제 고용 현실을 왜곡할 가능성이 크다"고 비판했다. 정부는 "취업자 정의는 국제 기준이라 바꾸기 어렵다"고 했지만, 입법조사처는 "일자리 지표에서 단기 일자리를 제외해야 일자리 통계의 왜곡을 막을 수 있다"고 했다.[45]

정부는 7월 28일부터 8월 3일까지 진행된 경기도 남양주 진접 A3블록 신혼희망타운 사전 청약률이 0.9대 1이라고 발표했다. 신혼인 A씨 부부는 뛸 듯이 기뻐했으며, 지인들은 "축하한다"고 전화를 걸어왔다. 그러나 기쁨은 오래가지 않았다. 정부가 우선 배정 물량을 정확하게 구분하지 않아 경쟁률이 터무니없이 낮게 발표된 것이었기 때문이다. 진짜 경쟁률은 당초 정부 발표보다 3배 이상 높은 2.9대 1이었다. 이런 경쟁률 축소는 다른 지역에서도 나타났다. 포털사이트에는 "산수를 할 줄 모르거나, 통계를 조작하려고 했는데 실패했거나", "부동산 무능 정부의 현주소", "아마추어에게 나라 살림을 맡긴 죄" 등의 댓글이 달렸다.[46]

8월 하순엔 청와대 정책실장 이호승이 "OECD 평균 집값 상승률이 7.7%인데 한국은 5.4%에 불과하다"며 "문재인 정부는 국민 앞에 겸손한 권력과 공정 사회의 토대를 마련했다"고 주장해 사람들을 어리둥절하게 만들었다. 인터넷에는 "54%를 잘못 말한 것 아닌가"라는 글이 나돌 정도였다.[47]

이호승은 자신이 생각해도 이상했는지 "다만 이를 설명한다고 해도 국민들께서 쉽게 납득하지 못하는 상황"이라고 했다. 알고 보니 그가 인용한 한국부동산원의 조사 방법부터가 엉터리였다. 표본 수가 민간·금융기관 통계보다 훨씬 적었고 그나마도 편향이 있어 시장 상황을 전혀 반영하지 못했다. 이 발언 뒤 한국부동산원은 조사 표본을 2배로 높여 그때까지의 오류를 자인했지만, 그래도 시장 체감 통계와의 격차는 좁혀지지 않았다.[48]

9월 5일 통계청은 2021년 8월 실업률이 2.6퍼센트라고 발표했다. 1999년 관련 통계가 나오기 시작한 이래 8월 실업률이 이렇게 낮았던 적은 없었다. 그렇게 된 이유는 간단했다. 통계청의 정의에 따르면, 실업자는 "지금 일을 하고 있지 않지만, 일이 주어지면 일을 할 수 있고, 지난 4주간 구직 활동을 한 사람"이기 때문이었다. 언론은 '실업자 되기'가 너무 어렵다고 비꼬았지만,[49] 과장법을 쓰자면 '하늘의 별 따기'와 같다고 해도 무방했으리라.

12월 1일 『조선일보』는 「'통계 분식' 감사 연기, 정권이 싫어할 사안은 뭉개는 감사원」이라는 사설을 게재했다. 감사원은 지난 2월 국회에서 야당 의원이 2018년 소득 분배 지표, 2019년 비정규직 통계에 대한 분식 의혹을 제기하자 올해 하반기 중 감사에 나서겠다고 답했지만, 이후 계속 미루다 이제 와선 "코로나로 정기 감사 일정이 밀려 올해는 힘들다"고 했다. 사설은 "실제로는 대선을 앞두고 정부의 통계 왜곡 사실이 드러날까 우려한 것" 아니냐고 따졌다.[50]

권력에 춤추는 통계

/

이상 열거한 사례들은 문재인 정부의 통계 조작을 비판하기 위한 게 아니다. 물론 비판의 효과는 있겠지만, 좀더 근본적인 문제 제기를 하려는 것이다. 사적인 자리에서 벌어지는 정치적 논쟁에서 정파적 통계가 소통보다는 불통의 원인이 되는 것도 문제겠지만, 훨씬 더 심각한 것은 언론마저 정파성에 따라 정부 통계를 대하는 자세가 크게 다르다는 사실이다.

내가 소개한 사례들은 대부분 보수 언론 기사에서 가져온 것이다. 진보 언론은 이런 문제를 거의 다루지 않는다. 보수 정부가 들어서면 언론은 역할 교대를 한다. 정부의 통계 조작에 대해 보수 언론은 침묵하는 반면 진보 언론은 열변을 토한다. 가장 인상적인 건 『한겨레』

가 2013년 6월에 보도한 '권력에 춤추는 통계'라는 이름의 기획 연재물이었다. 다음 기사 제목들만 보더라도 당시 통계 조작이 얼마나 심각했는지 짐작할 수 있을 게다.

「청와대, 박근혜 후보에 불리한 통계 대선 직전 발표 미뤄」, 「한국이 스웨덴보다 빈부격차 적다?…통계청 직원도 못 믿는 '지니계수'」, 「통계에 꼼수가…금값 뛸 때 물가에서 금반지 뺐다」, 「MB정부 때 청와대, 통계청장 수시로 불러들여」, 「통계청서 승인 못 받은 '국가 통계' 멋대로 발표 수두룩」, 「국가 통계 원자료, 국책기관 연구원도 접근 어렵다」, 「통계청 자료 미루고 미루다 축소 공개…끝내 학술 발표 무산」, 「'통계 왜곡' 자행한 이명박 청와대 책임 물어야」, 「기재부가 통계청 주물러…'국가통계위를 독립시켜라'」, 「캐나다·호주 통계청장 임기 보장, 영국·프랑스 각료 통제 안 받아」.

통계 조작을 근절할 해결책은 이 기사 제목들 중에 이미 제시되어 있다. 통계청을 중립 기관으로 독립시키면서 관련 학계의 감시 기능을 제도화해야 한다. 황수경이 역설했던 것처럼, 국가 통계는 올바른 정책을 수립하고 평가할 때 기준이 되어야 한다. 그 기준이 흔들리면 국정 운영이 왜곡될 뿐만 아니라 소통은 사라지고 불통의 난투극만 벌어진다. 우리는 이미 그런 비극적 상황에 처해 있다. 이제 제발 이런 비극을 끝내자고 외치는 대선 후보들의 공약을 보고 싶다. '권력에 춤추는 통계', 이제 제발 그만!

괴물과
싸우면서
괴물이 된
비극

"괴물과 싸우는 사람은 그 과정에서 자신마저 괴물이 되지 않도록 주의해야 한다."[51] 독일 철학자 니체의 말이다. 이 말이 자주 인용되는 이유는 "싸우면서 닮아간다"는 말이 거의 진리처럼 여겨지고 있기 때문일 게다. 이건 분노보다는 비애의 심정으로 생각해볼 문제다. 괴물과 싸우는 사람들은 얼마나 용감하고 이타적인가! 존경을 누려 마땅하지 않은가? 그런데 싸움에서 승리해 권력을 잡은 그들에게서 괴물과 비슷한 면을 보게 된다면 이런 비극이 어디 있겠느냐는 것이다.

문재인 정권의 핵심 세력은 괴물과 같은 독재 정권과 싸운 역전의 용사들이다. 그들은 독재 정권들과는 다른 새로운 세상을 만들고 싶어 했다. 그 열의가 충만한 나머지 '한 번도 경험해보지 못한 나라'를 만들겠다는 허세를 보이기도 했지만, 좋은 뜻으로 해석하자. 문제는 그들이 선과 정의를 대변하는 동시에 그걸 독점해야만 한다고 믿는 심층 의식에 있었다.

그들이 나아가는 방향은 독재 정권과는 전혀 달랐다. 무능할망정 사회적 약자와 민생을 돌보겠다는 선의도 느낄 수 있었다. 그러나 그들이 놓치고 있는 게 있었다. 새로운 세상을 만들기 위한 그들의 방법론은 놀라울 정도로 독재 정권과 비슷했다는 점이다. 외형과 콘텐츠가 비슷했다는 게 아니다. 그 어떤 문제가 있다고 해도 문재인 정권의 합법적 방법을 독재 정권이 저지른 '공권력의 폭력화'와 어찌 비교할 수 있겠는가? 심층 의식에 자리 잡은 국정 운영의 기본 전제가 비슷했다는 뜻이다. 강력한 규제, 응징, 청산, 척결, 타도, 강행 일변도다.

아니 그 이전에 가장 큰 문제는 도무지 약속을 지키지 않는다는 점이다. 몇 가지 주요 사례를 살펴보자. 2019년 말 민주당 등 범여권이 야당의 반대 속에 강행 처리한 선거법은 어떤가? 이에 대응해 야당이던 한국당이 비례한국당이라는 위성정당을 창당하겠다고 하자, 민주당은 "해괴한 방식, 괴물, 꼼수"라며 "국민 눈을 속이는 위성정당은 국민 모독"이라고 맹비난했다.[52] 물론 나중에 민주당도 스스로 "해괴한 방식, 괴물, 꼼수"를 동원하는 "국민 모독"에 동참했다는 걸 우리는 잘 알고 있다.

'고위공직자범죄수사처 설치 및 운영에 관한 법률안(공수처법)'

도 비슷한 경로를 걸었다. 민주당은 공수처법의 통과를 위해 "야당의 비토권이 확실히 인정되는 방향으로 돼 있기 때문에 집권 여당이 또는 대통령이 절대 공수처장을 마음대로 임명할 수 있는 방식이 아니다"는 말을 수없이 반복했다. 하지만 민주당은 공수처법을 강행 처리해놓고도 야당의 비협조로 상황이 여의치 않게 돌아가자 40여 일 만에 결국 야당의 비토권을 무력화하는 법 개정안을 통과시키고야 말았다.[53] 우리는 지금 그렇게 해서 태어난 공수처의 한심한 모습을 질리도록 보고 있는 중이다.

문재인이 2015년 당 대표 시절 정치 개혁을 위해 만든 당헌 96조 2항은 어떤가? "민주당 소속 공직자의 중대한 잘못으로 재보궐선거가 치러질 경우 후보를 추천하지 않는다"고 해놓고, 5년 후인 2020년 11월 전 당원 투표를 실시해 그 개혁 조치 뒤집기에 나서지 않았던가? '박원순·오거돈 사건'으로 서울과 부산에서 치러질 2021년 4·7 재보궐선거에 후보를 내보내겠다는 것이었지만, 그렇게 무리해서 얻은 결과는 참패로 끝나고 말았다.

선거법과 관련해 '국민 모독'을 저질러놓고도 2020년 21대 총선에서 압승을 거두었기에 "이번에도 이길 수 있다"는 생각으로 밀어붙였을 게다. 하지만 당시 유권자들이 민주당의 추태를 곱게 보았던 건 아니다. 총선 결과는 'K-방역'의 성과였을 뿐이다.

어느덧 문재인 정권의 상징이자 속성처럼 되어버린 '내로남불'만 해도 그렇다. 조금만 주의를 기울이면 내로남불의 덫을 어느 정도나마 피해갈 수 있음에도 아예 신경을 쓰지 않는다. 문재인은 취임 4주년 기자회견에서 인사 문제와 관련해 "야당에서 반대한다고 해서 저는 검증 실패라고 생각하지 않습니다"라고 말했다. 인사 문제 질문은 충분히 예상되었던 것일 텐데, 참모들은 도대체 무슨 준비를 한 건지 모를 일이었다.

문재인이 야당 대표 시절에 인사 문제와 관련해 무슨 발언을 했던 건지 점검은 한 건가? "(추천과 검증에) 실패하고서도 아무도 책임지는 사람이 없는 청와대의 모습이 기이하게 느껴진다"라거나 "만약 우리 주장(사퇴)을 야당의 정치 공세로 여긴다면 중립적이고 공신력 있는 여론조사기관에 여야 공동으로 여론조사를 의뢰하기를 청와대와 여당에 제안한다"고 한 말을 염두에 두고 답변을 준비했느냐는 것이다.

문재인의 대선 공약이었던 '5대 인사 원칙', 집권 이후 내세운 '7대 인사 원칙'을 지켰는데도 야당이 반대했다는 건가? 약속을 했던 그때와 지금이 어떻게 다른지 성실하게 설명하는 시도라도 하면서 그런 말씀을 하셔야 국민적 신뢰를 얻을 수 있는 게 아닌가? 야당과 언론이 문재인의 이전 약속을 지적하면서 내로남불이라고 비판하리라는 걸 전혀 예상하지 못했단 말인가?

이런 일이 한두 번이 아니다. 수십 번 반복된 패턴이다. 대통령을 비롯해 정권 고위 인사들의 예전 발언과 나중에 180도 달라진 발언을 비교하면서 비판하는 패턴이 4년 내내 계속 이루어지고 있는데도 '그러거나 말거나' 태도로 일관하고 있으니 세상에 이런 '강심장'이 어디에 있단 말인가?

청와대의 그 많은 인력은 도대체 무슨 일을 하는지 모르겠다. 대통령의 모든 과거 발언을 정리해놓은 기초 자료가 있기는 한 건가? 말이란 게 '아' 다르고 '어' 다른 법인데, 과거에 자신이 했던 말을 기억하고 있어야 내로남불의 덫을 피해갈 수 있을 게 아닌가? 과거에 무슨 말을 했건, "우리는 선한 권력이기 때문에 선한 지지층의 지지만 받으면 그만이다"는 식으로 생각하는 게 아니라면, 정권의 신뢰 문제를 심각하게, 아니 두렵게 생각해야 한다.

정책의 문제도 한심한 수준이다. 여태까지 논란이 된 주요 정책들을 생각해보라. '포지티브'보다는 '네거티브' 일변도였다. 규제와 응징 중심이었다. 규제할 걸 규제하고 응징할 걸 응징하는 데 누가 뭐라고 하겠는가? 박수 받을 일이다. 문제는 그게 거의 전부일 뿐, '포지티브'한 방안은 드물었고, 창의와 혁신은 찾아보기 어려웠다는 점이다. 경제 문제마저 도덕적 규제로 대응하는 '경제의 도덕화'가 심각한 수준에 이르렀다.

1년 넘게 그 격렬한 '검찰 개혁 전쟁'을 주도했으면서도 정작 일반 시민들이 가장 절실하게 원하는 '사법 개혁'은 온데간데없이 실종되어버리고 말았다. 자신들이 보기에 정의로운 사람들을 높은 자리에 많이 앉히면 된다는 식의 '인사 정책'으로 쪼그라들고 말았다. 그 과정에서 정의와 공정이 훼손된 경우가 많았지만, 편 가르기에 중독된 문재인 정권은 그런 문제조차 느끼지 못했다.

부동산 정책은 도덕적으로 대응해선 안 될 일이었다. 한국인의 안전 욕구와 욕망이 가장 거세게 분출하는 이 문제는 정책적으론 시장 상황을 잘 살피면서 일어날 수 있는 모든 경우의 수와 의도하지 않은 결과까지 감안한 종합적 처방이 필요했다. 그러나 문재인 정권은 이 문제를 규제 일변도의 '도덕 전쟁'으로 둔갑시켜 실패에 실패를 거듭했다. 부동산 가격이 폭등했지만 문재인 정권이 버틸 수 있는 이유는 단 하나, 유주택자가 무주택자보다는 많다는 사실이다. 진보를 자처한 정권이 집 없는 서민의 삶을 도탄에 빠트린 죄악을 저지른 셈이다.

코로나 방역 정책은 어떤가? 국민 다수가 'K-방역'을 지지하는 동시에 자랑스러워했다. 일부 서양 언론이 개인의 자유를 지나치게 통제하는 억압적인 방식이라고 비판했을 때에도 우리는 그들을 비웃었다. 문재인 정권의 'K-방역'에 다른 나라들보다 앞서가는 백신 정책이 포함되어 있을 것이라고 믿었다. 그러나 'K-방역'에 도취된 문재인 정권의 마인드는 규제 중심의 '네거티브'에만 치중한 나머지 백신과 같은 '포지티브'는 소홀히 했다. 그로 인해 특히 자영업자들에게 이루 말할 수 없는 고통을 주었다.

문재인 정권은 'K-방역'의 성과 덕분에 2020년 총선에서 압승을 거두었건만, 그걸 "마음대로 해도 좋다"는 면허장으로 오인해 힘으로만 밀어붙이려는 '입법 독재'에 재미를 붙이고 말았다. 지금까지도 논란 중인 '언론징벌법'만 해도 그렇다. 그 선의를 아무리 이해하려고 해도 먼저 눈에 띄는 건 언론에 대한 강한 적대감이다.

민주당 의원 정청래는 2020년 6월 언론에 최대 3배의 징벌적 배상 책임을 물리도록 한 언론중재법 개정안을 발의하면서 "생각 같아서는 30배, 300배 때리고 싶지만, 우선 없던 법을 만드는 것이 더 중요하다"고 했다.[54] 적대감이 증폭되면서 3배는 5배로 늘었다. 2021년 8월 2일 경기도지사 이재명은 언론에 5배의 징벌적 배상 책임 조항을 넣은 언론중재법 개정안을 두고 "5배도 약하다"며 "언론사를 망하게 해야 한다고 생각할 정도로 강력한 징벌을 해야 한다"고 했다.[55]

'피해자 구제'를 위한 충정으로 한 말일까? 그렇다면 왜 가짜뉴스의 주요 진원지인 유튜브와 1인 미디어는 그대로 방치하면서 디지털 혁명에 치어 다 죽어가는 전통적 언론에 대해서만 그렇게 열을 올린 걸까? 왜 언론의 네거티브한 측면에 대해선 그렇게 분노하면서도 포지티브한 측면에 대해선 아무런 말이 없는 걸까? 보수·진보 언론이 합동으로 사납게 달려든 국정 농단 보도 덕분에 정권까지 잡은 문재인 정권은 언론징벌법 체제하에서도 그런 보도가 가능할 것이라고 믿는 걸까?

문재인 정권은 반성을 전혀 모르지만, 하나의 예외는 있다. 선거만 다가오면 큰절을 해가면서까지 과잉 반성을 한다. 물론 도무지 믿을 수 없는 이벤트에 불과하다. 2021년 12월 8일 국회에서 열린 '문재인 정부 5년, 선진국 대한민국 무엇을 해야 하나' 토론회에서 전 원내대표 우상호는 "야당 시절보다 여당 시절 민주당은 더 폐쇄적이었다"며 "정당이 의석수가 많아지면 힘이 세 보인다. 힘이 셀수록 겸손했어야 했다. 우리가 가진 과제를 더 친절하게 설명했어야 했다"고 반성했다.[56]

아직 멀었다. '친절하게 설명'하는 수준의 겸손으론 넘어설 수 없는 문제다. 여야를 막론하고 정당들은 선거를 앞두고선 반성하지 않는 게 차라리 나을 것이다. 그냥 평소에 하던 것처럼, 그리고 지금 선거판에서 하는 것처럼 "저놈들이 더 나쁘대요"를 외쳐라. 정치가 아무리 한심해도 우리 인간이 희망 없이 어찌 살 수 있겠는가? 앞으로 어떤 정권이 들어서건 규제, 응징, 청산, 척결, 타도, 강행에만 의존하지 말고 우리 모두의 역량을 일깨우고 발휘할 수 있는 방식으로 국정 운영의 기조를 전환하면 좋겠다.

제4장

너는
어느
편이냐?

유시민,
제2의
'어용 지식인'
선언인가?

〉〉〉

정치 평론 은퇴를 선언했던 전 노무현재단 이사장 유시민이 2021년 12월 9일 MBC라디오 〈김종배의 시선집중〉이 마련한 대선 특별 기획에 출연해 이재명에 대한 자신의 생각을 밝힘으로써 정치 평론을 재개했다. 이재명에 대한 찬사 일변도였지만, 그걸 문제 삼을 건 못 된다. 내가 놀란 건 대장동 사태 관련 발언이었다.

유시민은 대장동은 "100% 민영화에 비하면 잘한 일"이라며 "개발 이익을 다 못 가져왔다고 법을 만든 사람들이 지금 와서 그러는 건 정치가 아레나의 검투장 같은 면이 있다고 해도 낯 뜨거운 것 아닌가"라고 말했다. 이 말을 듣는 순간 그가 2019년 9월에 내놓은 명언이 떠올랐다. 그는 조국의 부인 정경심이 검찰 압수수색 전 컴퓨터를 만출해 증거인별 의혹에 휩싸인 것과 관련, "증거인멸이 아니라 증거를 지키기 위한 것"이라고 하지 않았던가?

유시민은 대장동 사태와 관련된 일련의 여론조사 결과도 수구 세력에 의해 조작된 것이라고 보는 걸까? 이미 9월에 절반가량의 국민이 대장동 사태를 '이재명 게이트'로 보거나 "(국민의힘에 비해) 이재명의 책임이 더 크다"고 했고, 10월엔 55퍼센트가 "(이재명이) 민간업체에 특혜를 주기 위해 의도적으로 개입했다"고 했고, 56.5퍼센트가 대장동 사태의 가장 큰 책임을 저야 할 사람으로 이재명을 꼽았다.[1] 이런 국민들은 '낯 뜨거운' 판단을 내린 거가?

유시민은 이재명이 '생존자'라는 점에 깊은 감명을 받은 것으로 보인다. 숱한 난관과 위험이 있었지만, 그걸 모두 돌파해온 이재명의 '만독불침 투쟁사'는 이재명을 지지하건 지지하지 않건 놀랍거니와 감동적이기까지 한 면이 있는 건 분명하다. 그러나 그렇다고 해서 곧장 "(이런 삶에서) 정말 심각한 문제가 있으면 살아남을 수 없다"며 "이런 사람들은 작은 오류는 있을지 모르나 정치적 생존을 위태롭게 할 만큼의 하자는 없다"는 결론을 내려도 되는 걸까? 그건 일종의 스토리텔링일 뿐 논객이 취해도 좋은 논법은 아니잖은가?

진중권은 "이재명이 어용 지식인이 섬기는 새 수령님이 되셨다"고 했는데, 유시민 스스로 '어용 지식인'이 되겠다고 선언한 2017년 5월로 잠시 돌아가보자. 문재인의 승리를 예감한 유시민은 대선 4일 전 "대통령만 바뀌는 거지 대통령보다 더 오래 살아남고 바꿀 수 없는, 더 막강한 힘을 행사하는 기득권 권력이 사방에 포진해 또 괴롭

힐 거기 때문에……어용 지식인이 되려 한다"고 말했다.[2]

그로부터 5년이 다 되어가는데도 여전히 막강한 힘을 행사하는 기득권 권력이 사방에 포진해 이재명을 괴롭힐 거라고 생각하는 걸까? 그런 생각도 있었겠지만, 이번엔 이재명의 승리를 자신할 수 없는 상황에서 그것을 위해 헌신하겠다는 더 다급한 목적이 있는 게 아닌가 싶다. 정권 교체의 가능성에 대한 공포라고나 할까? 그의 정치적 선배인 이해찬이 '20년 집권론', '50년 집권론', '100년 집권론'을 역설하면서 장기 집권의 꿈을 즐겼던 게 엊그제 같은데, 참으로 격세지감이다.

현실적인 이야기를 해보자. 유시민의 제2의 '어용 지식인' 역할이 과연 이재명의 승리에 도움이 될까? 진중권은 "득보다 실이 더 크다"고 전망했다. 그는 "유시민의 영향력은 민주당 지지층, 그것도 대체로 강성들에게로 한정돼 있다. 중도층에선 이미 오래전부터 그를 신뢰하지 않고 있다"고 평가하면서 "외려 그 특유의 궤변과 요설에 대한 반감이 크다. 중도 확장에는 외려 걸림돌이 될 것"이라고 예상했다.[3]

반면 『중앙일보』 칼럼니스트 오병상은 유시민의 언변 실력을 높게 평가하면서 이렇게 전망했다. "역시 유시민입니다. 9일 방송 내용은 '이재명학 총정리'로 평가해도 손색이 없습니다. 분석이 독특하고 말솜씨가 유려한데다 확신에 넘치니, 빨려들게 만듭니다.……내년 3월 대선 끝날 때까지 이재명의 좌충우돌을 깔끔하게 논리적으로 봉합해주는 역할을 할 것으로 보입니다. 이재명에겐 꼭 필요한 역할입니다. 진짜 천군만마가 될 수 있습니다."[4]

현란한 언변으로 말하자면, 유시민과 이재명은 막상막하다. 실제로 10월 18일 이재명은 국정감사에서 그 실력을 유감없이 보여주었다. 국정감사는 전반적으로 이재명이 국민의힘을 비웃는 웃음소리만 돋보인 가운데, 야권에서조차 국민의힘 의원들의 무능을 비판하는 목소리가 나왔다.『한겨레』논설위원 손원제는「국민의힘이 꽃길 깔아준 이재명의 '빅쇼'」라는 칼럼에서 "지금까지 이런 국감은 없었다. 이것은 '나훈아쇼'인가 '심수봉쇼'인가. 분명한 건 이재명의 완벽한 독무대였다는 점이다. 8시간 동안 모든 방송과 유튜브 채널, 포털과 뉴스 사이트를 지배했다"며 다음과 같이 말했다.

"일부러 하려면 대선 자금 수백억 원을 몽땅 때려 넣어도 안 될 일이었다. 그걸 공짜로 했다. 모든 의혹을 말끔히 풀었다고는 할 수 없다. 하지만 적어도 국민의힘과 보수 언론이 불 지펴온 '그분' 의혹을 만신창이로 만들어버렸다.……국민의힘은 '국감에서 이재명의 가면을 확 찢겠다'고 호언해왔다. 허풍이었다. 오히려 조명을 밝혀주고, 레드카펫을 깔아주고, 꽃가루까지 뿌려줬다.……과장된 프레임 씌우기는 안 먹힌다는 게 뚜렷해졌다."[5]

그렇게 볼 수도 있겠지만, 대중은 어리숙해 보여도 현란한 언변에 내장된 요설을 감지할 뿐만 아니라 '태도'와 '싸가지'를 동시에 본다. 여론의 평가가 전혀 다르게 나온 것도 바로 그런 이유 때문일 게다.『매일경제』· MBN이 여론조사기관 알앤써치에 의뢰해 18~20일에 실시한 여론조사 결과에 따르면 '이재명 지사가 국정감사에서 대응을 잘했느냐'에 대한 문항에서 '매우 못했다'(31.4퍼센트), '못했다'(21.4퍼센트)는 부정적인 답변이 절반을 넘어 '매우 잘했다'(17.2퍼센트)와 '잘했다'(16.6퍼센트)는 답변보다 많았다.[6]

이는 향후 유시민의 제2의 '어용 지식인' 역할이 '천군만마'와는 거리가 멀다는 걸 시사해준다. 그가 문재인 정권에서 공격적으로 실천했던 '어용 지식인' 역할이 온 나라를 두 개로 찢는 데엔 성공했을 망정 문재인 정권엔 도움이 되기는커녕 오히려 악영향만 미쳤듯이 말이다.

나는 2년 전 유시민이 아직도 '서울대학교 민간인 감금 폭행 고문 조작 사건(일명 '서울대 프락치 사건')'이 일어났던 1984년 9월의 세상에 살고 있는 것처럼 보인다고 말한 바 있다. 그에겐 정권 교체가 전두환 시절로 돌아가는 것이라고 생각하는 공포가 있다는 이야기인데, 부디 그가 그런 공포증에서 하루 빨리 탈출할 수 있기를 바라마지 않는다.

이 글을 쓰고 나서 시간이 꽤 흐른 2022년 1월 초순 현재 윤석열과 국민의힘의 연이은 '자멸 행보'로 인해 상황은 크게 달라져 정권 교체의 가능성은 크게 낮아졌다. 굳이 유시민까지 나설 필요가 없는 상황이 조성되었지만, 2017년에도 그랬듯이 유시민은 '대통령을 포위한 막강 기득권 권력'의 핑계를 대고서 다시 '어용 지식인'의 역할을 하겠다고 들지 모르겠다. 이제 제발 '국가'와 '민족'을 위한 헌신은 그만두고 자신을 돌보는 일에 전념하면 좋겠다.

왜 정청래는
'인간 이재명'을
흐느끼며
읽었을까?

"인간 이재명 책을 단숨에 읽었다. 이토록 처절한 서사가 있을까? 이토록 극적인 반전의 드라마가 또 있을까? 유능한 소설가라도 이 같은 삶을 엮어낼 수 있을까? 한 장 한 장 책장을 넘기면서 인간 이재명과 심리적 일체감을 느끼며 아니 흐느끼며 읽었다."[7]

민주당 의원 정청래가 2021년 12월 13일 자신의 페이스북에 올린 '인간 이재명을 읽고'라는 제목의 글에서 한 말이다. 의아했다. 여태까지 이재명의 '처절한 서사'를 몰랐단 말인가? 그것도 의아했지만, 흐느끼며 읽을 정도로 감수성이 풍부한 분이 어쩌자고 남의 가슴에 못을 박는 독설이나 막말을 자주 구사했던 것인지, 그게 더 의아했다. 정청래는 과연 어떤 인물인가?

"어디서나 누구 앞에서나 할 말 다하는 인간, 옳다고 생각하면 앞뒤 생각 않고 나서서 소리치는 인간, 당이 필요로 할 때, 아무도 안 나설 때, 앞서 나가 두드려 맞고 그래서 늘 손해 보고 온갖 총알은 다 맞는 인간.……이용만 당하고 상처는 혼자 입는 그런 어이없는 인간, 정청래는 그런 바보 같은 인간이었다."[8]

2016년 9월에 출간된 『정청래의 국회의원 사용법』에 실린, 「정청래를 부탁합니다」라는 글에서 당시 민주당 의원 손혜원이 한 말이다. 그는 민주당에 들어가기 전 주변 사람에게서 "정청래 같은 사람하고는 어울리지 말라"는 경고를 들었다고 한다. 그런데 직접 겪어보니 세간의 그런 인식은 오해였다며 이와 같이 애정 어린 칭찬을 한 것이다.

나 역시 상당 부분 공감한다. 그런데 지금 내 관심은 "국회의원은 무엇으로 사는가?"이다. 의원들이 앞다퉈 열심히 공부하고 발로 뛰면서 민생에 도움이 될 좋은 정책과 법을 만드는 문화가 정착되어 있다고 가정해보자. 이 얼마나 좋은가? 누가 그렇게 하지 말라고 말리거나 욕하지도 않을 텐데 얼마든지 할 수 있는 일이 아닌가?

반면 의원들이 앞다퉈 소속 정당의 안전 보장을 위해 궂은일을 도맡아하는 자세로 반대 정당과 정치인을 향해 독설을 날리는 걸 주요 업무로 삼는 문화가 정착되어 있다고 가정해보자. 이는 정치판의 이전투구를 풍요롭게 하는 데에만 기여할 뿐이다. 아니 이는 굳이 가정을 할 필요도 없이 지금 우리가 직면해 있는 현실이다. 그리고 정청래는 이런 풍토의 선두 그룹에 속해 있다. 물론 정청래는 정책과 입법 활동에도 열심이겠지만, 세상에 보이는 이미지로는 그렇다는 말이다.

나는 정청래에 대해 다소의 호감을 갖고 있는 사람으로서 "정청래가 바뀌면 국회 문화가 바뀐다"는 희망을 품고 '이전투구 정치'를 넘어서자는 제안을 해보고자 한다. 이 제안을 위해 정청래의 독설 활동에 대한 비판을 하지 않을 수 없음을 너그럽게 이해해주시기 바란다.

2021년 7월 15일 전 감사원장 최재형이 국민의힘에 입당하자 정청래는 페이스북에서 "독립운동하다 독립운동 노선이 안 맞는다며 곧장 친일파에 가담해서는 안 되는 것 아니냐"고 했다. 그는 "배신형 인간은 되지 말자", "못 먹어도 양심 불량은 되지 말자"는 말도 했다.[9] 아무리 미워도 그렇지 최재형의 국민의힘 입당을 친일 행위에 비유해도 괜찮은 걸까?

열흘 전인 7월 5일 정청래는 민주당 국민 면접에서 면접관으로 나서 전 법무부 장관 추미애를 비판한 전 최고위원 김해영에게 독설을 퍼부었다. 그는 "김해영 면접관님, 예의를 갖춰달라"며 이렇게 말했다. "같은 당원으로서 불쾌하기 짝이 없다. 계속 이런 식으로 할 거면 당장 그만두시라. 압박 질문을 하라는 게 막무가내로 조롱하거나 면박을 주라는 것은 아닐 것이다. 면박 말고 면접을 하란 말이다. 님보다 인격적으로 못한 분들이 아니다. 어디서 알량한 완장질인가? 보자보자 하니 참 심하시다."[10]

다 좋았는데, 정청래는 '알량한 완장질'이란 표현을 씀으로써 독설가라는 자신의 정체성을 배신하지 않았다. 기대를 저버리지 않아서 반갑긴 한데, 웃음이 나왔다. 어이가 없어서 말이다. 정청래는 국민 면접에 대해 무언가 오해하고 있었던 것 같다. 그건 국민의힘의 '이준석 돌풍'에 대응해 유권자들의 관심을 끌어보려는 흥행 차원에서 기획된 것이 아닌가? 내부 비판의 씨가 마른 민주당의 쇄신을 위해서라도 싸가지 없는 면접을 해달라는 것이었다는 말이다. 정청래가 그런 방식에 반대할 수는 있다. 그렇다면 민주당 지도부나 경선기획단장에게 이의를 제기하면 될 일이지, 이미 결정된 기획 의도에 충실하고자 했던 사람에게 모욕적인 비난을 하는 게 과연 온당한가?

원래 경건한 스타일이어서 정치 흥행에 반대하는 정치인이라면 이해할 수도 있겠지만, 정청래는 민주당에서 누구보다 뛰어난 예능 감각을 발휘해온 분이 아닌가? 예의를 강조했지만, 정청래는 민주당에서 누구보다 예의 없는 비판을 많이 해오신 분이 아닌가? 나중에 경선 후보들이 스스로 치열하게 다투면서 흥행 분위기가 살아났는데, 이게 후보들이 서로 예의를 잘 지켜서 일어난 일은 아니잖은가? 그런데 웬 뜬금없는 예의 타령이란 말인가?

제발 자기 자신을 돌아보면 좋겠다. 다른 건 다 제쳐놓더라도, 6년 전 새정치민주연합 시절 최고위원회의에서 그 자리에 있던 최고위원 주승용을 향해 "사퇴한다고 공갈을 치고 물러나지 않는 사람도 있다"는 막말을 해서 큰 논란을 빚은 적도 있지 않은가? 이런 막말 어록을 챙기자면 책 한 권 분량 정도가 나올 텐데, 갑자기 예의가 중요하다고 그러시니 당혹스럽지 않은가?

정청래에게 그런 일관성은 전혀 중요하지 않은 것 같다. 그에게

시종일관 중요한 일관성이 있냐면 그건 아마도 강성 지지자들의 속을 후련하게 만들어주는 일인 것 같다. 그는 민주당이 이번 대선에서 패배하더라도 강성 지지자들의 속을 후련하게 만들어주기만 하면 된다고 생각하는 걸까? 그가 고정 패널로 출연한 어느 방송 프로그램을 오랫동안 시청해온 내가 보건대, 그는 거시적인 정치 감각과 큰 전략적 판단이 뛰어난 정치 전문가다. 그런데 왜 그러는 걸까?

정청래는 『정청래의 국회의원 사용법』에서 "국회의원을 움직이는 최고 단위 정치 행위는 팬클럽이다"고 했다.[11] 실제로 그가 공천에서 탈락했을 때 그의 팬클럽이 전화, 문자 폭탄, 탈당계 팩스 등의 공세를 퍼부어 거의 일주일 내내 중앙당과 17개 시도당의 업무가 마비되었다고 한다. 그런 일도 있었던 만큼 그가 팬클럽을 중시하는 건 얼마든지 이해할 수 있는 일이긴 하지만, 본말의 전도는 곤란하지 않은가?

강성 지지자들의 열화와 같은 지지는 공적인 것인 동시에 정치인 개인의 든든한 배경이 된다는 점에서 사적 이익의 성격도 갖고 있는 것이다. 민주당의 전체 이익이라는 공적 대의와 정치인 개인으로서 사적 이익 사이에 충돌이 일어난 걸까? 그래서 그는 자신만만하게 '친일파에 가담', '알량한 완장질'이라는 식의 주장을 할 수 있었던 걸까?

모르겠다. 이런저런 짐작만 할 수 있을 뿐 그의 깊은 속내를 어찌 알 수 있겠는가? 다만 '알량한 완장질'은 부메랑이 되어 정청래의 행태에 더 잘 어울리는 말이 될 수 있다는 것도 한 번쯤 생각해보는 것도 좋지 않을까 싶다. 그 어떤 팬클럽도 없이 외롭게 광야에 홀로 선 채로 외치는 독설이 듣고 싶어지는 건 어인 이유에서일까? 정청래가 민생을 우선시하는 정치 개혁의 선봉장으로 활약하는 걸 보고 싶은 마음으로 드리는 말씀이다.

아직까지도 이 글의 제목에 답을 하지 못했다. 왜 정청래는 '인간 이재명'을 흐느끼며 읽었을까? 단지 인간 이재명과 심리적 일체감을 느꼈기 때문일까? 그런 점도 있겠지만, 나는 이재명이 한국 정치의 패러다임이라고 할 '증오 정치'의 한복판에 선 대표적 전사戰士이기 때문일 거라고 생각한다.

눈물을 흘릴 정도로 감수성이 발달한 사람이라면 남에게 상처 줄 수 있는 말을 하기가 어려워지는 법인데, 예외 상황이 있으니 그건 바로 상대편에 대한 증오가 필요한 전쟁 상황이다. 선거는 전쟁이다. 우리 편 주인공의 '처절한 서사'는 상대편에 대한 증오를 격화시킨다.

이른바 '김부선 사건'을 보자. 정치적으로 올바른 작명은 아니지만, 일단 소통을 위해 그렇게 불러보자. 김부선은 매우 힘든 삶을 살아온 약자다. 2018년 6월 당시 친문 정치 평론가였던 유재일은 「김부선 이야기를 하겠다」는 글에서 김부선은 "난도질만 당하게 될뿐" 이재명과의 싸움에서 결코 이길 수 없을 거라며 이런 희망을 피력했다. "김부선, 그녀의 서글픈 인생이 여기서 패대기쳐지지 않기 바라며 이재명의 승리와 패배와 상관없이 그녀가 영화, 드라마, 예능에 캐스팅되길 바란다."[12]

김부선은 여성단체나 시민단체의 도움도 전혀 받지 못한 채 홀로 싸워야 했고, 유재일의 소방과는 달리 사실상 패대기쳐지고 말았다. 이재명의 열성 지지자들은 김부선의 주장을 "신뢰성이라고는 1도 없는 연예인의 허위 공격"으로 보았다지만, 여성단체나 시민단체도 그렇게 보았던 걸까?

이재명의 수준엔 미치지 못할망정 나름 성장 과정에서 '처절한 서사'를 갖고 있는 사람들은 이재명을 열렬히 지지하는 경향이 있다. 나는 이런 사람들 중 일부가 익명도 아닌 실명을 내걸고, 김부선을 비판하는 수준을 넘어서 가혹한 인신공격을 하는 걸 보고 놀라움과 그 어떤 '철학적' 고민에 빠진 적이 있다.

이재명의 '처절한 서사'는 약자 중의 약자가 겪은 고통이 중심인데, 그런 지지자들은 '고통'엔 별 관심이 없고 그걸 극복해낸 '인간 승리'에 매료된 것일까? 그래서 '고통'은 있을망정 '인간 승리'가 없는 김부선은 함부로 대해도 괜찮다는 걸까?

김부선이 거짓말을 한다고 믿는 그들은 그가 그런 거짓말로 도대체 무얼 얻고자 했던 건가 하는 의문엔 아무런 관심이 없다. 말을 일관되게 빈틈없이 신뢰할 수 있게 하라고 윽박지르기 바쁜데, 이게 과연 약자를 대하는 태도인가? 우문愚問이다. 그들에겐 왜 우리 편 주인공을 못살게 구느냐는 증오만 있을 뿐이다. 이와 마찬가지로, 정청래의 흐느낌도 반대편에 대한 증오로 인해 나온 건 아닐까? 나의 그런 의심이 부디 잘못된 것이기를 바란다.

김원웅은
'토착왜구 정당' 시절을
어떻게
견뎠을까?

2021년 11월 1일 이재명은 광복회장 김원웅을 찾아가 "일제에 부역한 인사들이 대한민국 주축으로 참여한 안타까운 역사가 아직도 대한민국에 큰 영향을 미치는 것 같다"고 말했다. 이에 김원웅은 "친일 반민족 족벌 언론이나 친일에 뿌리를 둔 정치세력들이 이 후보를 색깔론으로 비판할 때 위축되지 말라"고 했다. 이재명은 웃으면서 "얼마 전 안동에 가서 '우리 사회가 친일 청산을 못하고, 친일 세력이 우리 사회 주류의 일부로 편입되면서 결국 이 나라가 청산을 못하고 있지 않느냐'고 이야기했다가 그때 빨갱이로 (몰렸다)"라고 맞장구를 쳤다.[13]

나는 이 만남에 대해 좀 놀랐다. 이재명의 역사관이 김원웅의 역사관과 비슷하다는 건 잘 알고 있었지만, 그렇게 일심동체인 듯한 모습까지 보여준 건 뜻밖이었기 때문이다. 이재명과 김원웅은 "반일反日 아니면 친일親日"이라는 이분법을 좋아하지만, 세상엔 "극일克日"을 택하는 사람도 많다. 아니 나는 그런 이분법 공세가 무서워 '반일'을 택한 것처럼 보이는 사람들도 내심 원하는 건 '극일'이라고 믿는다.

"나는 일본을 한 번은 이겨봐야 하겠다는 의지가 매우 강한 사람이다. 올해는 아직 못 갔지만, 몇 년 전부터 일 년에 최소한 한 번은 정한론征韓論을 펼친 요시다 쇼인의 묘를 찾아간다. 내 의지가 약해지지 않게 하려는 뜻이다. 내 제자에게는 요시다 쇼인을 공부시켰다. 졸저 『탁월한 사유의 시선』을 읽은 독자들은 내가 일본에 대한 복수심을 쓴 대목을 기억할 것이다."[14]

서강대학교 명예교수 최진석이 2021년 5월에 출간한 『최진석의 대한민국 읽기』에서 한 말이다. 그는 그간 끈질기게 극일의 의지를 다져온 대표적인 극일론자다. 극일과 반일은 어떻게 다른가? 두 용어를 사람마다 각기 다른 의미로 쓰는 경향이 있는데다 특정한 정치적 맥락 속에서 논의된 경우가 많아 정의를 내리기가 쉽지 않다. 나는 정의 대신에 세 가지 차이점만 지적하고자 하지만, 이는 어디까지나 개인적인 견해임을 밝혀둔다.

첫째, 반일은 감정 위주인 반면 극일은 실질 위주다. 극일은 내부 갈등보다는 일본과의 선의의 경쟁에 의한 평화로운 복수, 즉 모든 면에서 일본을 압도하는 역량을 키우는 걸 지향한다. 둘째, 반일은 한국 내부의 친일파·친일 잔재 청산에 집중하는 반면 극일은 친일파·친일 잔재 청산이 정략적이거나 과격한 양상으로 흘러 내부 갈등을 격화시킴으로써 일본을 이길 수 있는 역량을 훼손하는 걸 우려한다. 셋째, 반일은 친일파·친일 잔재 청산의 관점에서 일본에 대한 공부를 하는 반면 극일은 일본을 넘어서기 위한 '지피지기'의 차원에서 일본에 대한 공부를 한다.

반일과 극일, 다른 노선 중 어느 것을 택하건 그건 각자의 자유지만, 우리의 여론 지평에서 절대적 우위를 점하고 있는 건 반일이다. 최진석은 "우리에게는 친일 문제를 아무리 차분하게 보려 해도 그것이 적대적 분노를 표출하려는 것이 아니면 바로 '토착왜구'로 의심부터 하는 습관이 생겼다"고 개탄하면서 "특정 집단이 이 문제를 정치적으로 독점 이용하는 굴레에 갇히는 한, 극일의 길은 점점 멀어지고, 국가의 효율적 전진은 어려워진다"고 말한다.[15]

'토착왜구' 타령이 극성을 부렸던 때는 2020년 5월 이용수 할머니의 폭로로 시작된 정의기억연대의 횡령·배임 의혹 사건이 일어났을 때다. 당시의 반일 투사들에겐 공적인 회계 투명성 의혹을 제기하는 것마저 망국적인 친일 행위로 간주되었다. 민주당 의원들은 "친일·반인권·반평화 세력의 최후 공세", "완전하게 친일 청산을 하지 못한 나라의 슬픈 자화상", "지금 일본의 과거 부정 세력들이 환호하고 있는 모습이 보이지 않느냐" 등의 논리를 전개했다.[16]

민주당만 탓할 일도 아니었다. 10년째 여성인권 시민단체 활동을 한 정씨는 사석에서 정의기억연대의 회계 부정 논란에 대해 언급했다가 동료 활동가들에게 "토착왜구 아니냐"란 말을 들었다. 정씨는 "원론적인 내화 내용이었음에도 '한일 관계가 안 좋은 상황에서 정의연 흔들기는 토착왜구와 같은 행동'이란 지적을 받았다"고 토로했다.[17]

이런 종류의 반일은 극일에 이르지 못할 뿐만 아니라 반일의 선의적 목표에도 해를 미치는 것이었지만, 그걸 인지하는 반일 투사는 거의 없었던 것 같다. 그건 1950년대 전반 미국 사회를 '빨갱이 사냥'의 공포로 몰아갔던 '매카시즘'이 반공反共에 오히려 역효과를 냈다는 걸 인지하지 못했던 것과 비슷했다. 훗날 FBI의 방첩 활동 책임자 로버트 람페어가 매카시즘을 진두지휘한 상원의원 조지프 매카시에 대해 이런 증언을 남겼듯이 말이다. "매카시의 접근 방법은 반공의 명분에 해를 입혔으며, 많은 자유주의자들로 하여금 공산주의 활동을 위축시키려고 하는 정당한 노력에 대해 등을 돌리게 만들었다."[18]

오남용된 '토착왜구' 타령은 "'빨갱이'로 찍히면 어떡하나"라는 두려움을 느끼는 사람들을 대상으로 한 '공포 마케팅'과 비슷하다. 반일 방법론에 동의하지 않는다는 이유 하나만으로 '친일 비호'로 낙인찍는 것은 결코 해선 안 될 일이다. 이 점에서 대표적 반일론자인 김원웅의 발언은 비판적 검토를 해볼 필요가 있겠다.

그는 2021년 3월 라디오방송에 출연해 민주당에서 '국립묘지 친일 인사 파묘법' 등 친일 청산 3법이 당론으로 채택되지 않은 것과 관련, "민주당 안에도 친일을 비호하는 소수의 사람, 정치인이 있는 것 같다"고 했다. 그는 "제가 특정인을 직접 얘기하지 않는데, 서울 강북구에 있는 민주당 소속 P 국회의원이 그런 언행(그런 법을 왜 만드느냐는)을 했다고 한다"고 밝혔다.

사실상 실명을 밝힌 것과 다를 바 없었다. 강북을이 지역구인 의원 박용진은 과거 언론 인터뷰에서 친일파 파묘법과 관련 "세상이 빛의 속도로 변하는 상황에서 선도 국가로 가려면 진영 논리에서 벗어나야 한다. 새로운 진영 대립을 낳을 수 있는 과거사의 무한 반복은 답이 아니다"고 했다.[19] 이런 생각을 갖고 있으면 '친일 비호'인가? 반일 감정이 충만한 한국 사회에서 '친일 비호'라는 딱지가 정치인에게 치명적일 수 있다는 걸 모를 리 없는 김원웅이 그런 식으로 반일의 칼을 함부로 휘둘러도 되는 건가?

김원웅은 2021년 광복절 기념사에서 사실상 보수 야권을 친일파로 비난했다. 점잖게 비난한 것도 아니고 "(그들은) 대한민국 법통이 임시정부가 아니라 조선총독부에 있다고 믿는다"고 했으니, 그게 사실이라면 분노의 피가 끓어오를 만하지 않은가? 그런데 그렇게까지 믿을 사람이 과연 얼마나 있을까? 지금이 일제강점기라면 그의 선동적인 과장법은 애국자의 용기로 칭찬받아 마땅하겠지만, 때는 2021년이 아닌가?

그러나 시점이 무슨 상관인가? 김원웅의 발언에 열광하는 사람이 많았으니 말이다. 예컨대, 원지코리아컨설팅이라는 여론조사업체의 대표이자 친문 지지자인 박시영은 자신의 페이스북에 "말씀이 큰 울림을 준다", "광복의 의미를 깨닫게 해준 명연설이었다", "정치적 부담 때문에 대통령이 말하지 못하는 부분을 김원웅 회장님이 해주신 것 같아 속이 다 후련하다", "감사하다"고 썼다.[20] 박시영과 같은 사람이 많았을 게다.

나는 그런 지지자들의 생각에 대해 논하고 싶진 않다. 그들의 자유를 존중한다. 나는 그간 김원웅의 '강심장'에 놀랐고 이번에도 또 놀랐는데, 이에 대해 말하고 싶다. 잘 알려져 있다시피, 김원웅은 1970년대 초 박정희 정권의 민주공화당에 공채로 합격해 정치 생활을 시작했으며, 이후 전두환 정권 때는 민주정의당에서 일하지 않았던가? 이와 관련, 진중권은 "김 회장 논리대로라면 박정희 공화당, 전두환 민정당을 고루 거친 친일파 중의 악질 친일파가 세상에, 광복회장까지 해먹고 있다는 얘기"라며, "정말 친일 청산은 갈 길이 멀어 보인다. 그렇게 친일 청산을 원하시면 셀프 청산이나 하시지"라고 했다.[21]

김원웅은 자신도 과거에 토착왜구로 매도당할 수 있는 활동을 오랫동안 했다는 걸 성찰하면서 역지사지 능력을 키워야 하는 게 아닐까? 최진석은 책에서 김원웅에 대해 질문을 던졌다. 김원웅이 이 질문의 의미에 공감할 수 없다고 하더라도 모든 면에서 좀더 겸허해져야 할 이유나 근거로 삼으면 좋겠다. 최진석은 "광복회장도 박정희의 공화당에 '자발적'으로 공채 시험을 봐서 들어갔고, 전두환이 주인 노릇을 하던 민주정의당에서 조직국장을 지내고, '토착왜구'들이 득실댄다던 한나라당 의원이었다"며 다음과 같이 말한다.

"그도 '생계' 때문에 어쩔 수 없었다고 한다. 튼튼한 국가의 보호를 받던 사람도 생계 때문에 자발적으로 '토착왜구' 틈으로 들어갔다. 그랬던 사람이 생계가 해결되고 나자 이제는 친일 인사들의 '파묘'까지 주장할 수 있게 되었다.……광복회장과 같은 사람이 식민지가 된 지 20년이나 지난 시점에 있다고 치자. 독립운동의 길을 갔을까, 아니면 친일파의 길을 갔을까? 광복회장과 같은 사람이 독립운동을 하러 집을 나서는 풍경이 정말로 그려지는가?"[22]

나는 김원웅이 친일파와 독립운동가 중 어떤 길을 걸었을지는 모르겠다. 솔직히 별 관심도 없다. 하지만 김원웅이 그 긴 세월 동안 공화당·민정당·한나라당으로 대변되는 '토착왜구 정당' 시절을 어떻게 견뎠을지 그건 궁금하다. 매일 엄청난 고통을 느끼면서 죽지 못해 살았을까? 이 의문과 관련된 그의 '처절한 서사'를 듣고 싶다.

내가 큰 관심을 갖는 건 '비판의 자격'이다. 개과천선한 사람이라도 지켜야 할 선은 있는 법이다. 자신의 과오를 뉘우치고 정의를 위한 전사로 새로 태어났더라도 자신이 뒤늦게 갖게 된 정의감을 다른 사람들을 거칠게 공격하는 무기나 완장으로 쓰는 건 곤란하다. 최소한의 겸허함은 보여야 한다. 내가 김원웅을 '강심장'이라고 한 건 바로 이런 이유 때문이다. 그는 자신이 그 어떤 과오나 불순의 근처에도 가본 적이 없는 순결한 사람처럼, 아니 하늘에서 내려온 심판관처럼 거칠 것 없는 웅변을 토해낸다. 나는 늘 그게 불편하다.

그건 김원웅이 많은 지지자를 거느릴 수 있는 그만의 독특한 장점이겠지만, 대부분의 보통 사람들은 그런 식으로 세상을 살진 않는다. 나는 한국의 보통 사람들이 대체적으로 정직한 사람들이라고 생각한다. 물론 먹고살기 위해 정직하지 않게 사는 사람도 많겠지만, 그런 금전적 이해관계를 떠나서 세상을 보는 시각에선 그렇다는 것이다. 자신의 호구지책을 위해 살다가 묻은 세상의 때를 인정하는 수준을 넘어서 자신이 그럴 수밖에 없었던 불가피함을 다른 사람들을 이해하고 평가하는 데에도 적용하는 '현실주의적 아비투스'를 갖고 있다는 것이다.

영국 시인 T. S. 엘리엇은 겸손은 미덕 중에서 가장 터득하기 힘든 덕목이라며, "자기 자신을 높이려는 욕망보다 더 없애기 힘든 것은 없다"고 했다.[23] 그렇긴 하지만, 이기심과 이타심의 경계는 명확하지 않으며, 이타심도 겸손을 죽일 수 있다. 김원웅에게 자기 자신을 높이려는 욕망은 없을지라도 자신이 애국을 위한 이타적 활동을 한다고 믿는 순간 나라를 생각하는 다른 방법에 대한 인내심이 사라지면서 겸손하기 어려워진다. 부디 겸손하고 또 겸손한 광복회장으로 다시 태어나 자신에게 가장 큰 책임이 있는 광복회 내부의 극단적인 분열부터 치유하기 위해 애써주시면 좋겠다.

왜
박노자의 눈엔
'극우'만
보이는 걸까?

노르웨이 오슬로대학 한국학 교수 박노자의 활약이 반갑다. 나는 2021년 4월에 출간한 『부족국가 대한민국』에서 그의 문재인·조국·윤미향 옹호에 대해 반론을 한 바 있다. 아니 말은 바로 하자. 그의 문재인·조국·윤미향 옹호가 문제될 건 없다. 내가 문제 삼은 건 그가 매우 부실한 옹호 논거로 생각이 다른 사람들을 비판했다는 점이다. 나는 그 글에서 "박노자를 도무지 이해할 수 없다"거나 "박노자, 정말 왜 이러시는지 모르겠다"며 답답함을 토로했는데, 최근 주장을 보고선 이젠 그 답답함이 좀 풀려가는 느낌이다.

안식년을 맞아 서울대학교의 규장각 초빙 연구원으로 서울에 와 있던 박노자는 2021년 4월 3일 자신의 페이스북에 서울 재보궐선거 시 오세훈 유세 차량에 올라 발언한 2030세대의 영상을 공유하면서 "이런 발언을 하시는 분들은, 제 짐작으로는, '실망당한 문 대통령 지지자'라기보다는 본래 극우 쪽에 섰던 분들인 것 같다"고 했다. 그는 "신자유주의 레짐regime(체제) 밑에서 나고 자란 사람들에게는, 그 지배 사상인 신자유주의에 젖어 극우 선전을 받아들이는 것은 비교적 쉬울 수도 있는 것"이라고 했다. 그러면서 "이들이 생각하는 '공정'은 제가 보기에는 어떤 보편적인 시민적 '정의'라기보다는 차라리 경쟁에서의 승패 결과를 합리화하면서 경쟁이라는 과정 자체를 의심하지 않는 그런 개념을 말하는 것 같다"고도 했다.

박노자는 "순리대로라면 문 정권에 실망한 이 사회의 젊은 피해자들은 오른쪽 끝자락이 아니고 왼쪽으로 와야 한다"며, "이 사회의 담론의 장은 이미 극우들이 왜곡한 개념들(공정, 효율성 등)을 위주로 해서 짜여진 데다가 왼쪽은 찢겨져 있는데다 존재감이 없고 매체력이 약하다"고 했다. 그러면서 "매체로 충만한 사회에서는 거기에서 소외되면 아예 비가시화당하고 만다"며, "상당수의 신자유주의 피해자들이 자기 손으로 미래의 새로운 신자유주의적 적폐 정권의 탄생에 일조하는, 웃지 못할 비극이 벌어지고 있다"고 했다.[24]

해당 포스팅에 다수 친문 네티즌은 "공감한다"는 댓글을 달았다지만, 나는 박노자의 주장이야말로 '웃지 못할 비극'이라는 생각을 했다. 과거에 내가 글을 거칠게 쓸 때에 박노자는 비판이라기보다는 조언에 가까운 지적을 해준 바 있다. 물론 내 글이 지나치다고 말이다. 지금도 그 조언에 대해 고마운 생각을 갖고 있다. 사람 사는 게 참

묘하다. 이젠 처지가 뒤바뀌어 내가 박노자를 향해 지나치다는 말을 하게 되었으니 말이다.

우선 '극우'라는 단어의 무분별한 사용에 대해 이의를 제기하고 싶다. 박노자는 '극좌'인가? 박노자가 그렇다고 답할 것 같진 않다. 극우건 극좌건 '극'이라는 단어가 들어간 단어는 '욕설'의 용도로 쓴 게 아니라면 조심스럽게 써야 한다는 게 내 생각이다. 박노자는 좀처럼 '보수'라는 말을 쓰지 않으면서 '보수'라고 하면 무난할 것 같은 경우에도 '극우'라는 말을 쓰는 걸 좋아한다.

박노자는 2012년에 『좌파하라: 자본주의는 옳지도, 가능하지도 않다』는 대담집을 출간한 바 있다. 거의 10년 전이라 이젠 생각이 달라졌을 수도 있겠지만, 이 책에 따르면, 박노자에게 이명박은 '강경 극우'이며, 김영삼은 '자유주의적 색깔이 약간 있는 극우'에 불과하다. 유시민을 '부르주아 리버럴'로 규정했던 그의 도식에 따르자면 문재인은 '부르주아 리버럴'에도 미치지 못하는 보수일 게다. 그럼에도 박노자는 문재인을 옹호하지 못해 안달하는 듯한 모습을 보인다. 그 이유는 단 하나다. 그가 규정한 '극우'와의 대비 효과 때문일 게다.

이전 글에서도 지적했듯이, 박노자는 진중권의 문재인 정권 비판에 이의를 제기하면서 "만약 극우가 집권하면 '윤석열들'한테 다음 순서는 문재인 대통령을 감옥에 집어넣는 것 아니겠느냐"고 했다. 국민의힘을 극우로 본다는 이야긴데, 그에겐 윤석열을 포함한 검찰도 극우인가 보다. 그런데 문재인 감옥 이야기는 왜 꺼내는가? 감옥 갈 일을 했다는 뜻인가, 아니면 아무 죄가 없어도 '윤석열들'이 만들어

내서 감옥에 집어넣을 수 있다는 뜻인가? 그것도 아니면 문재인 지지자들에게 정권을 빼앗기지 않도록 총궐기할 것을 요구하는 선동을 하겠다는 것인가?

왜 박노자의 눈엔 극우만 보이는 걸까? 그는 영화 〈국제시장〉마저 "'국익'과 '가족'의 신성한 이름으로 합리화되는 경제적 '성취'를 무조건 우선시하는 만큼 개인의 독립적 개성이나 인권을 소거시켜버리는 극우적 사고방식을 현대적으로 포장하여 다시 유포시키려는 하나의 시도"라고 주장하지 않았던가? 윤미향 사건 시 윤미향에게 비판받을 만한 일이 많아서 언론이 비판했던 건데, 그는 이마저 "윤미향 당선인을 미친 듯이 공격하는 극우보수 매체들"이라고 주장함으로써 윤미향 비판에 극우 혐의라는 가능성을 제시하지 않았던가?

나는 이전 글에서 박노자가 소 잡는 칼로 닭을 잡는 '우도할계의 오류'를 범하고 있다고 주장했다. 그가 '신자유주의'라는 거대 담론을 동원해 문재인 정권의 실정에 분노한 젊은이들을 극우로 몰아가는 것도 그런 관점에서 보아야 하지 않을까? 그가 원하는 '공정'은 아름답지만, 비루한 세상에서 절차적 불공정이 광범위하게 저질러질 때에 그 판에 대고 할 수 있는 말은 아니며 해서도 안 된다. 기존 '공정' 개념은 애초에 극우들이 왜곡한 것이기 때문에 진보 정권이 악화시켜도 괜찮다는 게 아니라면 제발 누울 자리를 보고 다리를 뻗는 게 좋겠다.

박노자가 계속 이런 거대 담론 일관성을 지키면 모르겠는데, 그것도 아니니 답답하다. 묘한 건 그가 정작 크게 보아야 할 것은 작게 보는, 전혀 다른 버릇도 동시에 갖고 있다는 점이다. 검찰 개혁에 관한 그의 주장이 대표적 예다. 검찰의 문제를 지적하는 그의 주장에 동의하지 않을 사람이 누가 있으랴. 그런데 결코 동의할 수 없는 건 그가 검찰 개혁에 대해 말할 땐 검찰을 마음대로 부려먹어온 정권의 문제는 완전히 누락시킨다는 점이다.

박노자는 2021년 1월 1일에 방송된 KBS라디오 최경영의 〈훅 인터뷰〉에서 자신이 검찰 개혁만큼은 정말 꼭 해야 한다는 생각을 갖게 된 계기 중 하나로 '강기훈 유서 대필 의혹 사건'을 들었다. 이 사건은 정말이지 분노하지 않을 수 없는 검찰의 만행이었다. 그런데 놀라운 건 박노자의 이야기를 듣다 보면 그 사건은 정권과 무관하게 검찰 혼자서 저지른 일이라는 생각이 든다. 정권 이야긴 한마디도 하지 않으니 말이다. 정권의 명령을 고분고분하게 따르지 않은 윤석열을 극우로 보는 시각의 일관성을 유지하기 위해 그런 건가?

문재인을 감옥에 보내지 않기 위한 박노자 나름의 눈물겨운 투쟁인지는 몰라도 그는 문재인 정권의 명백하고도 거대한 실정에 대해서도 세상 탓만 한다. 박노자가 2021년 3월 26일 방송된 CBS 〈김현정의 뉴스쇼〉에 출연해 하신 말씀을 들어보자. 그는 LH 사태를 비롯한 부동산 투기 문제에 대해 "사회적인 집단 자살로 가는 길"이라는 명쾌한 진단을 내린다. 그런데 누구의 잘못이란 말인가? 그게 영 모호하다. 모든 한국인? 하나마나 한 말 아닌가? 그는 이명박을 좀 비판하긴 하지만, 문재인 정권에 대해선 단 한마디도 하지 않는다.

박노자 스스로 '문빠'라고 말하면 이해할 수도 있는 일이겠건만,

그가 문빠일 리 없다. 그는 문재인과 조국을 옹호하는 말을 하면서도 "저는 조국 교수도 문재인 대통령도 지지하지 않는다"고 그러시니, 그 말을 믿어야지 어쩌겠는가? 그런데 왜 이들을 위해 할애되는 그의 너그러움이 반대편 세력에겐 인색함으로 바뀌는 걸까? 아니 걸핏하면 극우라고 부르는 건 인색한 정도를 넘어 잔인한 게 아닐까? 내 집 마련을 불가능한 꿈으로 만들어버린 문재인 정권의 실정, 아니 악행惡行에 분노하는 젊은이에게 '극우' 딱지를 붙여대는 걸 잔인하다 하지 않으면 무어라 해야 할 것인가?

이렇듯 박노자의 사전에 '정책'은 없다. 정권이 잘하고 못하고의 차이는 없다. 속칭 진보 정권이면 옹호하고 보수 정권이면 비난하는 당파성만 있을 뿐이다. 물론 박노자가 자신의 그런 당파성을 인정할 리 없다. 하지만 그가 기계나 신神이 아닌 이상 늘 자신의 이론대로 생각하고 말할 수는 없을 게다. 머리로는 당파성이 없지만, 가슴으론 편 가르기를 하면서 마음에 안 드는 편에게 매를 드는 건 얼마든지 가능한 일이다.

그게 무어 그리 큰 흠이라고 시비를 거는가? 나는 이젠 소통과 협치를 원하기 때문이다. 진지하게 소통을 해볼 생각은 하지 않고 상대편을 향해 무조건 '좌빨'이니 '극우'니 하고 딱지 붙이기부터 하고 보는 오래된 습관과 결별하자는 것이다. 반대편에 대한 우리 편의 증오를 키우는 '증오 마케팅'을 자제하자는 것이다.

나는 박노자가 자신의 이념적 지향성과 잘 맞지도 않는 문재인 정권을 위해 무리를 하기보다는 자신과 비교적 더 가까운 정의당을 위한 노력을 해주면 좋겠다. 그게 그의 꿈인 '자본주의 무너뜨리기'에 한 걸음 더 다가서는 게 아닐까? 박노자가 영향력 있는 논객으로서 자신의 의도와는 무관하게 증오의 이론가나 선동가가 되지 않길 바라는 충정으로 감히 드리는 말씀이다.

조은산,
"너는 어느 편이냐"고
묻지 마라

"'동인東人이라 하여서 어찌 다 소인小人이며 서인
西人이라 하여서 어찌 다 군자君子랴'고 율곡은 울었다지만 오늘날 좌
라 하여 모두가 극렬분자일 리가 없고 우라 하여 모두가 반동분자일
리가 없는데 좌우 양 노선이 달랐기로 그렇게도 불공대천不共戴天의
구수仇讐가 되어야 할 까닭이 어째서 항상 상대편만의 책임이라고 하
는지 한심하며 조선 민족이 이렇게도 도량이 좁은 민족인가를 슬퍼
하지 않을 수 없습니다."

지금부터 75년 전 좌우左右 갈등과 투쟁이 격렬했던 상황에서 중
간파 언론인이라고 할 수 있는 오기영이 『신천지』(1946년 11월호)라
는 잡지에 쓴 「경애하는 지도자와 인민에게 호소함」이라는 글에서

한 말이다. 그는 좌우는 싸움으로 세월을 허비하고 있다고 개탄하면서 자신에게 가해진 좌우 양측의 공격에 대한 이야기도 덧붙였다.

"나는 실상 아직 「공산당 선언」조차 똑똑히 읽어본 일이 없는 사람인데 공산주의자라는 말을 우익 측 지인知人으로부터 듣는 이유는 우익 정당에 가입하지 않은 것과 우익의 비非를 비라고 한 까닭 이외에 아무것도 없습니다. 또는 나를 기회주의자라, 심하게는 반동분자라는 비난을 좌익 측 지인으로부터 많이 듣고 있는데 이것도 내가 좌익 정당에 가입하지 않은 것과 좌익의 비를 비라고 한 까닭 이외에 아무 이유도 없습니다."[25]

우리는 남북 분단의 이유에 대해 늘 '외세의 개입'이라는 모범답안을 준비해놓고 있지만, 3년간의 해방 정국을 좌우 갈등과 투쟁 대신 타협과 협력으로 보냈더라면 어떻게 달라졌을까 하는 점에 대해선 잘 생각하지 않는다. 아무래도 '남 탓'을 하는 게 마음이 편하기 때문에 그러는 것이겠지만, 그 덕분에 우리는 그 어떤 역사적 교훈과 그에 따른 후세 교육을 제대로 챙기지 못했다.

그래서 해방 정국의 갈등과 투쟁은 그 내용과 양상만 달리한 채 지금도 계속되고 있는 건지도 모르겠다. 물리적 폭력은 없다는 진보는 이루었지만, 편을 갈라 상대편을 적대하고 증오하는 건 별로 달라진 게 없다. 해방 정국에서도 그랬듯이, 늘 그런 편 가르기에 동원되는 명분은 '정의'와 '이념'이다. 자기편이 정권을 잡아 더 많은 이익을 누려보겠다는 욕심이 클수록 그걸 감추기 위한 수사修辭는 더욱 화려하고 웅장해진다. 이런 사람들은 끊임없이 묻는다. "너는 어느 편이냐"고. 어느 편에노 속하지 않은 무소속으로 살아가면 안 되는 건가?

2020년 8월 청와대 국민청원 게시판에 '시무 7조'라는 글을 올린 조은산이 최근 출간한 동명의 책을 읽으면서 해본 생각이다. 이 글은 43만 개의 동의와 12만 개의 댓글, 260회의 언론 보도로 세상에 알려지면서 그를 그야말로 혜성처럼 나타난 명논객으로 만들어주었다. 그의 글재주가 뛰어나다고 한 이가 많았지만, 내가 보기엔 그 이상이다. 그는 평범한 보통 사람의 눈으로 이상하게 돌아가는 세상의 문제점을 관찰하고 짚어내고 표현하는 능력이 탁월하다.

"나는 39세 애 아빠다"라는 글로 시작하는 이 책에서 내가 가장 눈여겨본 글은 세 번째로 등장하는 "너는 어느 편이냐"라는 글이었다. 그가 가장 곤혹스러워한 질문이었을 게다. 흘러넘치는 정파적 열정을 주체할 길이 없는 소수의 사람들을 제외하고 일반적인 보통 사람들은 그런 편 가르기 없이 세상을 살아가기 때문이다. 하지만 적어도 공론장에 나서는 사람들에겐 "너는 어느 편이냐"라는 질문이나 추궁이 암묵적인 형식으로나마 끊임없이 던져진다. 그러니 곤혹스러울 수밖에.

그 편 가르기가 평등이라는 가치의 실천에 얼마나 적극적이냐에 따라 '진보'와 '보수'로 나누는 것이라면 그건 정당 민주주의의 원리에 부합하는 것이기 때문에 얼마든지 이해할 수 있다. 하지만 지금 우리가 목도하고 있는 것은 그런 편 가르기가 아니다. 예컨대, 부동산 가격 폭등으로 무주택자들에게 큰 고통을 안겨준 세력이 진보를 자처하는 상황에서 그들의 실정을 비판하면 보수인가? 그게 아니잖은가? 그런데 그런 '자칭 진보'를 비판하면 곧 보수라는 단세포적 발상이 횡행하고 있다. 진보를 완장의 용도로 휘두르며 몹쓸 갑질을 해도 그걸 비판하면 보수란다. 이는 기존 편 가르기가 '이권 쟁탈전'으로 타락했음을 시사해주는 건 아닐까?

조은산은 자신이 "과거 노무현을 지지했던 진보도 보수도 아닌 자"로 판명되었다고 담담하게 말한다. 그럼에도 "너는 어느 편이냐"라는 추궁에 질린 탓인지 "내가 진보인지 보수인지, 차라리 누가 대신 나를 정의해줬으면 좋겠다"고 했다.[26] 나는 진보·보수라는 이분법은 이론으로만 의미를 가질 뿐 현실 세계에선 '이권 쟁탈전'을 정당화하기 위한 도구일 가능성이 높다는 답을 드리고 싶다. 그래도 다시 묻는다면, "나는 오염되지 않은 상식의 편이다"고 말하면 좋을 것 같다.

조은산의 모든 주장에 다 동의할 필요는 없다. 누군가의 모든 주장에 다 동의한다는 건 끔찍한 일이다. 진영 논리의 포로가 된 사람들은 자기편이 무슨 짓을 저질러도 '닥치고 지지'를 해대는데, 보기에 징그럽지 않은가? 우리에게 중요한 건 그런 '레밍lemming 기질'이 아니라 다른 생각을 존중하는 태도다. 상호 존중을 하면서 소통을 하는 건 얼마든지 가능하다. "너는 어느 편이냐"고 묻지 말고 정파성으로 오염되지 않은 소통을 해보자.

편 가르기엔 진영 논리가 따라붙는다. 자신을 어느 편이나 진영으로 분류하기 시작하는 순간 자기검열의 기제가 작동한다. 마음속엔 있어도 밖으로 해선 안 될 말의 리스트가 생겨난다. 우리 편은 무조건 긍정하고 반대편은 무조건 부정해야 하는 패싸움의 법칙이 작동하는 것이다. 종합편성채널에 나와 진영 싸움을 벌이는 논객들을 보라. 드물게 예외가 있긴 하지만, 사회자가 질문을 던졌을 때 무슨 말을 할지 쉽게 예측할 수 있다. 물론 그 예측은 거의 예외 없이 들어맞는다. 이런 패싸움을 거부할 때에 비로소 소통이 가능해진다.

제5장

진영 논리와
반정치

부족주의 진영 논리가 반정치를 키운다

최근 '반정치'나 '반정치주의'라는 말이 자주 쓰이고 있다. 그런데 각자 입맛에 맞게 쓰는지라 글의 맥락을 통해 그 의미를 짐작할 수 있을 뿐 정의를 내리면서 쓴 글은 찾아보기 어렵다. 그래서 『한겨레』에서 만난 다음 두 개의 정의가 반가웠다.

"반정치주의란 '정치를 혐오하고 경멸하며 정치의 가능성에 대한 냉소주의를 강화하는 태도나 경향'을 의미한다. 정치적 토론과 논쟁을 회피하며, 정치적 절차를 무시하는 것이 반정치주의의 속성이다."(김종구)[1]

"반정치주의는 쿠데타로 집권한 박정희·전두환 정권이 만들고, 자본 기득권 세력, 분단 기득권 세력이 유포시킨 이데올로기입니다.

반정치주의에 감염된 사람들은 '정치에 기대를 걸 필요가 없다'거나 '여당이나 야당이나 다 똑같은 놈들'이라고 생각합니다."(성한용)[2]

진보적 언론인들이 내린 반정치주의에 대한 정의인데, 너무 협소하다는 생각이 들었다. 물론 순수한 한국산 개념이라고 하면 할 말은 없지만, 서양인들이 쓰는 'anti-politics'의 의미로 쓰는 사람들도 많은지라 반정치의 여러 용법을 살펴보는 게 좋겠다.

반정치는 주로 세 가지 의미로 쓰인다. 첫째, 의견의 차이와 토론을 용납하지 않거나 혐오하는 현상으로, 주로 애국주의·독재주의·군국주의의 형태로 표현된다. 둘째, 기성 정치에 대한 불신과 혐오로 인해 축소지향적인 정치를 선호하거나 정치를 불필요한 사회적 비용으로 간주하는 현상이다. 셋째, 기성 정치의 문제와 한계를 근본적으로 넘어서는 새로운 패러다임의 정치를 모색하는 현상이다.

미국 대통령 로널드 레이건은 취임 연설에서 "오늘날 우리가 처한 위기에서 정부가 문제 해결을 할 수 있는 것이 아니라 바로 정부 자체가 문제다"고 했는데, 모든 걸 시장에 내맡긴 이른바 '레이건 혁명'은 반정치의 대표적 사례로 꼽는다. 이런 반정치는 두 번째 의미의 것이지만, 국내에선 주로 이 정의를 택하면서도 첫 번째 의미도 조금 담고 있는 강한 부정의 용도로 쓰는 경우가 많다.

세 번째 의미의 반정치는 작가 출신으로 체코 대통령을 지낸 바츨라프 하벨이 긍정적 의미로 사용한 '반정치적 정치'라는 개념을 들수 있다. "반정치적 정치는 권력의 기술을 조작하는 정치가 아니고, 인간을 인공두뇌적으로 지배하는 정치가 아니고, 공리와 실천과 책

략의 기술로서의 정치가 아니라, 인생의 의미를 탐구하고 지키고, 인생의 의미에 봉사하는 정치를 말한다."³

우리의 관심사는 두 번째 의미의 반정치다. 이 유형의 반정치를 '기득권 세력의 이데올로기'로 정의하는 경향이 있지만, 기득권 세력에 도전하는 진보좌파의 반정치도 얼마든지 있을 수 있다는 가능성을 부정할 필요는 없다. 진보냐 보수냐 하는 구분보다 중요한 것은 시대적 상황이다.

"나는 변호사가 아닙니다. 나는 의회의 의원이 아닙니다. 나는 결코 워싱턴에서 일을 해본 적이 없는 사람입니다."⁴ 1976년 미국 대선에 출마한 민주당 후보 지미 카터가 노골적인 '아웃사이더' 전략과 반정치 전략을 구사하면서 한 말이다. 조지아 주지사 경력이 전부인 무명의 정치인 카터의 대선 도전은 처음엔 비웃음의 대상이 되었지만, 그는 결국 승리했다.

카터에게 투표한 사람들 중 76퍼센트가 어떤 주요 이슈에 대한 카터의 입장을 몰랐다는 여론조사 결과가 나왔다. 그 '감정상의 느낌'은 바로 워터게이트 사건에 대한 환멸감이었다. 사실상 이 사건을 저지른 리처드 닉슨은 정치에 통달한 정치 전문가가 아니었던가? "정치를 몰라도 좋으니 정직한 사람을 뽑고 싶다!" 유권자들의 이런 열망이 카터를 당선시킨 원동력이었다. "그런 반정치가 무능한 사람을 대통령으로 만들었다"는 주장도 가능하겠지만, 정치란 시대적 상황의 졸卒에 불과할 뿐이다.

영국 총리를 지낸 토니 블레어 역시 "내가 진정으로 정치에 몸담은 적은 없다. 나는 정치인으로 성장하시노 않았다. 지금도 나는 스스로 정치인이라 생각하지 않는다"고 했다.[5] 자신이 몸담은 노동당에서 '제3의 길'을 제시하기 위해 한 말이었을망정, 이런 반정치 자세는 진보좌파에서 맹비난을 받았다. 그러나 18년간의 보수당 장기 집권을 끝내고 이후 13년간 노동당 집권 시대를 여는 데에 기여한 건 없는지 생각해볼 일이다.

일방적인 반정치 비판은 본의 아니게 현실과 동떨어진 엘리트주의로 빠질 위험이 있다. 유권자들의 정치 불신과 혐오는 그만한 이유가 있어서 형성된 것이다. 예컨대, 부동산 가격이 폭등하는 광풍 속에서 정부 여당을 믿었다가 날벼락을 맞은 무주택자가 정치를 혐오하면서 "여당이나 야당이나 다 똑같은 놈들"이라고 외치는 건 당연한 일이다.

그래서 지금 나는 반정치를 옹호하는 것인가? 그게 아니다. 반정치보다 위험하고 무서운 게 있다는 걸 말하려는 것이다. 그건 바로 '부족주의 진영 논리'다. 이성을 억누르고 감성의 폭풍을 일으키면서 온 사회를 진영 간 전쟁터로 몰아가는 건 부족주의 진영 논리이지 반정치가 아니다. 소통을 불가능하게 만드는 부족주의 진영 논리가 오히려 반정치를 키우는 원동력이 되고 있다.

'강성 지지층의 저주'와 싸우는 진중권

2020년 12월 전 동양대학교 교수 진중권이 출간한 『보수를 말하다: 한국 보수를 향한 바깥의 시선』은 국민의힘 내부에서 큰 반향을 불러일으켰다. 의원 정운천은 "보수가 배울 점이 참 많다"며 당 의원 102명 모두에게 일독을 권하며 이 책을 선물했다. 의원 하태경은 "오전에 책을 펴자 일사천리로 다 읽었다"며 "한마디 독후감 하자면 보수 집권 전략이다. 정권 교체 바라는 모든 분의 필독서 강추"라고 했다. 이 책을 읽은 나 역시 같은 생각이다.

나는 책을 읽을 때 빨간 펜으로 밑줄을 그어가면서 읽는 버릇이 있는데, 내가 가장 먼저 밑줄을 그은 건 다음 대목이었다. "보수에겐 자신을 객관화할 능력이 없어 보인다. 보수는 여전히 저만의 좁은 세계에 갇혀 자기들의 모습이 국민 눈에 어떻게 비치는지 모른다. 이 사회 주류였을 때, 그리하여 자기들의 생각이 곧 사회의 지배적 생각이었을 때는 굳이 남의 눈을 신경 쓸 필요가 없었다. 하지만 그 좋은 시절은 이미 오래전 지났다."⁶

2021년 4·7 재보궐선거 압승, 6·11 전당대회에서 정점을 찍은 '이준석 돌풍'은 국민의힘에 다시 '좋은 시절'을 가져올 가능성을 크게 높여주었다. 일시적일망정 국민의힘 지지율이 39.7퍼센트를 기록하면서 29.4퍼센트인 민주당과의 지지율 격차를 10퍼센트포인트 넘게 벌이기도 했으니 말이다(6월 셋째 주 리얼미터 조사).

그래서 『보수를 말하다』라는 책의 가치는 사라졌을까? 그럴 리 없다. 수시로 정치판을 뒤흔드는 한국 정치의 역동성은 말할 것도 없거니와 국민의힘이 안고 있는 근본 문제는 여전히 건재하기 때문이다. 게다가 민주당이 그간의 '스스로 망가지기'를 중단하고 정신 차릴 가능성도 있잖은가?

내가 이 책에서 가장 주목한 건 여야 공통의 문제인 '강성 지지층의 저주'라고 부를 수 있는 현상이었다. 이른바 '1퍼센트 법칙'의 문제다. 어느 분야에서건 꼭 1퍼센트가 아니더라도 극소수의 사람들이 전체 판도를 좌지우지하는 걸 가리키는 말이다. 이들은 정치적 신념을 종교화한 사람들이기에 정치에 적극 참여한다.

종교적 열정으로 뭉친 이들은 자신의 시간과 노력을 아낌없이 바치는 '순수주의자들'이다. 이들은 자신의 순수성이라는 '도덕적 면허'를 앞세워 정치적 반대파에게 법과 윤리의 경계를 넘나드는 호전적 공격성을 보인다. 특히 내부의 비판자에게 더욱 가혹하다. '배신'과 '변절'을 범했다는 이유에서다. 어느 집단에서건 이런 강경파는 1퍼센트 안팎의 극소수임에도 강력한 지배력을 행사한다. 뜨거운 정열로 똘똘 뭉친 그들은 참여를 하지 않는 사람들과 대비해 '1당 100'을 넘어서는 영향력을 행사할 수 있기 때문이다.[7]

진중권은 "민주당의 강성 지지자들처럼 보수 진영 강경 지지자들도 감정이입 능력이 부족하다. 타인이란 곧 '적'이기에 그들은 타인의 고통에서 외려 큰 기쁨을 느낀다"고 주장한다.[8] 아마도 그들은 타인의 고통을 자신들의 정의가 승리한 증거로 간주하기 때문에 그러는 것일지도 모르겠다. 그래서 아무런 죄책감도 없으며, 온라인이건 오프라인이건 자기들끼리 모인 자리에서 서로 격려해가면서 그런 성전聖戰의 결의를 다지기에 바쁘다.

약효가 얼마나 갈진 모르겠지만, 국민의힘은 '이준석 돌풍' 덕분에 강성 지지자들을 주변화하는 데에 성공한 것으로 보인다. 반면 민주당은 여전히 강성 지지자들이 실세로 군림하고 있다. 지도부와 의원들이 그들의 눈치를 보기에 바쁘다는 건 이미 공개된 비밀이 아닌가? 4·7 재보궐선거 참패 후 초선 의원들이 "이대론 안 된다"며 '쇄신'을 부르짖고 나섰지만, 이들을 단숨에 잠재운 것도 강성 지지자들의 문자 폭탄 공세가 아니었던가? 이로 인해 합리적 지지층에서 이탈자들이 나오고 있지만, 성전은 원래 현실 세계의 승패엔 개의치 않는 법이다. 갈 데까지 가보자는 식이다.

진중권은 "민주당에서 떨어져 나오는 사람들을 보수가 품어야 한디. 자고로 싸움에서 적은 적을수록 유리하다. 애먼 사람을 적으로 돌릴 게 아니라 적까지 친구로 만들 수 있어야 한다"고 말한다. 보수에 그런 역량이 있을진 모르겠지만, 사실 이 말은 "차이를 품어 통합하기보다 차이를 섬멸해 사회를 동질화하려"고 애쓰는 진보에 주는 조언으로 이해하는 게 옳을 것 같다.[9]

민주당은 스스로 망가지고 있는 걸 개의치 않은 채 경쟁 세력들을 '악마화'하면서 그들의 정체를 폭로하는 네거티브 공세로 판을 뒤집어보겠다는 야망에 불타고 있다. 이를 '강성 지지층의 저주'가 아니면 무엇이라고 부를 수 있겠는가? 전 국민의힘 총괄선대위원장 김종인은 1년여 전 "앞으로 보수라는 말을 사용하지 마라"고 했는데, 이러다가 "앞으로 진보라는 말을 사용하지 마라"는 말이 민주당을 비롯한 진보 진영에서 나오는 건 아닌지 모르겠다. '진보'라는 개념을 사랑하는 이들이 총궐기해서 민주당의 어리석음을 교정해줄 수도 있겠건만, 이들에겐 1퍼센트 강성파의 신앙과 열정이 없는 걸 어이하랴.

지금까지 강성 지지층을 비판해왔지만, 이를 각 개인에 대한 비판으로 오해하지 않기를 바란다. 각 개인은 더할 나위 없이 선하고 정의로울망정, 문제는 동질적인 사람들끼리 형성하는 집단의 속성에 있는 것이니까 말이다. 사회심리학에서 이를 설명해주는 게 바로 '집단 극화group polarization' 현상이다. 집단 극화는 어떤 문제에 관한 집단 토의에 참가한 후에 구성원들은 토의 전보다 강경하거나 모험적인 의사 결정을 지지하는 경향을 말한다.

이 문제를 오랫동안 연구해온 미국 시카고대학 법학 교수 캐스 선스타인을 비롯한 연구 집단이 동성 결혼, 차별 철폐 조치, 지구 온난화라는 세 가지 논쟁적인 문제를 토론하기 위해서 콜로라도 시민 63명을 모아 실험을 했다. 이 실험은 사람들이 같은 견해를 가진 다른 사람들과 대화를 나누거나 정보를 공유하면 할수록, 그들의 견해는 더욱더 극단화된다는 걸 보여주었다.[10]

이러한 집단 극화가 일어나는 이유는 사람들이 집단 토의 과정에서 다른 사람들의 주장을 들으면서 새로운 정보를 획득하기 때문이다. 이러한 주장들은 구성원들이 애초에 가진 입장을 지지하는 경향이 있기 때문에, 사람들은 대개 자기 자신의 생각에 반대하는 이유들보다도 찬성하는 이유들을 더 많이 듣게 된다. 집단 토의는 적극적으로 스스로 개입하도록 고무시키며, 사람들에게 자기들의 애초의 생각이 옳다는 것을 이해시키기 때문에 더 극단적 의견들이 나오게 된다.[11]

여기에 '편향 동화biased assimilation'가 가세해 대화와 토론은 무의미한 것이 되고 만다. 편향 동화는 자신의 생각과 다른 주장은 어리석고 터무니없는 주장으로 치부하고, 자신의 생각과 같은 주장은 현명하고 논리적인 것으로 받아들여 결국 자신의 기존 입장을 더 강화시키는 현상을 말한다. 이와 관련, 선스타인은 다음과 같이 말한다.

"사람들은 자신의 입장과 반대되는 의견은 그것을 뒷받침하는 강력한 증거들이 있어도 무시해버린다. 그리고 자신의 입장과 어긋나는 정보들이 수두룩함에도 불구하고 극단적인 움직임을 보이는 것이다. 그런 정보들을 단순한 선전물로 간주해버린다. 중대한 문제일수록 기존에 갖고 있는 애착, 두려움, 판단, 선호는 고정되어 있기 때문에, 그것과 배치되는 정보가 아무리 많아도 기존 입장에 대한 확신은 그대로 유지된다. 특히 극단주의자들은 확고한 신념을 갖고 있어서, 그 신념에 반대되는 증거나 정보를 접하더라도 기존 신념이 줄어들기는커녕 더 커지는 경우가 많다."[12]

바로 그런 이치로 인해 강성 지지층은 '대중의 바다'라고 하는 현실과 벽을 쌓은 채 자신들이 지지하는 정당을 죽이고야 만다. 다시 살아나는 건 반대편 정당의 강성 지지층이 똑같은 방식으로 자기 정당을 죽일 때다. 이는 그간의 한국 정치사가 증명하는 사실이다.

이렇듯 거대 정당들은 서로 번갈아가면서 '강성 지지층의 저주'를 껴안고 있으니 알다가도 모를 게 정치다. 해결책은 없는가? 스스로 열정을 자제하는 '열정 관리'밖엔 없다. 철학자 김영민이 『산책과 자본주의』라는 책에서 갈파한 다음 명언을 명심하고 또 명심하는 게 좋을 것 같다. "건강한 삶이란 무엇보다 열정의 지속가능한 분배에 달려 있는 법이다."[13]

'진영 논리의 독재'에 도전한 김동연

문재인 정권의 첫 경제부총리였던 김동연이 2021년 7월에 출간한 『대한민국 금기 깨기: 미래로 가는 길에는 금기가 없다』라는 책을 재미있게 읽었다. 무엇보다도 "낮엔 은행원, 밤엔 대학생, 새벽엔 고시생"으로 지낸 흙수저 출신으로서 사회적 약자를 배려한 정책 제안이 돋보였다.

이 책엔 한국 사회의 주요 금기들이 각 분야에 걸쳐 언급되었지만, 내가 가장 주목한 건 '자기 진영 금기 깨기'였다. 이게 이루어져야 다른 금기들도 깰 수 있으므로 사실상 이 책의 결론이라고 해도 무방하다. 그는 다음과 같이 역설한다.

"사업주는 사업주의 금기를, 노조는 노조의 금기를 깨야 한다. 진보는 진보의 금기를, 보수는 보수의 금기를 스스로 깰 때 개혁이 성공하고 사회발전이 만들어진다. 예를 들어 보수가 사회 안전망의 대폭 확대에 찬성하고, 진보가 어느 정도의 안정성의 확보를 전제로 노동시장의 유연성을 지지하는 것이다."[14]

김동연은 사회 전 분야에 걸쳐 갈등을 빚는 당사자들이 참여하는 '사회적 대타협'이 필요하며, 이를 위한 선결 조건으로 '정치 대타협'의 필요성을 역설한다. 기존 '대결의 정치'를 새로운 '타협의 정치'로 만들어야 한다는 것이다. 물론 이는 '자기 진영 금기 깨기'가 이루어져야 가능한 것임은 두말할 나위가 없다.

김동연이 아주 좋은 화두를 던졌다고 생각하는 나로선 '자기 진영 금기 깨기'의 한 가지 방법을 제시함으로써 이 화두에 응답하고 싶다. 현 상황에서 기득권은 아무래도 정권을 잡은 집권 여당의 몫이 클 것인바, 민주당 중심으로 이야기하는 걸 이해해주시기 바란다.

문재인 정권 출범 후 오늘에 이르기까지 우리가 내내 목격하고 있는 문재인 정권의 대표적인 특성은 강성 지지자들이 정국의 흐름을 주도하고 있다는 점이다. 검찰 개혁에서부터 최근의 언론 개혁에 이르기까지 문재인 정권은 내내 강성 지지자들에게 끌려다녔다. 진영 논리를 극단으로 밀어붙이는 '진영 논리의 독재'라고 해도 과언이 아닐 정도였다.

강성 지지자들이 자신들의 뜻을 관철하기 위해 사용하는 주요 방법은 악플과 '문자 폭탄 공격'이다. 이런 공격은 민주당 의원들이 움츠러드는 '위축 효과'를 겨냥한 것이다. 이게 '채찍'이라면 '당근'은 '응원 문자'와 후원금이다. 민주당 내에선 '응원 문자 뽕'이라는 말이 나올 정도인데,[15] 평소 점잖고 예의 바른 의원이 강성 지지자들이 좋아할 독설이나 욕설을 내뱉는다면 그건 '뽕 효과'로 보면 된다.

'위축 효과'와 '뽕 효과'를 실증적으로 입증하기는 쉽지 않다. 하지만 앞서 지적했듯이 민주당의 지난 5·2 전당대회의 최고위원 선거에서 문자 폭탄을 옹호한 분들이 1, 2, 4위를 차지했다는 것이 시사하는 의미를 읽어낼 수는 있을 것이다.

문자 폭탄 옹호론자들은 그걸 일종의 소통 양식으로 이해한다. 맞다. 그것도 넓은 의미의 소통으로 볼 수는 있다. 그러나 결코 좋은 소통은 아니다. 소통의 생명은 쌍방향성이다. 문자 폭탄을 받은 의원이 그들의 요구에 순응한다면, 이게 바로 쌍방향성이 아니냐고 우길지도 모르겠다. 그러나 일반적으로 말하는 쌍방향성은 그런 게 아니다. 이성과 논리로 차분하게 소통하고 토론할 수 있는 공론장이 전제되어야 한다.

문자 폭탄 발송자들은 권리당원이라 할지라도 자신을 드러내지 않은 익명의 집단이다. 이 집단은 지도자 역할을 하는 논객이나 선동가의 영향을 받을망정 체계를 가진 조직은 아니다. 같은 생각을 가진 사람들이 느슨하게 주로 온라인을 통해 결속되어 있는 집단이다. 그런 방식이 자율성과 자발성을 보장해주는 좋은 구조라고 주장할 수도 있겠지만, 치명적인 약점이 있다. 그건 바로 책임의 부재다.

책임을 지지 않아도 되는 익명의 집단은 감성의 지배를 받기 마련이라는 건 진리에 가까운 사실이다. 물론 감성을 부정적으로 볼 필요는 선혀 없지만, 국가정책은 감성의 추동을 받더라도 이성의 견제와 지배라는 틀 안에서 움직여야 한다. 반론에 성실하게 답할 수 있어야 한다. 얼굴을 마주 본 상황에서 토론을 벌인다면 더욱 좋을 것이다.

민주당은 익명의 강성 지지자들에게 더는 끌려다니지만 말고, 그들을 존중하고 존경하는 낮은 자세로 "대표를 뽑아 대면 토론을 해봅시다"라고 간곡히 요청해야 한다. 대표를 뽑기 어렵다고 하면, 누구든 대면 토론에 나설 걸 요청한 후 토론 내용을 모두가 볼 수 있게 공개하면 될 것이다. 얼굴이 알려지는 걸 원치 않는다면 가면을 쓰면 될 것이고, 음성이 알려지는 것도 원치 않는다면 음성 변조를 하면 될 일이다.

왜 그렇게까지 해야 하는가? '자기 진영 금기 깨기'의 최대 장벽이 바로 강성 지지자들의 거센 반발이기 때문이다. 강성 지지자들에게 무슨 심각한 문제가 있다는 이야기가 아니다. 책임을 지지 않아도 되는 익명의 집단이라는 환경에 문제가 있는 것이다.

생각이 같은 사람들끼리 모여서 토론을 하다 보면 무조건 강경파가 이기게 되어 있다. 강경 일변도로 치닫다 보면 모두가 다 '뽕' 맞은 상태에 이르기 십상이다. 그렇게 해서 나타나는 '진영 논리의 독재'를 타도할 수 있는 길은 단 하나다. 책임을 지지 않아도 되는 음지에서 어떤 식으로건 책임에서 자유로울 수 없는 양지로 나와야 한다.

이건희, 정관용, 장강명의 '회색 예찬론'

‰

"흑과 백 사이에도 다양한 명도의 회색이 있다. 이 다양성을 수용하는 것이 바로 퍼지식 사고이다. 기업의 전략이 양에서 질로 바뀌었다는 것을 흑백 논리로 본다면 양을 버리고 질만 추구하는 것으로 이해된다. 그러나 퍼지 사고로 보면 양과 질을 동시에 추구하는 것을 의미한다. 결국 퍼지 사고는 모든 요인을 총체적으로 보고, 복합적으로 판단하며 동시에 창조적인 발상을 할 때 가능하다."[16]

삼성 회장 이건희가 1997년에 출간한 『이건희 에세이: 생각 좀 하며 세상을 보자』에서 '퍼지 사고'의 수용을 역설하면서 한 말이다. 인용할 게 없어서 재벌 회장의 말을 인용하느냐고 할 사람들도 없진 않겠지만, 그렇게까지 재벌에 대한 반감을 드러낼 필요가 있을까? 나는 멋진 말이라 생각해 가끔 인용한다.

오늘날엔 기업 경영에서부터 자기 계발에 이르기까지 다양한 분야에서 '회색 찬양'이 이루어지고 있다. 그러나 완강하게 회색을 거부하거나 폄하하는 곳이 있으니, 그게 바로 정치 분야다. 회색 옷을 즐겨 입고 회색 계열의 색상을 가진 자동차를 타는 사람이 좀 많은가? 회색 자체에 대해선 편견이 없는 것 같은데, 정치적 성향과 관련해선 회색을 영 좋지 않게 본다. 그렇다고 해서 흑백 이분법을 드러내놓고 찬양하는 것 같진 않은데, 왜 회색에 대해선 그러는 건지 알다가도 모를 일이다.

회색 예찬론자인 토론 진행자 정관용은 언론 인터뷰에서 "우리 사회는 남북 분단과 전쟁이라는 이념적 대립 속에서 회색인 내지 회색지대라고 하면 나쁘게 보는 경향이 있다. 회색은 흰색과 검은색이 격렬하게 어우러져 만들어진, '훨씬 더 아름다운 색'이다"며 다음과 같이 말한다.

"진영 논리로 편을 가르고 너는 누구 편이냐고 따진 뒤 우리 편이라 하면 무슨 말을 해도 용인하고, 다른 편이면 무슨 말을 해도 비판하는 한 진전은 없다. 완벽하게 흰색과 검은색인 사람은 극소수다. 나머지는 중간지대에 있다. 우리가 회색지대에 모여 당당하게 정치와 언론에 '그러지 말라'고 외치자는 의미였다. '집단 이익만 추구하는 권력투쟁에서 벗어나서 공동체 미래에 대안을 내놓고 타협·절충하라'고 외쳐야 한다는 것이다. 그래야 우리 사회가 진전할 수 있다."[17]

소설가 장강명은 언론 인터뷰에서 "현실에서 한 줄짜리 답은 없더라"면서 "양쪽의 이야기를 들어보면 누구 손을 들어주고, 누구를 혼내줘야 할지 모르는 경우가 많다"고 했다. "회색분자라는 비판을 받지 않겠느냐"는 질문에 그는 "세상이 원래 회색"이라고 답했다. "세상이 회색인 거 뻔히 알면서 본인의 이익을 위해 흰색, 검은색으로 편을 가르는 이들을 싫어합니다."[18]

누구나 다 수긍할 수 있는 좋은 말들이 아닌가? "세상은 원래 회색"이라는 장강명의 말이 가슴에 와닿는다. 사실 인구 비중으로 보더라도 중도는 보수나 진보보다 많다. 회색이 곧 중도는 아니지만, 현 상황에선 같다고 봐도 무방하다. '현 상황'이란 이런 이야기다. 현재의 보수와 진보가 이름값을 하지 못하는 가짜라고 생각하는 진짜 보수나 진짜 진보가 있을 수 있다. 이런 사람들은 기존 정치판에서 어느 쪽도 마음에 들지 않기 때문에 중간에 서는데, 이런 입장을 가리켜 회색이나 중도로 부르기도 한다. 즉, 회색이나 중도는 이념적 기준이라기보다는 현 정치 상황에 대한 평가와 관련된 개념일 수도 있다는 것이다.

흑이나 백을 택하는 사람보다 많은 사람이 사실상 회색을 택하고 있음에도 회색에 대한 불편한 시선이 존재하고, 그래서 자신이 회색임을 당당하게 천명하지 못하는 이유는 간단하다. 이미 열정적인 편가르기가 이루어진 세상에서 외로워지기 때문이다. 이해관계가 걸린일에선 더욱 그렇다. 승자 독식 전쟁에서 흑과 백은 각각 50퍼센트의 확률로 지분 나누기에 낄 수 있지만, 회색은 누가 이기고 지건 아무런 지분이 없다. 속된 말로 남는 장사가 아닌 셈이다.

중앙대학교 명예교수 이상돈은 최근 『한국일보』에 기고한 「이 절망직인 극난의 정치를 어찌할까」라는 칼럼에서 "무엇보다 대통령 선거를 중심으로 하는 극단적인 정치가 국가 발전을 저해하는 위험 요소임을 다시 한번 절실하게 느끼게 된다"고 개탄한다.[19] 이렇게 개탄하고 우려하는 사람이 많지만, 이런 목소리를 결집하는 일은 쉽지 않다. 소셜미디어와 유튜브의 시장 논리가 잘 말해주듯이, 사람들은 '권력감정'을 만끽할 수 있게 해주는 분노와 증오 유발자들에게만 몰려들기 때문이다.

회색의 정치화는 가능한가? 얼마든지 가능하다. 그간 그런 시도가 여러 차례 실패하지 않았느냐는 반론이 가능하겠지만, 실패 이유를 제대로 보아야 한다. 모두 다 대통령 권력을 목표로 했기 때문이다. 대통령직에 도전할 수 있을 정도의 지명도와 영향력으로 회색 지대의 정치적 저변 확대와 제도화를 위해 애썼더라면 전혀 다른 결과를 낳았을 것이다. 이를 '제왕적 대통령제 국가'의 비극으로 볼 수도 있겠지만, 회색 정신에 충실하지 못한 욕심 또는 성급함 탓일 수도 있다. 세상은 원래 회색임을 잊지 말아야 하겠다.

세상이 100퍼센트의 순도로 흑이나 백으로 나뉠 수 있다는 가정은 망상이다. 위험하고도 잔인하다. 일부 정치 팬덤은 그런 망상이 가능하며 아름답다고 생각하는 가상 세계에 살고 있기 때문에 정치적 견해가 다른 이를 무조건 공격하고 물어뜯는 성향을 보이는 것이다. 현실 세계에선 결코 그렇지 않을, 더할 나위 없이 착하고 선량한 사람들까지 말이다. 회색의 다양성에 대한 증오가 판치는 가상 세계에서 탈출해 다양한 회색 옷을 입는 사람이 더 많아지기를 바란다.

소설가
김훈은
'꽉 막힌 꼰대'인가?

"꼰대의 집단적 특징은 듣기listening 기능이 마비된 것이다." 소설가 김훈이 2020년 10월 『한겨레』에 기고한 「꼰대」라는 짧은 칼럼에서 한 말이다. 그간 나온 수많은 꼰대론 중 내가 가장 좋아하는 말이다. 김훈은 "(이웃의 비명을 듣지 못하는) '젊은 꼰대'들이 늙으면 나보다 더 꽉 막힌 꼰대가 된다"는 말도 덧붙였는데,[20] 꼰대를 나이 중심으로 판별하는 것에 대한 우회적인 이의 제기로 볼 수 있겠다.

SBS 논설위원 윤춘호가 2021년 11월에 출간한 『어떤 어른: 그 사람, 성찰하는 꼰대』라는 책을 재미있게 읽으면서 새삼 꼰대의 정의에 대해 다시 생각해보게 되었다. 언론의 인터뷰 기사를 좋아하는 사람이라면 잘 알겠지만, 윤춘호는 '그 사람'이라는 간판으로 인물의 심층 세계를 탁월하게 묘사하는 인터뷰로 유명한 언론인이다. 그의 말마따나 "독한 글이 살아남는 시대"지만, 그의 글은 독하지 않다. 따뜻하다. 그러면서도 어떤 인물에 대한 온전한 이해에 근접할 수 있게끔 해주는 매력이 있다.

이 책에 실린 인터뷰 대상자들은 모두 13명이다. 최백호, 오한숙희, 김성구, 김훈, 김미숙, 강우일, 박승, 윤정숙, 이왕준, 김판수, 강헌, 송해, 현택환. 세간에서 통하는 나이 중심의 꼰대 판별법에 따르자면 모두 다 꼰대에 속할 수 있는 연령대지만, 책의 부제처럼 '성찰하는 꼰대'들이다. 윤춘호는 "열세 번의 만남을 통해 어른과 꼰대 사이를 가르는 기준은 '성찰' 두 글자에 있을 듯하다는 인상을 받았다"고 했다.[21]

내가 이 책을 읽고 난 소감 또는 결론도 비슷하다. 아니 나는 한 걸음 더 나아가고 싶다. '꼰대'를 판별하는 핵심 기준은 '성찰'이며, 그렇게 되어야만 한다는 것이다. 성찰은 '듣기listening 기능'이 살아 있어야만 가능하다. 미국 정신분석학자 제임스 보그는 『설득력』이란 책에서 "'단순한 듣기(청취hearing)'와 '귀 기울여 듣기(경청listening)'를 정확히 구분하지 못하기 때문에 일상생활에서 많은 혼란과 불화가 야기된다"고 했는데,[22] 의미심장한 말이다.

보그는 이 두 단어는 전혀 다르다고 말한다. 단순히 듣는 행위는 청각기관이 귀를 통해 정보를 두뇌에 전달하는 '생리적' 과정인 반면 귀를 기울여 듣는 경청은 해석과 이해의 과정을 나타내며, 들은 말에서 의미를 끌어내는 '심리적' 과정이라는 것이다. 사실 우리 주변에

선 "내가 말했잖아!"와 "당신이 언제 그런 말을 했어?"라며 다투는 모습을 자주 볼 수 있다. '청취'와 '경청'이라는 두 가지 듣기 방식의 차이에서 빚어지는 갈등인 셈이다.

그런데 경청을 한다는 게 말처럼 쉬운 일은 아니다. 별 재미도 없는 상대방의 말을 경청해본 사람이라면 누구나 느꼈겠지만, 많은 양의 에너지가 소모된다. 경청 후 성찰로 나아가는 데에도 또 하나의 장벽이 있다. 소신과 신념을 높게 평가하는 문화적 장벽이다. "귀가 얇다"는 말은 좋은 뜻으로 쓰이지 않는다. 남의 말을 쉽게 받아들이느냐 어렵게 받아들이느냐의 차이를 어떻게 판별할 것인가?

내로남불의 문제도 심각하다. 내가 성찰을 거부하고 해오던 대로 밀고 나가는 건 소신이나 뚝심이지만, 상대편이 그렇게 하면 그건 고집이나 아집으로 보는 경향이 있다. 영국 철학자 버트런드 러셀은 인칭의 변화에 따라 같은 내용이라도 표현이 다를 수 있다며, 그 사례로 "나의 의지는 굳다. 너는 고집이 세다. 그는 어리석을 정도로 완고하다"는 걸 들었다. 런던의 한 잡지사는 이와 같이 주어에 따라 표현이 다르게 변하는 유형들을 모집하는 대회를 열었는데, 당선작으로 뽑힌 것 중에는 이런 게 있었다. "나는 정의에 따라 분노한다. 너는 화를 낸다. 그는 아무것도 아닌 일에 날뛴다." "나는 그것에 대해 다시 생각했다. 너는 변심했다. 그는 한 입으로 두말을 했다."[23]

내로남불을 유발하는 주범은 편 가르기다. 내 편이 든든하면 무슨 짓을 해도 거침이 없다. 물론 성찰은 불가능하다. 성찰은 홀로서기를 할 수 있는 사람에게 가능하다. 김훈은 자신을 '꽉 막힌 꼰대'라고 했지만, 그는 꼰대와는 거리가 멀다. "나는 쫓겨나고 제외되고 고립되는 것을 두려워하지 않아요. 누가 나를 욕한다고 해서 고유한 내자신의 가치가 훼손되는 것도 아니에요. 반대로 내 편이 많다고 해서아늑함을 느끼거나 든든함을 느끼지도 않아요."[24]

이렇게 말하는 사람이 어찌 꼰대일 수 있겠는가? 조직이나 패거리의 힘에 의존하지 않는 꼰대를 본 적이 있는가? 없을 게다. 권력과권위가 강할수록 성찰의 가능성은 멀어지는 법이다. 사람이 문제라기보다는 권력과 권위의 속성이 원래 그렇다. 보통 사람들의 일상적삶에선 나이가 많을수록 권력과 권위가 강하다. 아니, 강했다. 바로여기서 비극이 벌어진다.

과거의 꼰대라는 말은 권력과 권위가 강한 연장자의 일방적 행위를 비난하거나 꼬집는 말이었다면, 오늘날 꼰대라는 말은 비웃음에 가까운 것이 되고 말았다. 사회 전반에 걸쳐 강고한 위계질서가 흔들리면서 권력과 권위가 예전처럼 강하지 않거나 무너져내린 상황에서 과거의 기억에 사로잡힌 시대착오적 언행을 가리키는 말이 된 것이다.

그러나 잘 생각해보시라. 이런 문제가 단지 나이와 관련해서만 벌어지는 건가? 그렇지 않다. 경청과 성찰을 외면하는 건 나이를 초월한다. 우리는 지금 구질서가 깨지면서 '젊은 꼰대'들이 양산되는 시대에 살고 있다. '늙은 꼰대'가 더 초라하게 보일망정, 우리가 꼰대라는 말을 계속 쓰겠다면 이젠 나이를 따지지 말고 꼰대론을 펴야 하지않겠는가? 윤춘호의 책에서 만난 '성찰하는 꼰대들'의 생각과 삶에접하면서 해본 생각이다.

제6장

승자 독식과
증오 정치

'증오 정치'를
키우는
'승자 독식'

최근 미국 여론조사기관 퓨리서치센터가 전 세계 17개 선진국 국민을 대상으로 실시한 정치적 갈등에 관한 설문조사 결과를 발표했다. 한국은 "다른 정당을 지지하는 사람들 사이에 갈등이 심하거나 매우 심하다"고 답한 사람이 90퍼센트를 기록해 미국과 공동 1위를 차지했다.[1] 두 나라 모두 대통령제와 거대 양당제를 실시하고 있는 나라인지라, 갈등이 정치제도의 문제일 수 있다는 걸 말해준 결과로 볼 수 있겠다.

대통령제와 거대 양당제의 폐해에 대해선 우리는 이미 많은 논의를 해왔고, 그래서 개헌이 필요하다는 목소리도 끊임없이 나오고 있다. 개헌을 기대하자. 하지만 개헌이 이루어질 때까진 어쩔 수 없으니 계속 갈등을 고조시켜 나가자고 벼를 필요는 없을 게다. 정치적 갈등을 이용하거나 부추기는 '증오 마케팅'에 대한 비판을 멈출 필요는 없다는 뜻이다.

미국에서 나온 정치 비평서가 유럽에서 나온 정치 비평서보다 국내에서 많이 번역·출간되고 읽히는 건 한국 사회의 미국 지향성 때문만은 아니다. 두 종류의 책을 비교하면서 읽어본 사람이라면 누구나 공감하겠지만, 미국의 정치 비평서가 훨씬 가슴에 더 와닿는다. 우리의 현실과 매우 비슷하기 때문이다.

"우리는 정치란 타협을 수반할 수 있거나 수반해야 하는 행위라는 걸 전혀 알지 못하는 세대를 키웠다.……우리는 독자와 시청자 대신 팬을 길들이고 있었다."[2] 2021년 5월에 번역·출간된 『우리는 증오를 팝니다』에서 저자인 미국 언론인 맷 타이비가 한 말이다. 이 책에서 저자는 '증오의 10대 법칙'을 제시하는데, 내가 가장 주목한 건 첫 번째 법칙이었다. "의견은 단 두 가지뿐이다."[3] 너무도 평범한 말인지라 좀 싱겁게 들리지만, 이게 바로 정치를 증오 발산의 마당으로 여기는 '증오 정치'의 출발점이라는 점에서 음미해볼 가치가 있다.

우리는 '이분법 정치'를 비판하지만, 정치 보도는 거의 대부분 이분법에 충실하다. 정치적 의견은 여당 의견 아니면 야당 의견이다. 여당 내에서 다른 의견이 나오는 경우는 워낙 드문데다 그마저 팬으로 길들여진 여당 지지자들의 공격 때문에 곧 사그라들고 만다. 야권엔 여러 정당이 있어 비교적 다양한 목소리가 나오긴 하지만, 언론은 다른 목소리들을 '양념' 정도로만 다룰 뿐 대체적으로 민주당과 국민의

힘이라고 하는 두 거대 정당의 주장에 집중한다.

그런데 거대 양당이 하는 일은 '승자 독식' 전쟁이다. 미국의 '승자 독식'보다 훨씬 더 심하고 악성이다. 미국은 각 주州마다 정치체제와 방식이 다른 연방제 국가라 승자 독식의 완충 효과를 기대할 수 있는 반면, 한국은 초강력 일극주의 국가로 그 어떤 완충 효과도 기대할 수 없기 때문이다. 승자 독식 전쟁에서 이성과 양심은 독이다. 수단과 방법을 가리지 않아야 한다. 내로남불은 기본이고, 마타도어와 음모론도 불사해야 한다.

지지자들까지 그런 전쟁에 참전하게끔 하기 위한 최고의 수단은 상대편에 대한 증오를 부추기는 것이다. 언론은 논평을 통해선 그런 '증오 마케팅'을 비판하지만, 보도의 형식을 빌려 열심히 중계한다. 그게 독자들의 클릭 수를 높일 수 있는 지름길임을 잘 알기 때문이다.

그러나 일부 열성 지지자들을 제외하고 유권자들이 그런 '증오 마케팅'에 일방적으로 놀아나는 건 아니다. 그들은 '승자 독식 전쟁'의 결과가 자신의 삶에 영향을 미칠 수 있는 이해관계에 민감하다. 가장 중요한 게 지역적 이해득실의 문제다. 지역감정까지 가세했던 과거에 비해선 훨씬 나아졌지만, 지역주의적 투표 성향이 여전히 건재한 것도 바로 그런 이유 때문이다. 문제는 그런 이해관계를 공개적으로 드러낼 순 없기 때문에 상대편 정당을 욕하는 증오의 표출로 빠지는 경향이 있다는 점이다.

이를 극복할 수 있는 방안은 여러 가지가 있지만, 가장 중요한 건 지역적 이해득실에 미칠 수 있는 대통령 권력의 영향을 무력화시키는 것이다. 역대 모든 대통령의 지방 나들이를 상기해보시라. 방문 지역에 무엇을 해주겠다거나 그렇게 되도록 노력하겠다는 약속을 단 한 번이라도 하지 않은 적이 있었던가? 실속도 없거니와 공약空約인 경우가 많지만, 지역민들은 지푸라기 잡는 심정으로 매달리는 게 지방의 현실이다.

대통령은 자원의 지역별 배분에 관여해선 안 된다. 대통령 후보들 역시 마찬가지다. 이게 대선의 주요 이슈가 되어야 한다. 그래야 호남에 가서 이 말 하고 영남에 가서 저 말 하는 이중 플레이도 사라진다. 이는 작은 시작일 뿐, 이런 문제의식의 파급 효과를 기대해보자는 것이다. 이걸 우리 모두 상식으로 받아들여야 지역주의적 투표 성향과 '증오 정치'도 약화될 수 있지 않을까?

윤희숙,
내로남불은
반민주적
악행이다

"익숙한 것은 익숙하다는 바로 그 이유 때문에 잘 모르게 된다."[4] 독일 철학자 헤겔의 말이다. 뻔한 말 같으면서도 곱씹어볼수록 의미심장하다. 우리는 매우 잘못된 일일지라도 이미 익숙해진 것에 대해선 그러려니 하고 그냥 넘어가는 경향이 있으니 말이다. 이른바 '내로남불'도 바로 그런 경우가 아닌가 싶다.

나는 2020년 10월에 출간한 『권력은 사람의 뇌를 바꾼다』에서 다음과 같이 말한 바 있다. "나는 문재인 정권의 내로남불 사례들을 일일이 정리하다가 중도에 그만두고 말았다. 굳이 지적할 것도 없이 거의 모든 게 내로남불이었기 때문이다." 이 말로 인해 당시 문재인 정권 지지자들에게서 많은 비판을 받았지만, 이젠 이 말에 시비를 걸 사람은 별로 없을 것 같다.

실제로 문재인 정권 인사들이 밥 먹듯이 내로남불을 저지른다는 게 충분히 확인된 탓도 있겠지만, '익숙 효과' 때문일 가능성이 높다. 무슨 일이건 익숙해지면 무더지는 법이다. 포털사이트에서 내로남불을 검색해보시라. 내로남불이 정치권의 일상용어가 되었다는 걸 쉽게 확인할 수 있을 게다. 무조건 상대편을 비방하기 위한 상투어로 오·남용되는 경우도 많다 보니 내로남불의 심각성에 대한 문제의식이 희박해진다.

전 국민의힘 의원 윤희숙이 『정책의 배신』에 이어 2021년 8월에 출간한 『정치의 배신』을 읽으면서 가장 반가웠던 게 '내로남불 다시 보기'를 제안한 것이었다. 무엇보다도 여권뿐만 아니라 야권을 향해서도 내로남불을 중단하자고 호소한 게 인상적이었다. 그는 2021년 4월 재보궐선거의 부산 유세에서 유권자들에게 다음과 같이 말했다.

"여러분도 박형준 시장이 당선된 후에는 '우리 주니 하고 싶은 거 다 해'라며 무조건 편드시겠습니까? 우리가 만든 시장을 비판하는 목소리가 들리면 좌표 찍고 몰려가 욕하고 협박해 입을 닫게 하시겠습니까? 그러지 말아주십시오. 우리는 뭘 해도 옳고 너희는 뭘 해도 틀렸다는 진영 논리와 내로남불의 정치를 먼저 깨주십시오. 그게 우리 정치의 희망을 얘기하는 시작입니다."[5]

왜 윤희숙은 이런 문제의식을 갖게 되었을까? 정책 전문가로서 정치에 입문한 후 "정치가 안 바뀌면 정책도 의미 없다"는 걸 절실히 깨달았기 때문이라고 한다. 그는 "좋은 정책을 설계하면 세상이 좋아질 수밖에 없다는 믿음"을 갖고 있었지만, 여의도 생활 1년 만에 자신의 그런 '순진과 무지'가 깨졌다며 다음과 같이 말한다.

"정치가 지금처럼 비합리적인 한 아무리 좋은 정책을 공무원과 전문가들이 고안해내도 정치 과정을 뚫어낼 수 없습니다. 권력의 정점에 있는 청와대가 생각하는 정치가 무엇인지에 따라 나라는 한 걸음도 앞으로 나아가지 못하는 구조이기 때문입니다."[6]

사실 현재의 정치는 '정치의 배신'이라는 말도 너무 온건하다 싶을 정도로 원래의 목적을 상실한 지 오래다. 노골적인 '이권 투쟁'의 모습에 가깝다. 그걸 감추기 위해 화려한 수사법을 구사하지만 그건 열성 지지자들 또는 신도들을 묶어놓기 위한 술수일 뿐이다. 윤희숙의 표현에 따르자면, 바로 다음과 같은 정치다.

"상대를 죽이기 위해 수단과 방법을 가리지 않는 정치, 그러니 일관된 원칙은 존재하지도 존중하지도 않는 정치, 상대에 따라 안면을 바꾸기 일쑤고 자기편만 챙기는 정치, 당장 표에 도움이 안 되는 미래 세대와 사회의 지속가능성에 대해서는 관심 한 톨도 없는 정치, 국민들 삶에 어떤 문제가 불거지면 그제야 그것에 관심을 갖지만 표 계산에 따라 임기응변으로 대처하는 정치."[7]

물론 이게 정치인들만의 탓은 아니다. 전부는 아닐망정 선악善惡 이분법에 중독되어 있는 많은 유권자도 사실상 공범으로 가세하고 있다. 자신이 선과 정의의 편이라고 믿으면서 상대편을 '적폐'로 보게 되면 내로남불은 악덕이 아니라 미덕이 되고 만다. 그렇다고 해서 유권자들을 무작정 나무랄 수는 없으니 윤희숙이 했던 것처럼 유권자들에게 끊임없이 호소할 수밖에 없다. 민주주의를 거부하고 파시즘을 원한다고 그런다면 그건 별도로 논의해볼 문제겠지만, 그게 아니라 민주주의를 원한다면 답은 이미 나와 있지 않은가?

내로남불은 반反민주적 악행이다! 우리 인간의 기억력은 의외로 부실한 만큼 얼마든지 내로남불을 저지를 수 있다. 그런 실수는 곧장 바로잡으면 된다. 문제는 내로남불임을 알면서도 상습적으로 저지르는 내로남불이다. 똑같은 언행이라도 "내가 하면 선善이지만 네가 하면 악惡"이라는 발상은 민주주의를 죽인다. '밥그릇 쟁탈' 이외엔 그어떤 의미도 없는 집단적 패싸움을 해보자는 게 아니라면 내로남불을 두렵게 생각해야 하지 않겠는가?

윤희숙은 2021년 12월 10일 국민의힘 선거대책위원회에 합류하면서 이재명을 향한 독설을 구사하기도 했는데, 나는 그가 가급적 독설은 자제하는 게 어떨까 싶다. 그의 독설이 다른 정치인들의 독설에 비해 품질이 비교적 높긴 하지만, 독설을 할 정치인은 많아도 '진영 논리와 내로남불의 정치'를 바로잡으려는 정치인은 드물기 때문이다. 그의 소중한 목소리가 독설에 묻힐까봐 염려되어 드리는 말씀이다.

한국 정치판의 '꼴통'을 배격한 정두언

"'실용주의'라는 용어는 긍정적으로는 정치에서 이데올로기나 도그마를 소멸시키기 위해 싸울 때, 부정적으로는 가치를 단지 기회주의적으로만 사용하는 것처럼 보이는 기술 관료와 중견 정치인들의 득세를 매도할 때, 관행적으로 사용된다."[8]

『민주주의와 공론장』의 저자인 루크 구드의 말이다. 서양에서도 실용주의라는 용어의 용법이 늘 논란의 소지를 안고 있다는 걸 말해준다. 물론 한국도 다를 게 없다. 보수와 진보를 막론하고 편의적으로 이 개념을 사용하는 정치인이 많다. 현실 세계의 문제를 다루는 정치에서 실용주의의 장점과 매력을 결코 외면할 수는 없기 때문일 게다.

실용주의라는 용어를 부적절하게 쓰는 정치인들에 대한 구체적인 실명 비판은 다른 기회로 미루고, 여기선 한 가지 원칙만 확인해 두기로 하자. 끊임없이 '편 가르기' 담론을 구사하면서 실용주의를 외치는 건 말이 안 된다. 실용주의는 '편 가르기'를 넘어서 민생에 유용한 실천적 결과를 중시하겠다는 것인데, 그 두 가지가 어찌 양립할 수 있단 말인가?

전 국회의원 정두언을 사랑했던 사람들이 2021년 7월 그의 미공개 원고에 글을 보태 『정두언, 못다 이룬 꿈: 상식과 실용의 정치를 꿈꾸다』라는 책을 출간했다. 이 책을 읽으면서 정두언이 2005년에 제시한 '실용주의 개혁'의 정의에 눈길이 갔다.

"실용주의 개혁은 첫째, 관념에 기초하지 않고 현실에 기초해 문제 해결을 지향한다. 수요자, 즉 고객 중심이다. 둘째, 충분한 지식과 정보를 토대로 진단과 처방을 내린다. 셋째, 아마추어리즘을 배격한다. 경험과 기술을 갖춘 프로페셔널들이 추진 주체가 된다. 시민의 입장에서 문제를 인식하고 해결을 모색하면 되는 것이지 좌면 어떻고 우면 어떻다는 것인가."[9]

정두언이 방송에 출연해 했던 말들을 조금이라도 기억하는 사람이라면 아마 고개를 끄덕일지도 모르겠다. 그는 이른바 '진영 논리'에서 자유로울 뿐만 아니라 다른 의견을 경청하고 인정하는 정치인이었기 때문이다. "좌면 어떻고 우면 어떻다는 것인가"라는 말로 대변되는 그의 실용주의 개혁 노선은 절대적 지지를 누려 마땅한 것이겠건만, 그게 그렇질 않으니 참 묘한 일이다. 아마도 정두언이 2011년에 지적한 다음과 같은 이유 때문일 게다.

"이 사회는 아직도 과거의 나 같은 싸움꾼들이 너무 많다. 이들을 보면 나이를 먹어도 생각이 전혀 변하지 않는다는 게 대단하고, 반면에 두 눈으로 보아도 알기 어려운 세상을 한 눈으로만 바라보고 산다는 게 한심하다는 생각이 든다. 좌우 모두를 지칭해서 하는 말이다. 흔히 '수구우파, 꼴통우파' 하지만 그에 못지않게 '수구좌파, 꼴통좌파'도 많다."[10]

꼴통은 국어사전의 정의로는 "머리가 나쁜 사람을 속되게 이르는 말"이지만, 여기선 "도무지 소통이 불가능한 고집불통"을 뜻하는 말로 이해하자. 좌우를 막론하고 꼴통은 왜 생겨나는 걸까? 여러 이유가 있겠지만, 나는 '편 가르기'의 정당성에 대해 과신을 하는 사람일수록 꼴통이 될 가능성이 높다고 생각한다. '편 가르기'의 극단을 치닫는 경향이 있는 꼴통은 '편 가르기'의 기준에 충실한 것은 정당하거니와 아름답다고 믿는다. 그런 일에 가장 적극적으로 앞장서는 게 무슨 문제냐는 식이다.

60여 년 전 미국 심리학자 무자퍼 셰리프는 그런 꼴통들에게 각성의 기회를 줄 수 있는 실험 결과를 발표했다. 그는 건강한 12세 소년 24명을 선발해 무작위로 두 집단으로 나눈 뒤 두 팀 사이에 경쟁을 시키고 이를 관찰하는 실험을 했는데, 그 결과는 놀라웠다. 얼마 지나지 않아 양 팀은 스스로 방울뱀족과 독수리족이라고 이름을 지어 붙였고, 경기할 때 서로 놀리기 시작했을 뿐만 아니라, 상대방의 캠프를 습격해 약탈하고 깃발을 불태우기까지 했으니 말이다.[11]

이는 사람들을 아주 사소하거나 무의미한 기준에 따라 집단으로 나눠도 각 집단에 속한 사람이 자기 집단에 대한 편애를 보이는 동시에 상대 집단에 대한 적대감을 보인다는 것을 입증한 연구다. 여기서 중요한 건 소속의 우연성이다. 자신이 서로 경쟁하면서 적대하는 두 집단 중 어느 한 곳에 속한 것은 우연이거나 큰 의미는 없다는 것이다. 이걸 깨닫는 사람은 역지사지 능력이 비교적 뛰어나다는 걸 의미하는 것이므로 꼴통이 될 수 없다.

꼴통이 많은 집단에선 꼴통 행세를 하는 게 유리하다. 순전히 그런 이해관계에 따라 의도적으로 꼴통 노릇을 하는 사람들도 있겠지만, 그런 사람들도 자신의 자존감을 위해 자신이 하는 일이 옳다고 믿고 싶어 한다. 그래서 '편 가르기'의 정당성에 대해 과신을 하는 방향으로 자신을 속이고, 시간이 흐르면서 그런 자기기만과 확신의 경계는 모호해진다.

정두언은 "우리 정치의 가장 큰 잘못 중 하나가 국민을 편 가르기 하고 분열과 갈등을 조장해 이를 이용한 것이다"고 개탄했다.[12] 분열과 갈등을 조장하는 걸 특기로 삼는 사람들이 자신을 실용주의자라고 내세우는 건 말이 안 될뿐더러 파렴치한 짓이다. 나는 정두언이 살아 있다면 나의 다음과 같은 결론에 동의해줄 것이라 믿는다. "보통 사람들에게 진보와 보수의 차이는 방울뱀족과 독수리족의 차이처럼 무작위적인 것이다."

'혐오 산업'이 된 정치를 구하려는 박용진

"대선 후보 공약에서 여야 간 확연히 입장이 갈리는 주제가 있다. 정책의 차이라면 당연한 일이지만 이 주제는 한쪽은 강조하고 다른 쪽은 말하지 않는다는 점이 특징이다. 미래 재정 불안정으로 논란이 큰 국민연금 이야기다.……전자는 국민의힘 후보들이다.……후자는 더불어민주당 후보들이다. 박용진 의원만 국민연금 개혁의 필요성을 이야기할 뿐 다른 후보들에서는 의견을 찾을 수 없다."

내가만드는복지국가 정책위원장 오건호가 『경향신문』(2021년 8월 19일)에 기고한 「여당 후보엔 왜 연금 개혁이 없을까」라는 칼럼에서 한 말이다. "역시 박용진이다"는 말이 나올 만했다. 유권자들은 벌써 잊어버렸는지 모르겠지만, 4년 전 '유치원 3법'과 관련한 그의 활약은 눈부셨나. 낭시 이런 일이 있었다.

　유치원 비리를 추적해온 한 방송사가 국회 교육위원회 의원들에게 "교육청 감사 결과 비리가 드러난 사립유치원 명단을 달라"고 요청했다. 의원들은 "내가 총대를 멜 순 없다. 큰일 난다"며 거절했다. 유일하게 응한 의원이 바로 박용진이었다. 박용진이 시민단체와 토론회를 열자 동료 의원들은 전화를 걸어 "존경하는 박 의원, 걱정돼 전화했다. 나 박 의원 좋아하는데 괜히 유치원과 척지면 어쩌나 해서다. 잘 협의해서 토론회를 해라"고 걱정하는 말을 했다고 한다.[13]

　그때나 지금이나 변함없는 박용진의 모습이 반갑다. 그런데 민주당의 다른 후보들은 왜 국민연금에 대해 말이 없는 걸까? 박용진이 2021년 4월에 출간한 『박용진의 정치혁명: 대한민국을 바꾸려는 도전과 용기』라는 책에 그 이유가 잘 설명되어 있다. 그는 "국민연금 개혁 이슈는 정치인들에게 비겁할 것을 요구한다"며 다음과 같이 말한다.

　"구조상 국민연금 개혁의 방향은 지금의 2,200만 연금 가입자들의 이해가 걸린 일이고, 500만이 넘는 수급자들에게 손해를 각오하시라고 이야기해야 하는 고약한 내용이 될 수밖에 없다. 이대로 가다가는 국민연금 고갈은 불 보듯 뻔한 일임에도 불구하고 그동안 어느 대통령도 고양이 목에 방울을 달려고 하지 않았다. 인기 없는 일, 다음 선거에 악영향을 미칠 일이기 때문이다."[14]

　물론 문재인 정권 역시 그런 비겁한 면을 보여왔다. 그래서 박용진의 존재가 돋보이긴 하지만, 유권자들이 그런 용기를 평가하는 데에 인색한 경향이 있으니 안타까운 일이다. 『박용진의 정치혁명』을 읽으면서 새삼 "왜 우리는 민관 합동으로 정치를 '혐오 산업'으로 만들기 위해 애쓰는가?"라는 의문을 떠올리지 않을 수 없었다. 정치가 혐오 산업으로 전락하면 국가와 국민의 장래를 염려하는 정치인의 용기가 정당한 평가를 받을 수 있는 기회마저 사라지고 말기 때문이다.

국회와 정치인들에 대한 국민의 신뢰가 바닥 수준이라는 건 모두가 다 아는 사실이다. 이를 가슴 아프게 생각하는 박용진은 언론과 정치권의 공생 관계로 인해 빚어지는 비극을 지적한다. 수많은 언론사가 인터넷을 통한 속보 경쟁과 조회수 경쟁에 조직의 사활을 걸고 있는 상황에서 '싸움'이 가장 잘 팔리는 상품임은 두말할 나위가 없다. 언론은 싸움에 집중하는 동시에 이왕이면 더욱 치열한 싸움을 만들기 위해 자극적인 제목을 선호한다. 정치인들은 언론의 이런 속성을 귀신 같이 꿰뚫어보고 있다. 박용진은 "정치인들은 자신의 말이 어떻게 전달되고 어떤 반응을 가져올지 이미 예측하고 움직인다"며 다음과 같이 말한다.

"자극적인 뉴스를 찾는 언론에 자극적인 소재를 제공하는 정치인이 상호 의존적으로 정치 혐오를 양산하는 모양새이다. 그러다 보니 각 정당의 지도부 회의는 국민들의 정치 혐오와 짜증을 증폭시키는 역할만 할 뿐이다. 당장 시급한 과제를 해결할 대안을 제시하거나 미래를 준비할 계획을 이야기하지 않고 오늘 하루 뉴스거리로 소비될 혐오와 조롱, 자극의 잔치만 벌어진다. 장기 투자를 통해 사업을 키우고 부를 늘려가려는 것이 아니라 단타 매매에만 집중하다 본전까지 까먹는 손해 막심의 정치구조가 굳어져버렸다."[15]

우리는 머리로는 이런 문제를 잘 알고 있거니와 개혁해야 한다고 생각하면서도 막상 손가락으로는 자극을 찾는 방향으로 움직인다. 욕하면서도 즐겨 본다. 정치는 말로 싸우는 격투기로 전락해버리고 말았다. 이런 판에서 국가와 국민의 장래를 염려하는 목소리는 들리지 않기 마련이다. 그저 누가 더 화끈한 격투기 실력을 보여주는지에만 관심을 기울일 뿐이다. 수백만에 이르는 격투기 팬덤을 겨냥한 유튜브 산업은 그런 경향을 강화시킨다.

박용진은 "정치의 본질은 타협"이라고 외치지만,[16] 격투기에서 타협은 있을 수 없다는 게 많은 유권자의 생각이다. 싸움이 좀 시들해지면, 어느 쪽에서, 누가 더 큰 스캔들을 터트릴지에 온 신경을 곤두세운다. 정치가 욕하면서도 즐겨 찾는 혐오 산업이 된 것은 이렇듯 언론과 정치권의 공생 관계에 구경꾼으로 참전한 유권자도 일조하는 '삼각동맹' 덕분임을 어찌 부정할 수 있으랴. 그러나 좌절할 필요는 없다. 소수나마 박용진과 같은 정치인들의 도전과 용기는 아직 끝나지 않았으니까 말이다.

'허경영 현상'과
'경마 엔터테인먼트'

⎰

"나라에 돈이 없는 것이 아니라 도둑놈이 많습니다." 2021년 3월 28일 오전 10시, 서울 여의도 현대백화점 앞에 이런 문구가 적힌 유세차가 서 있었다. 서울시장 재보궐선거에 출마한 국가혁명당 후보 허경영이 내세운 슬로건이었다. 10시 40분, 경호원들을 대동한 허경영이 백화점 안에서 걸어 나오자 유세차 앞에 있던 지지자들이 순식간에 그를 에워쌌다. 그가 손을 잡아주자 눈물을 흘리는 이도 있었다. 마이크를 잡은 허경영은 "여도 야도 답이 아니다. 허경영이 답이다"라고 외쳤고, 차를 타고 지나가다 유리창을 내리고 "허경영 파이팅!"을 외치는 사람도 있었다.

이 장면들을 묘사한 『조선일보』는 명지대학교 교수 김형준의 입을 빌려 '허경영 현상'을 분석했다. 김형준은 "허경영식 정치의 본질은 결국 대중이 품은 욕망을 자극하는 포퓰리즘과 맞닿아 있다"며, "미국의 '트럼프 현상'처럼, 허씨가 다소 황당해 보여도 그를 답답한 정치 현실을 타개하는 구원자라고 보는 사람들이 열광적인 지지를 보내는 것"이라고 말했다.[17]

4월 7일 실시된 선거에서 허경영은 15명의 후보 가운데 1.07퍼센트의 득표율로 3위를 차지했다. 오세훈(57.5퍼센트)과 박영선(39.18퍼센트)을 제외하고 1퍼센트 이상의 표를 얻은 이는 허경영이 유일했다. 이런 '재미'를 본 허경영이 대선을 건너뛸 리는 만무했다. 그는 2021년 8월 18일 경기도 고양시 행주산성에서 장군 복장에 백마를 타고 대통령 출마 선언장에 등장했다. '왜구'와 칼싸움도 벌이는 등 보는 이들을 즐겁게 만들어주었다.

허경영은 '성인 1인당 1억 원 지급' 공약을 내놓았다. 매달 150만 원씩 배당금을 주겠다고도 했다. 『조선일보』는 "황당 그 자체지만 고단한 살림살이의 국민 중엔 그래도 대접받는 것 같아 기분이 나쁘지만은 않다는 사람들도 있다"며 "여야 대선 주자들의 공약도 다 합치면 수천조 원이 들지만 재원 대책은 허씨만도 못하다는 지적을 받는다"고 했다. 허경영은 "30년 전 내가 국민 배당금을 줘야 한다고 말할 때 미친놈 취급하더니 지금은 모두가 따라 한다"고 큰소리를 쳤다.[18]

허경영은 8월 31일 자신의 페이스북을 통해 "허경영이 대통령이 되면 국회의원 전원 정신교육대에 들어갈 것"이라고 했다. 유권자들을 즐겁게 해주는 동시에 속 시원하게 해주겠다는 뜻이었을까? 이 뜻이 통한 걸까? 11월 25일 발표된 여론조사업체 아시아리서치앤컨설팅의 차기 대선 주자 관련 여론조사 결과는 많은 사람을 놀라게 만들었다.

5자 가상 대결에서 허경영은 국민의힘 윤석열(45.5퍼센트), 민주당 이재명(37.2퍼센트)에 이어 4.7퍼센트로 3위를 기록했다. 그 뒤로 정의당 심상정(3.5퍼센트), 국민의당 안철수(2.3퍼센트) 순이었다. 나흘 뒤 공개된 폴리뉴스·한길리서치 여론조사 결과에서도 허경영은 지지율 3.3퍼센트를 기록, 윤석열·이재명에 이어 또 3위를 기록했다.[19] 이와 관련, 청년정치크루 대표 이동수는 「허경영을 어찌할까」라는 칼럼에서 "허경영이 요즘 심상치 않다"며 다음과 같이 말했다.

"'나라에 돈이 없는 게 아니라 도둑이 많다'는 그의 발언은 거의 진리가 되었고, 인터넷에는 그의 선거사무소에서 무차별적으로 걸어대는 스팸 전화를 받았다는 인증샷이 끊이지 않는다. 분명 2007년 대선 때와는 다른 분위기다.……진심으로 허경영을 대통령감으로 생각해 그에게 표를 줄 사람은 많지 않을 것이다. 그의 지지율은 기성 정치에 대한 냉소로 채워져 있는 까닭에서다. 어차피 모두 마음에 안 드니 차라리 웃기기라도 한 허경영을 찍겠다는 생각이다. 그런 정서가 지난 서울시장 보궐선거에서 그를 3위로 만드는 원동력이 됐다. 그건 그가 선방했다기보단 그만큼 우리 정치가 망가졌다는 뜻이었다."[20]

12월 4일 SBS 〈그것이 알고 싶다〉는 허경영에게 재산을 갖다 바친 서민들의 피해 사례들을 소개했다. 이와 관련, 종교학자 한승훈은 "분명 그는 개인적인 명성과 카리스마를 이용해 이례적으로 단기간에 성공을 이루고 있는 신종교 지도자로 보인다"고 했다. 그는 "정치 참여의 길이 막혀 있거나 제도정치에서 아무런 효능감을 느끼지 못할 때 종교 지도자에게 현실 변혁의 욕망을 투영하는 일은 어느 시대에나 일어날 수 있다"며 다음과 같이 말했다.

"허경영은 대의정치와 온라인 미디어, 자본주의라는 새로운 환경 속에서 전근대적 정치-종교운동을 재현하고 있다. 따라서 기성 정당들에 투표하는 것보다 허경영의 영성 상품과 축복을 구매하는 것에서 더 큰 기대와 만족을 느끼는 사람들이 있다면, 어딘가 고장 나 있는 것은 허경영을 숭배하는 이들보다는 한국의 대의정치 쪽일 가능성이 높다. '혹세무민하는 사기꾼'을 비난하는 것은 쉽다. 그러나 그만큼도 신뢰를 얻지 못하는 정치는 대체 어찌하면 좋은가."[21]

이상 소개한 정도면 '허경영 현상'에 대해 내가 더 말을 보탤 필요는 없을 것 같다. 나의 주요 관심은 "정치를 대체 어찌하면 좋은가?"다. 아니 우리 자신은 정치를 어떻게 '소비'하고 있는가? '허경영 현상'에 대한 문제의식은 바로 이런 질문으로 이어져야 한다는 게 내 생각이다.

'경마 저널리즘horcerace journalism'이란 말이 있다. 언론이 선거를 경마 중계 아나운서처럼 오로지 누가 앞서고 누가 뒤지느냐에만 집착해 보도하는 관행을 뜻한다. 이젠 식상할 정도로 진부한 말이 되고 말았지만, '경마 저널리즘' 관행은 여전하다.

왜 바뀌지 않을까? 가장 큰 이유는 그렇게 보도하는 게 기사의 흥미성을 높일 수 있기 때문이다. 사회구조나 제도, 정책의 문제는 재미가 크게 떨어진다. 독자의 관심과 흥미성을 높이기 위해서는 비인간적인 문제들을 인간적인 문제로 바꾸는 '의인화', 집단적인 문제들을 개인적인 문제로 바꾸는 '개인화'가 꼭 필요하다.

이는 비단 선거 보도뿐만 아니라 대중 언론이 출현하면서 나타난 현상이지만, 선거 보도엔 여론조사가 가세하면서 경마 중계처럼 흥미진진한 게임의 위상을 누리게 되었다. 게다가 자동응답시스템ARS 등과 같은 기술의 발달로 여론조사의 비용이 낮아지면서 여론조사는 폭증했고, 이는 '선거 보도의 경마화'를 촉진하는 결과를 초래했다.

『한국일보』에 따르면, 현재 중앙선거여론조사심의위원회에 등록된 여론조사기관은 모두 82곳으로, 이곳 홈페이지에 등록된 여론조사는 2017년 대선 때 모두 594건이던 것이 이번에는 투표가 3개월 남은 시점에서 650건에 이르렀다.[22] 하루에도 여러 건 나오는 여론조사 결과가 들쑥날쑥 차이가 큰 것에 대해 말이 많지만, 순전히 엔터테인먼트의 관점에서 보자면 그래서 더욱 흥미진진해진 건지도 모르겠다.

게다가 예측 불허의 상황이 아닌가? 서울대학교 정치외교학부 교수 박종희가 『한국일보』 인터뷰에서 잘 지적했듯이 말이다. "이번 대선은 비호감도가 높아 부동층, 미온적 지지층이 상당히 많다. 미온적 지지는 언제든 갈아탈 가능성이 높다. 예를 들어 홍준표, 이낙연 후보의 표가 아직 완전히 재구획, 재편성되지 않았고 당분간 이런 상황이 지속될 것이다."[23]

대선 여론조사의 홍수 사태는 엔터테인먼트로선 기여하는 바가 많지만, "이대론 안 된다"며 문제를 제기하는 전문가도 많다. 아니 여론조사 보도 자체에 대해 반대하는 이들마저 있다. 프랑스 사회학자 피에르 부르디외는 1960년대 프랑스 정치에 여론조사가 도입되자 강력히 반대하고 나섰다.

그는 여론조사가 여론조사는 모든 사람이 의견을 갖고 있다, 모든 의견이 똑같은 무게를 갖고 있다, 물을 만한 가치가 있는 질문에 관한 동의가 이루어졌다는 등의 그릇된 전제 위에서 출발하는 것이라는 점을 지적하면서 "여론은 존재하지 않는다"고 주장했다. 게다가 여론조사는 단순한 것을 좋아하는 언론인들이 이미 단순한 데이터를 더욱 단순화하는 위험을 처음부터 안고 있다는 점을 강조했다.[24]

물론 반세기 전에 나온 옛날이야기일 뿐이지만, 여론조사의 한계를 이해하는 데엔 도움이 된다. 오늘날엔 여론조사를 보도하더라도 시민들이 참여해 논의 과정을 거치는 '공론 조사'도 병행해야 한다거나 여론 추세를 파악해 해설하는 기사가 더 많아져야 한다는 수준의 요청이 제기되고 있다.

그러나 그런 요청마저 잘 받아들여질 것 같진 않다. 언론이 독자의 클릭 수에 사활을 거는 이른바 '클릭 저널리즘'의 시대에 엔터테인먼트 이외의 가치가 존중을 받을 것 같진 않기 때문이다. 게다가 거의 모든 언론이 똑같이 외치듯이, 이번 대선은 "양강 후보 모두 초유의 '비호감 대선'"이 아닌가? '비호감 대선'에선 상대편 후보가 당선되면 절대 안 된다는 열정을 가진 사람이 많아지기 때문에 '선거 보도의 경마화'가 더욱 큰 관심을 끌 수도 있잖은가 말이다.

제7장

정치가
사적 보복의
도구인가?

2년 넘게
매일
'쿠데타'를
외치는 나라

우리는 '쿠데타'라고 하면 주로 '5·16쿠데타'를 생각하지만, 국민적 언어생활이라고 하는 관점에서 보자면 2년 넘게 매일 외쳐진 '쿠데타'를 '5·16쿠데타'의 반열에 올려야 할지도 모르겠다. 그건 바로 3년 전인 2019년에 일어난 '8·27쿠데타'다. 그 날 오후 법무부 장관 후보자 조국에 대한 인사청문회를 앞두고 조국에 대한 검찰의 압수수색이 전격적으로 이루어졌다. 문재인 정권 인사들과 지지자들은 이를 '검찰 쿠데타'로 규정했다.

이후 오늘에 이르기까지 2년 넘게 '쿠데타'는 한국인들의 일상용어가 되었다. 문재인 정권 인사들이 윤석열과 검찰을 비난할 때에 자주 동원하는 말이 쿠데타였고, 이는 언론을 통해 널리 퍼져나갔다. 때는 바야흐로 디지털 시대가 아닌가? 각종 뉴미디어도 이런 전파에 가세했다. 정치에 깊은 관심과 애정을 갖고 있는 수백만 명의 사람도 소셜미디어와 사이버 커뮤니티 등을 통해 1년 365일 내내 자신들의 정치적 견해를 밝혔다. 이 모든 과정을 거치면서 쿠데타는 일상용어로 승격된 것이다.

'검찰 쿠데타'의 자매어로 '연성 쿠데타'와 '사법 쿠데타'라는 말도 널리 쓰이기 시작했는데, 이 용어들의 전파엔 김어준이 큰 역할을 했다. 2020년 12월 11일 김어준의 팟캐스트 〈다스뵈이다〉(143회)는 브라질의 민주주의를 다룬 넷플릭스 다큐멘터리 〈위기의 민주주의: 룰라에서 탄핵까지〉를 거론하면서 이른바 '연성 쿠데타'론을 제기했다. 패널로 출연한 변호사 신장식은 "(윤석열 검찰총장이) 작년 조국 사태부터 지금까지 이어오는 과정이 마치 브라질의 연성 쿠데타를 연상시킨다"고 주장했고, 김어준은 "어떻게 법률을 이용해서 쿠데타를 일으키는지를 다큐로 찍은 건데"라면서 맞장구를 쳤다.

'연성 쿠데타'의 대체어로 쓰인 '사법 쿠데타'라는 말은 10여 일 후 나온 두 건의 법원 판결로 인해 이후 여권이 즐겨 쓰는 상용어가 되었다. 12월 23일 전 법무부 장관 조국의 부인 정경심이 1심에서 징역 4년을 선고받고 법정 구속되었고, 다음 날 법무부의 검찰총장 윤석열 정직 2개월 중징계에 대해 법원이 '집행 정지 결정'을 내렸다. 여권은 분노의 수준을 넘어 '사법 쿠데타'라며 삼권분립 자체를 인정하지 않는 듯한 모습을 보여주었다.

12월 25일 고려대학교 명예교수 임혁백은 『한겨레』에 「사법 쿠데타에 의한 브라질 민주주의의 전복」이라는 칼럼을 기고했다. 그는 이 칼럼에서 "브라질 민주주의 위기의 특징은 검찰과 사법부의 법 기술자들이 법적 수단과 장치를 동원하여, 보이지도 않고 의식할 수 없는 가운데 점진적으로 야금야금 민주적 제도와 규범을 침식하여 민주주의를 전복시키는 사법 쿠데타라는 것이다"며, "브라질의 신흥 민주주의는 과거처럼 군부 쿠데타에 의해 전복되는 것이 아니라, 사법 권력과 법률 지식을 동원한 검찰과 언론에 소리 없이 스텔스적인 방식으로 전복되고 있다"고 주장했다.

이 칼럼은 브라질 이야기만 했을 뿐 국내 상황과 연결 짓지는 않았지만, 독자들에게 던진 메시지는 분명했다. 이 칼럼에 달린 '베스트 댓글'이 말해주듯이 "브라질의 정치 현실은 여기 한국과 거의 흡사하다"는 것이었다. 나는 이 칼럼 때문에 어느 독자에게서 비판을 받기도 했다. "이렇게 좋은 칼럼을 써야지 왜 자꾸 문재인 정권을 비판하느냐"는 꾸지람이었다. 이 꾸지람 덕분에 임혁백의 칼럼은 내게 강한 인상을 남겼다.

12월 28일 민주당 의원 민형배는 『오마이뉴스』에 기고한 「윤석열 탄핵, 역풍은 오지 않는다: 윤 총장 탄핵이 반드시 필요한 네 가지 이유」라는 장문의 글에서 이런 주장을 폈다. "검찰이 정치를 주도하고 있다. 법원은 이 카르텔에 은근히 혹은 노골적으로 보조를 맞추며 동조·협력하고 있다. 민주주의와 주권자를 서슴없이 유린하는 이 행위들을 '사법 쿠데타'라는 표현 말고는 달리 담아낼 말이 없다."

조국은 2021년 3월 3일 〈위기의 민주주의: 룰라에서 탄핵까지〉

를 다시 거론하면서 사실상 윤석열을 비판했다. 전 법무부 장관 추미애와 경기도지사 이재명도 자신들의 페이스북에서 각각 "법을 가장한 쿠데타", "기득권 카르텔"이라는 용어를 쓰면서 이 다큐를 언급했다.

'사법 쿠데타'에 관한 한 한국은 제2의 브라질인가? 이미 여권에선 그렇다고 보는 확신을 넘어 신앙이 자리를 잡았지만, 과연 그런가? 노정태는 2021년 8월에 출간한 『불량 정치: 우리가 정치에 대해 말하지 않은 24가지』라는 책에서 반론을 제시한다. 그는 "(이 다큐의) 내용은 놀라우리만치 부실하다. 너무도 일방적이고 편향적이다"며, "노동당 엘리트와 밀접한 관계를 지닌 브라질판 '강남 좌파'의 자기중심적인 현대사 해석에 기반하고 있는 작품이다"고 말한다.[1] 지면의 한계상 반론의 상세한 내용을 소개하기는 어려우므로 관심 있는 독자는 이 책을 참고하시기 바란다.

슬그머니 웃음이 나온다. 여권의 내로남불이 너무 코믹하다는 생각이 들어서 말이다. 큰 정치적 사건들에 대해 그간 나온 법원 판결은 여권에 불리한 것들도 있었고 유리한 것들도 있었다. 유리한 게 나오면 여권은 "법의 정의는 살아 있다"며 사법부를 칭송하다가도 불리한 것만 나오면 '사법 쿠데타'라고 비난하는 모습을 보여왔다. 모든 걸 자기중심으로 판단하는 천진난만한 어린애 같지 않은가?

내가 다큐 감독이라면 〈한국의 내로남불 민주주의〉라는 영화를 만들어 세계에 수출하고 싶다. 다큐일망정 코미디 장르에 속할 가능성이 높을 게다. 그렇긴 하지만 내로남불은 권력자들뿐만 아니라 일반 시민들까지 실천하는 것이기에 민주주의의 본질에 관한 심오한 철학적 고민과 딜레마를 제기하는 고급 다큐가 되리라는 걸 믿어 의심치 않는다.

여권은 한동안 세상을 떠들썩하게 만든 '검찰의 고발 사주 의혹' 사건에 대해서도 '쿠데타'라는 말을 열심히 썼다. 그 진실이 무엇이건 여권이 '쿠데타 병'에 걸린 건 아닌지 모르겠다. 그런데 수사 비리나 과잉 수사를 '쿠데타'로 부르겠다면, 쿠데타라는 개념을 새롭게 재정의한 후에나 그리 해야 하는 게 아닌가? 쿠데타의 우두머리가 주도한 국정 농단 수사도 문제가 없었는지 다시 살펴볼 필요가 있다고 공명정대하게 나가면 모르겠는데, 그것도 아니잖은가?

그런데 조금만 생각해보면 더욱 이해하기 어려운 점이 있다. 집권 세력은 안정적인 국정 운영을 해나가야 할 막중한 책임이 있지 않은가? 그런 집권 세력이 걸핏하면 '쿠데타 타령'을 해대는 건 안정을 유지하지 못하는 자신들의 무능과 치부를 스스로 널리 알리는 자해自害가 아닌가? 여권은 왜 그런 '자해 취미'를 갖게 된 걸까?

싸우는 상대편을 거악巨惡으로 매도해야만 우리 편의 악惡을 사소하게 보이도록 만들 수 있는 동시에 지지자들의 증오를 부추겨 동원할 수 있다는 계산 때문은 아닐까? 단지 그런 목적을 위해 한국을 2년 넘게 매일 '쿠데타'가 외쳐지는 나라로 만들어야 하는 건가? 그런 의문이 강하게 들긴 하지만 마음의 평온을 위해 좋은 쪽으로 해석하자. 쿠데타의 원조인 군사쿠데타의 위협이 사라진 한국 민주주의의 발전을 자축하기 위해 그러는 것이라고 이해하자.

김의겸,
왜
'피 맛' 운운하며
흥분하는 걸까?

전두환과 윤석열의 공통점?

"초면에 곧 출신 고교를 알 수 있는 분들이 있습니다. 언제 어디서 무슨 일로 만나더라도, 그 몇 학교 출신 '엘리트'들은 20분 안에 은근히(!) 자신의 출신 고교를 밝힐 이야깃거리를 찾아내지요. 모든 화제를 고교 동창으로 연결하는 능력은 서커스단의 묘기 수준입니다."

경북대학교 교수 김두식이 십수 년 전 어느 신문 칼럼에서 한 말이다. 명칼럼이다. 지금 다시 읽어도 웃음이 나오니 말이다. 나 역시 그런 경험을 여러 차례 했던 구세대에 속하는 사람이다. 1974년 고교 평준화 이후 세대는 이게 무슨 말인가 하겠지만, 전국적으로 벌어지는 고교 입시 전쟁에 참전했던 그 이전 세대에겐 유쾌하건 불쾌하건 전국 모든 고등학교의 최정상이었던 경기고의 명성에 대한 아련한 추억이 있다.

김두식이 이 칼럼에서 던지고자 한 메시지는 '서열 의식'의 극복이다. 그는 "'니들이 경기를 알아?'로 요약할 수 있는 이 엘리트 병은 문자 그대로 '질병'이므로, 그들도 희생자일 뿐 비난의 대상이 될 수는 없지요"라면서 "그들의 무의식을 넘어 유전자에까지 자리 잡은 서열 의식은 그들 자신과 우리 모두의 불행입니다"고 했다.[2]

새삼 이런 이야기를 하게 된 건 2021년 5월 『한겨레』 기자 출신의 열린민주당 의원 김의겸이 윤석열을 비판한 내용 중에 불편하게 여겨진 대목이 있어서다. 그는 "윤 전 총장이 5·18을 언급하니 젊은 시절 전두환 장군이 떠오른다"며 두 사람의 공통점을 거론했다. 윤석열에게 '쿠데타'의 이미지를 씌우는 건 강성 친문 정치인들의 공통된 특성인지라 새로울 건 없다.

내가 주목한 건 시험 성적에 관한 언급이었다. 김의겸은 전두환의 육사 졸업 성적이 156명 중 126등을 기록한 것과 윤석열이 9수 끝에 검사가 된 것을 비교하며 "둘 다 사람을 다스리는 재주가 있어 조직의 우두머리가 됐다"고 했다.[3] 윤석열을 비판하겠다고 들면 점잖게 해도 할 수 있는 말이 참 많을 텐데, 사적인 술자리에서나 하면 어울릴 법한 말을 페이스북에 대고 해도 괜찮은 건가?

같은 날 『한국일보』 논설실장 황상진은 "그가 말하는 헌법 정신은 자기중심적이다. 자유와 민주를 강조하면서 독재나 전제와 손잡은 검찰 과거사에 대한 반성은 없다"며 "전직 검찰총장이라면 어설픈 정치인 따라 하기식 메시지 발신에 앞서 검찰의 과거 헌법 정신 훼손부터 성찰하고 사과하는 것이 헌법주의자로서의 도리 아닐까"라고 했다.[4] 누구나 동의할 수 있는 이런 추궁을 매섭게 하는 정공법으로 나가면 안 되는 건가?

"기어코 문재인 정부의 피 맛을 보려는 무리"

/

그런 생각을 하면서, 내용은 좀 다르지만 어디서 많이 본 것 같다는 기시감이 들었다. 기자들 중에 시험 성적이 우수했던 사람이 많은 탓인지는 몰라도 언론은 법조 출신 정치인들의 사법연수원 성적을 거론하는 걸 좋아한다. 일류 대학 출신이 아니면 가정 형편이 어려워 장학금을 받고 그다음 서열의 대학에 진학했다는 이야기도 빠트리지 않는다. 아마도 기자 출신인 김의겸은 이런 이야기를 하는 심정으로 시험 성적을 거론했던 건지도 모르겠다.

그런데 시험 성적과 인간관계 능력은 그 어떤 상관관계가 있는 걸까? 공부 못하는 아이들이 인간관계는 좋더라는 속설이 있긴 하지만, 이 속설은 검증이 필요하거니와 설사 타당한 면이 있다 하더라도 그건 아이 때 이야기일 뿐이다. 주변을 둘러보라. '사람을 다스리는 재주'로 '조직의 우두머리'가 된 경우가 얼마나 있는지 말이다. 주요 조직의 우두머리엔 서울대학교 출신이 가장 많다. 그렇다면 시험 성적이 좋은 사람이 사람을 다스리는 재주도 뛰어나다고 말해야 하는 게 아닌가?

김의겸이 "앞에서 끌어주고 뒤에서 밀어주는 검찰의 의리"를 비판적으로 지적한 건 백번 타당하지만, 문재인 정권 사람들은 어떤지 그것도 동시에 살펴보았더라면 좋았을 것이다. 한국의 모든 권력 엘리트 집단이 갖고 있는 적폐적 속성을 청산하려면 특정 집단만 그런 것처럼 덮어씌우는 방식으론 성공하기 어렵다. 문재인 정권의 내로남불에 염증과 환멸을 느끼는 국민이 많으니까 말이다.

웃자고 한 말에 죽자고 달려든 걸까? 그렇게 보기엔 김의겸의 표정은 늘 근엄하다. 너무 근엄해서 문제일 정도다. 김의겸은 비슷한 시기에 해양수산부 장관 후보자 박준영의 자진 사퇴를 놓고 "문재인 정부에서 기어코 피 맛을 보려는 무리들에게 너무 쉽게 살점을 뜯어내 주고 있다"고 주장했다.[5] 아, 너무 살벌하다! 언론인 출신 김의겸이 고작 이런 수준의 비분강개에 머무르다니, 너무 실망스럽다.

나 역시 박준영이 '외교 행낭을 이용한 밀수'라는 억울한 누명을 썼다는 걸 알고 깜짝 놀랐다. 해외 이사 대행 업체를 이용했다는데 왜 이게 바로잡히지 않았을까? 『한겨레』 정치부장 이주현이 쓴 「사라진 '외교 행낭'을 찾아서」라는 칼럼을 읽고 나서 이해가 되었다.[6] 나는 "우리가 더 적극적으로 옹호하고 그릇된 보도에 항변했다면 분위기를 바꿨을 수도 있다"는 김의겸의 말에 동의한다. 그런데 문재인 정권은 적극 항변하지 않았다. 왜 그랬을까? 여러 문제가 제기되었던

임혜숙 과학기술정보통신부, 노형욱 국토교통부 장관 임명을 위한 정략적 고려가 작용했던 건 아닐까?

이런 의문을 제기하지 않은 채 "기어코 피 맛을 보려는 무리들"이란 표현을 쓴 건 지나치다. 그런 '무리들'은 없다. 문재인 정권 사람들도 야당 시절 똑같은 행태를 보였다는 사실이 증명한다. 그 시절에 피 맛을 보기 위해 그랬던 건 아니잖은가? 문재인 정권에서 야당 동의 없이 임명된 장관급 인사는 31명으로 늘었다. 그래서 노무현 정권 3명, 이명박 정권 17명, 박근혜 정권 10명 등 도합 30명을 넘어선 기록이 탄생했다. 이게 "기어코 피 맛을 보려는 무리들"의 광분 탓인가, 아니면 문재인 정권의 독선과 오만 탓인가?

뭔가 '게임의 룰'이 잘못된 건 아닌지 그것도 살펴볼 필요가 있겠다. 김의겸이 오랜 언론인 경험에 근거해 인사 청문회 제도와 언론 보도의 개혁을 할 수 있는 방안을 제시했더라면 좋았을 것이다. 그런데 문제는 그런 수준을 뛰어넘는 것 같다. 열린민주당 의원 김진애가 서울시장 출마를 위해 국회의원직을 사퇴한 덕분에 비례대표 의원직을 승계한 김의겸이 열린민주당의 전투성을 자신이 구현해야 한다는 그 어떤 책임감이나 사명감을 갖고 있는 건 아닐까?

"누구 뼈가 부러지는지 한 번 겨뤄보자"

/

2021년 7월 김의겸의 입에서 나온 "기자의 경찰

사칭 과거 흔한 일" 발언 사건도 그게 아니라면 도무지 이해할 수 없는 일이었다. 그는 MBC 취재진이 윤석열의 부인 김건희 관련 취재를 하며 경찰을 사칭한 것에 대해 "저희들, 이제 좀 나이가 든 기자 출신들은 사실 굉장히 흔한 일이었다"고 했다. 이어 "심지어는 전화를 받는 사람들이 전화번호가 뜨니까 상대방이 경찰이 한 것처럼 믿게 하려고 경찰서의 경비 전화를 사용한 경우도 많았다"고 덧붙였다.[7]

이 주장은 큰 논란을 빚었다. 많은 이가 반론을 폈고, 『한겨레』의 후배 기자 정환봉도 반론에 가세했다. 그는 "적어도 내가 지난 10년 동안 『한겨레』에서 함께 일했던 기자들은 그의 말과 달랐다. 후배 기자들은 경찰을 사칭하는 빠르고 쉬운 방법 대신 밤 서리 맞으며 쓴 긴 편지로 누군가를 설득했다. 흔한 사건 기사 한 문장에도 곡해가 있을까 다섯 번씩 다시 써 무엇이 가장 적당한지 물어왔다"며 다음과 같이 말했다.

"취재 윤리를 어겨서라도 기삿거리를 가져오라고 채근하는 선배를 만난 적도 없다. 경비 전화를 사용하는 '스킬'을 몰랐거나 투철한 준법정신 때문은 아니다. '올바르게 취재해 제대로 쓰고 있나', '내 기사가 억울한 사람을 만들지 않을까', '이 기사는 공익을 위한 것인가'……. 오늘을 사는 기자들의 치열한 감수성 안에는 목적만 중요했던 시절의 무용담이 들어설 여유가 없기 때문이다."[8]

김의겸은 페이스북에 자신을 비판한 이 『한겨레』 칼럼을 공유한 후 "남들이 이러쿵저러쿵해도 '그러려니' 했다. 그런데 친정인 『한겨레』 후배의 질책을 들으니 가슴 한쪽 구석이 와르르 허물어진다"고

적었다. 이어 "정말 제 감수성에 문제가 생겼나보다"라며 "앞으로는 제 언행으로 『한겨레』 식구들에게 부담 주는 일이 없도록 삼가고 조심하겠다"고 덧붙였다.⁹

이 사과는 불행 중 다행이었지만, 김의겸의 독설 위주의 '윤석열 때리기'와 '문재인 정권 지키기' 역할엔 아무런 변화가 없었다. 자신의 언론인, 청와대 대변인 경력을 활용한 것이었는지는 몰라도 그는 아무도 모르는 새로운 윤석열 관련 뉴스거리 발굴에 심혈을 기울이는 듯 보였다. 그런 '정보력'을 바탕으로 한 폭로 공세는 언론의 주목을 받는 데엔 최상이겠지만, 그만큼 위험부담도 따르는 법이다. 그는 2021년 10월 윤석열 캠프가 "윤석열-김만배는 형 동생 하는 사이" 등의 발언에 대해 자신을 명예훼손 등의 혐의로 경찰에 고발하자 "영광이다. 스스로를 왕王으로 여기시는 분께서 친국親鞫을 하시겠다고 나서니, 한층 전의가 불타오른다. 누구 뼈가 부러지는지 한 번 겨뤄보자"라고 했다.¹⁰

무슨 '뼈 부러뜨리기 시합'을 하자는 건 아닐진대, '피 맛'에 이어 왜 그런 신체 관련 표현을 즐겨 쓰는지 모를 일이었다. 그에게 정치는 단지 격투기나 전쟁일 뿐인가? 정치 비판을 생업으로 삼았던 정치 전문 언론인 출신이 정치인이 되었을 때 우리가 기대하는 게 과연 그런 역할일까? 자신이 언론인 시절에 했던 정치 비판을 되돌아보면서 좀 다른 양식의 정치를 위해 애쓰면 안 되는 걸까?

'탐사 보도'를 원용한 '탐사 정치'인가?

/

김의겸이 자신이 기자 시절에 했던 탐사 보도를 원용해 '탐사 정치'를 하려는 게 아니라면 '폭로 전문' 정치인을 자신의 브랜드로 삼는 건 다시 생각해볼 일이다. 특히 후배 기자들에게 누를 끼쳐가면서까지 할 일은 아니다. 김의겸이 12월 15일 TBS 〈김어준의 뉴스공장〉에 출연해 윤석열의 부인 김건희에 대해 터뜨린 폭로는 놀랄 만한 내용을 담고 있었지만, 이는 김의겸에게 '누워서 침 뱉기'가 되고 말았잖은가?

김건희가 『오마이뉴스』 기자와의 전화 통화에서 "청와대에 들어가면 가장 먼저 초대해 음식 대접을 하겠다"고 했다는 김의겸의 폭로는 많은 사람을 놀라게 만들었지만, 해당 기자가 "제가 먼저 한 이야기"라며 그 경위를 밝힘으로써 김의겸의 도덕성 또는 경솔함에 대해 더 놀라게 만들었다.

『오마이뉴스』 기자 구영식은 12월 17일 MBC라디오 〈김종배의 시선집중〉에 나와 '청와대 초청한다, 이런 이야기는 왜 나온 거냐'는 진행자의 질문에 "분명하게 이야기 드릴 수 있는 것은 제가 먼저 계속 인터뷰하자고 요청하는 과정에서 '청와대 가시면 뭐 만날 수 없지 않으냐' 이렇게 물어봤다"고 답했다. 그는 "제가 (김씨와 전화 통화한 후) 김의겸 의원하고 통화했는데 그 전화 통화 내용을 전달하면서 에피소드로 공개한 내용"이라며 "그걸 뉴스공장에서 (김 의원이) 언급하셨다"고 상황을 설명했다. 진행자가 '구 기자가 먼저 그렇게 이야기한 것인가'라고 재차 묻자 구영식은 "에, 그렇게 물어보니까 '잘돼서 청와대에 가게 되면 구 기자님을 가장 먼저 초대해서 식사 대접을 하고 싶다' 이렇게 이야기했다"고 말했다.[11] 이건 김의겸의 폭로 내용과 결이 크게 다르지 않은가?

김의겸은 김건희가 YTN 기자와 통화에서 "아니, 그러면 왜 나만 이렇게 괴롭히느냐"고 하면서 "억울하다. 당신도 기자도 털면 안 나올 줄 아느냐"고 했다는 또 하나의 놀라운 이야기를 소개했지만, 이 또한 근거가 부실한 것이었다.

YTN 기자 신준명은 YTN 인터뷰에서 진행자가 "김의겸 의원이 주장한 신 기자도 털면 나오는 게 없는 줄 아냐 이런 이야기는 없었나 보네요?"라고 묻자 "그 부분은 좀 사실과는 다른 것 같습니다"라고 답했다. 이와 관련 김의겸은 "사과할 뜻이 전혀 없다"며 "김건희 씨 핸드폰을 까자"고 맞섰는데,[12] 2016년 국정 농단 보도 특종으로 '역사를 바꾼 이'라는 칭송까지 들었던 그가 왜 이렇게 구차해졌는지 모르겠다.[13]

김의겸은 추미애에게도 사과해야 마땅하다

/

나는 「이젠 윤석열판 내로남불인가?」(『UPI뉴스』, 12월 20일)라는 칼럼을 통해 윤석열이 김건희의 허위 경력 의혹 논란에 대해 내로남불을 저지르고 있다고 강하게 비판한 바 있다. 그러나 김건희와 윤석열의 문제에 대해 분노하더라도 그런 분노가 김건희에 대한 거짓말을 해도 좋다는 걸 의미하는 건 아니다. 그건 정경심과 조국에 대해 분노하더라도 거짓말을 해선 안 되는 것과 같은 이유에 서다.

김의겸은 넘어선 안 될 선을 넘고 말았다. 12월 22일 『미디어오늘』에 실린 「김건희 인터뷰 기자 곤혹스럽게 만든 김의겸의 '전언'」이라는 기사가 김의겸의 일탈에 대해 잘 정리해주었다. 이 기사 내용을 일부 소개한다.

구영식은 20일 『미디어오늘』과 통화에서 "김건희 인터뷰 보도 후 김 의원에게 전화가 와서 그에게 김씨의 '여동생', '청와대' 발언 등 두 가지 에피소드를 이야기한 것"이라며 "당시 통화할 때도 우리는 보도하지 않을 내용이고 보도할 거리가 안 된다고 분명히 이야기했는데 김 의원이 뉴스공장에서 이야기를 해버렸다"고 밝혔다. 그는 "김 의원은 기자 시절부터 잘 아는 분이었고 가까웠기 때문에 경계 없이 이야기했다"며 "김 의원이 공개적으로 그런 이야기를 한 것에 유감이다. 김 의원에게 항의했고 사과를 받았다. 나 역시 김건희 씨에게 사과의 뜻을 전했다"고 밝혔다.

YTN 보도국 측은 김의겸에게 김건희 인터뷰에 관한 내용을 전달한 적이 없다고 했고, 김의겸도 신준명을 통해 얻은 정보는 아니라고 했다. 그렇다면 김의겸이 어떻게 보도되지 않은 YTN 기자 취재 내용을 파악하고 방송에서 발언했는지 의문이 제기된다. 『미디어오늘』은 이런 말로 기사를 끝맺었다. "30여 년 기자로 활동하고 청와대 대변인을 지낸 만큼 김 의원은 현직 기자에게 스스럼없이 다가갈 수 있다는 장점이 있다. 기자들도 김 의원에게는 쉽게 경계를 풀곤 한다. 하지만 기자와 취재원 사이 '불가근불가원' 관계가 균형을 잃으면, 유사한 사달은 언제든 발생할 수 있다. 김 의원은 20일 기자의 전언을 유력 방송에서 발설하는 것에 대한 입장을 묻자 '노코멘트 하겠다'고 했다."

'노코멘트' 할 일이 아니다. 공개적으로 사과를 해야 마땅한 일이다. 김의겸의 각색된 전언을 바탕으로 많은 '소설'이 쓰이지 않았던가? 예컨대, 추미애는 김건희가 "청와대 권력이 현실화된다는 자신감을 비치며 으르고 달래고 겁주는 태도를 드러낸 것"이라며 맹공을 퍼부었는데, 김의겸은 김건희를 과대평가하는 헛발질을 한 추미애에게도 사과해야 마땅하다. 올곧고 의로운 언론인이었던 김의겸이 어쩌자고 이렇게까지 '타락'했는지 보기에 정말 딱하다.

검찰 개혁을 위한 충정과 그에 따른 윤석열에 대한 증오 때문인가? 김의겸은 검찰 개혁의 일환으로 그런 '탐사 정치'를 하는지는 몰라도 자신은 기자 시절에 그렇게 수단과 방법을 가리지 않는 검찰 개혁 강경파가 아니었다는 걸 상기해보는 게 좋겠다. 앞서 지적했듯이, 그는 기자 시절인 2017년까지만 하더라도 검찰 개혁에 대해 "전폭적·전면적으로 하기보다는 권한을 점차적으로 조정하면서 진행할 수 있는 방법"이 좋다는 점진적 온건론자가 아니었던가? 법만으로는 넘어설 수 없는 문화의 문제도 지적하지 않았던가? 그런 입장에서 보면 진정한 검찰 개혁을 위해 정작 분노해야 할 대상은 그렇게 하지 않아 일을 크게 그르친 문재인 정권이 아닌가?

　의원이 된 후에 달라지는 건 한국 정치판에서 쉽게 볼 수 있는 풍경이긴 하지만, 김의겸마저 그런다는 게 안타까워서 하는 말이다. 김의겸은 청와대 대변인 시절 "문재인 정부 DNA에는 민간 사찰이 없다"는 명언을 남겼다. 하지만 '선한 권력 DNA' 같은 건 없다는 걸 인정하는 기반 위에서 반대편도 인정하면서 '적대'와 '증오'보다는 '타협'과 '화합'을 이룰 수 있는 방향으로 의정 활동을 해주시길 기대한다.

권경애,
우리가 꿈꿨던
세상이
이거였는가?

1980년대의 운동권을 지배했던 철칙 가운데 '조직 보위론'이란 게 있었다. 조직 보위론은 '진보의 대의'를 위해 활동하는 운동 조직을 '적'의 공격에서 '보위'해야 하며, 따라서 내부에서 성폭력과 같은 몹쓸 짓이 일어났다 하더라도 이를 조직 밖으로 알려선 안 된다는 논리다. 바로 이 논리에 따라 운동권 내부의 많은 성폭력 사건이 철저히 은폐되었고, 피해자에겐 이중, 삼중의 고통이 가해졌다.[14]

그런 조직 보위론은 이젠 사라졌을까? 불행히도 아직 건재하다. 변호사 권경애가 2021년 7월에 출간한 『무법의 시간: 어쩌다 우리가 꿈꿨던 세상이 이 지경이 되었나?』라는 책을 읽으면서 가슴이 아팠다. 권경애는 서울과 경기도에서 노동운동을 하느라 대학을 입학한 지 12년 만에 졸업했다. 그런 권경애가 느꼈을 아픔과 슬픔에 감히 비할 바는 못 되겠지만, 1980년대의 조직 보위론이 아직까지 진보 진영에 건재하다는 게 어찌 가슴 아픈 일이 아닐 수 있겠는가?

'조국 사태'에 대해선 사람마다 생각이 다를 것이다. 생각이 다를 땐 각자의 생각을 존중해주거나 차분한 대화나 토론을 통해 생각의 차이를 줄여나가면 될 것이다. 권경애의 모든 주장에 다 동의할 필요는 없다. 우리에게 중요한 건 이견을 대하는 자세다. 그러나 조직 보위론은 '닥치고 공격'만을 외칠 뿐이다. '조국 사태'에서 조국의 편에 선 사람일지라도 조직 보위론에 대해선 분노하는 게 옳지 않겠는가? 나는 '조국 사태'에 대한 평가와는 무관하게 그런 이야기를 하고 싶다.

권경애는 처음엔 검찰 개혁을 열렬히 옹호하는 편에서 각종 담론을 생산해내는 활동을 활발하게 했다. 그가 다른 지지자들과 다른 것은 그에겐 '조직 보위'가 아니라 '진실과 정의'가 우선이었다는 점이다. 진영 논리를 초월해 부당함에 눈 감는 게 어려운 성격도 그들과 다른 점이었다. 그는 점차 진실에 근접하면서 문재인 정권의 정략적인 검찰 개혁에 비판적인 논조의 글을 쓰게 되었다. 그러자 문재인 정권의 운동권 출신 인사들은 압박과 회유를 하기 시작했다.

권경애가 페이스북에 비판적인 글을 올리면 글을 내리라는 압박이 가해졌지만, 글의 내용에 대한 이성적인 문제 제기는 없었다. 이유는 단지 "윤석열을 쫓아내야지. 안 쫓아낼 거야?"라는 식이었다.[15] 어느 날 대학 운동권 선배들이 만나자고 했다. 선배는 "네가 요즘 많이 힘들까봐 보자고 했어"라고 했지만, 술자리에서 막상 들려준 말은 '출세하는 법'을 곁들여 업그레이드한 조직 보위론이었다.

"너는 삶의 계획이 없어 보여. 조국 사태로 정권을 잃을 수도 있지. 그래도 다시 또 권력은 와. 야당은 이미 흘러간 권력이야. 나는 너같은 사람이 다음 정권을 이끌어가야 한다고 봐. 너는 이미 586 운동권 출신 정치인들의 수준을 훨씬 뛰어넘었어. 전문가적 능력과 설득력이 있는 사람이잖아. 너 같은 사람이 다음 정권을 책임져야 해. 너는 어차피 이 정권 사람들과 같이 가야 하는 사람이야. 그러니 이번일에는 관여하지 마. 그냥 침묵하고 흘려보내라고. 너는 마음만 먹으면 비례대표든 뭐든 원하는 자리는 다 얻을 수 있어."[16]

그러나 그런 압박과 회유에 흔들릴 권경애가 아니었다. 선배와 헤어진 후에도 비판을 멈추지 않고 계속했다. 선배와 다시 만나기로 약속했던 날을 며칠 앞두고 확인 차 전화를 했더니 선배가 내뱉은 말은단 한마디였다. "야, 너 볼일 없다."

2019년 10월 윤석열의 윤중천 별장 성 접대 의혹을 제기한 오보가 나오자 권경애는 공포심을 느꼈다고 했다. 그는 "일국의 검찰총장에게도 날조된 허위 정보로 모략을 꾸밀 만큼 무모한 공격성을 가진사람 또는 집단이었다"며 "나같이 하찮은 사람 하나쯤 필요하다면사회적으로 매장하는 건 일도 아닐 것이다"고 했다.[17]

권경애는 "2019년 겨울, 나는 이 정권을 포기했다. 이 제어하기힘든 태풍의 자장에서 벗어나고 싶었다"며 "힘겨웠던 건 변절자라는돌팔매질이 아니었다. 살아온 삶의 모든 정당성과 기반이 부정당하

고 허물어지는 기분이었지만 내가 할 수 있는 일은 없었다"고 했다.[18]

혹자는 그래도 독재 정권 시절의 물리적 폭력은 없지 않느냐고 생각할지도 모르겠다. 그렇긴 하지만 그 시절엔 정권에 비판적인 활동을 해도 명예는 누릴 수 있었으며, 따라서 왕따도 없었다. 문재인 정권에선 다른 유형의 이상한 일들이 벌어졌다. 권경애의 페이스북에 그동안 '좋아요'를 눌렀던 사람들이 눈치 보여서 못 누른다고 했다. 동문회 카톡에서는 권경애와 관련한 기사나 이야기는 올리지 말라는 말까지 나왔다.[19]

이상한 일이다. 1980년대의 조직 보위론은 잘못된 것이었을망정 야만적인 독재 권력에서 조직을 지켜야 한다는 그 나름의 이유는 있었다. 그런데 지금은 모든 게 정반대로 뒤집어졌다. 가장 강한 정권 권력을 '적'의 공격에서 '보위'해야 한다는 게 아닌가? 그 '적'은 야당만이 아니다. 과거에 진보적 운동을 했고 지금도 진보적인 활동을 하는 사람일지라도, 문재인 정권을 비판하면 타도하거나 상종하지 말아야 할 '적'이 되고 만다.

왜 이렇게 된 걸까? 어쩌면 이건 경제적으로 분석해야 할 일인지도 모르겠다. 정권 교체는 밥그릇의 전면 교체를 의미하는 것이기도 하니 말이다. 정권을 잡으면 수천 개의 고급 일자리가 전리품으로 떨어진다. 정권 권력에 발을 들였거나 어떤 식으로건 이해관계를 맺고 있는 수많은 사람에게 '정권 보위론'으로 변질된 '조직 보위론'은 사실상 '이권 보위론'의 성격을 갖게 된다. 그럴수록 자기정당화를 위해 자신들이 '진보'임을 강하게 내세워야 한다. 그 과정에서 '진보'는 이권 집단의 위장용 브랜드로 전락하고 만다.

　사람들이 악하거나 나빠서 그런 게 아니다. 그게 바로 우리 인간이다. 그러나 좌절할 필요는 없다. 역사는 때로 후퇴하거나 지그재그로 오락가락하면서 진보하는 것인데다, 소수나마 '소금' 역할을 하는 권경애와 같은 사람들도 있으니까 말이다.

검찰 개혁은
'원한을 갚기 위한
보복 수단'이었는가?

"나를 잘 모르는 사람들은 내가 검찰을 부당하게 옹호하고 있는 것으로 착각한다. 하지만 내가 지금까지 얼마나 치열하게 검찰에 맞서서 싸워왔는지는 기록에 남아 있다.……나는 검찰의 어두운 면을 누구 못지않게 잘 꿰뚫고 있다. 행동으로 저항했다. 그리고 평생을 통하여 검찰을 포함한 법원, 경찰 전체를 아우르는 사법 개혁을 주장하며 또 연구하고 발표하였다.……(문재인 정권의 정략적 검찰 개혁 때문에) OECD 국가 중 사법 신뢰도 꼴찌인 나라에서 사법 개혁을 해야 하는 그토록 절실한 역사적 필요성에도 불구하고 천금 같은 귀중한 시간이 허비된 것이다."[20]

판사 출신 변호사 신평이 2021년 6월에 출간한 『공정사회를 향

하여: 문재인 정권의 실패와 새로운 희망』에서 한 말이다. 이 책을 재미있게, 그리고 감명 깊게 읽었다. 그가 왜 2019년부터 조국 사태를 거치면서 문재인 정권의 검찰 개혁에 날카로운 질타를 가하는지 이 책을 읽으면서 온전히 이해할 수 있었다.

신평은 문재인 정권이 "잘못된 사법제도로 인하여 피해를 받았다고 절규하는 수많은 '사법 피해자'의 의견을 의도적으로 그리고 원천적으로 개혁의 과정에서 철저하게 봉쇄해버렸다"고 개탄한다. 실질적인 배심제의 도입, 검찰의 기소권을 억제하는 방향으로 기소대배심제도, 판사나 검사와 같은 법 집행자들이 공정성을 해치는 행위를 한 경우 처벌하는 법 왜곡죄의 도입, 형사 사법 과정에서 조서 작성을 폐지함과 아울러 그 대안의 마련, 판사·검사 징계의 실효성 확보 등 숱한 방책을 묵살한 채 "검찰 개혁을 한답시고 분탕질을 한 것을 최대의 치적 중 하나"로 꼽는 '기가 찰 일'만 해왔다는 것이다.[21]

왜 그렇게 되었을까? 어느 친문 지지자가 『한겨레』의 검찰 개혁 관련 기사에 남긴 다음 댓글에 그 답이 있을지도 모르겠다. "이번에 확실히 검찰 개혁을 완수해서 노무현 전 대통령의 원혼을 달래주세요."[22] 검찰 관련 기사엔 이런 종류의 댓글이 많다. 진중권은 『진보는 어떻게 몰락하는가』에서 "검찰 개혁이 사적 원한을 갚기 위한 보복 수단으로 전락한 것이다"고 주장했는데,[23] 이젠 이 말을 부정하기 어렵게 되었다. 물론 문재인 정권과 친문 세력은 부정하거나 '사적 원한'이 아니라 '공적 원한'이라고 주장할 수도 있겠지만 말이다.

내가 이 책에서 가장 재미있게 읽은 대목은 '모기형 인간'에 관한 것이다. 모기가 꼭 떼로 모여서 사람을 공격해 피를 빨 듯이, 혼자 두고 보면 별것 없는데 자신이 소속된 조직의 힘을 믿고 설쳐대는 인간형을 말한다. 일부 검사들이 가장 심하다고 한다. "검사랍시고 일반인에게 안하무인으로 대한다. 그는 조직만을 믿으면 된다. 조직을 위하여는 무슨 일이든 한다. 그러는 사이 출세도 하고, 하다못해 변호사개업을 해도 명문 로펌에 들어간다."[24]

신평은 "모기형 인간은 조직을 떠나서는 아무 일도 할 수 없다"며 "오랫동안 윤석열 검찰총장이 단순한 '모기형 인간'으로서 검찰 밖을 나가서는 무용한 존재에 불과한 것일까"라는 생각을 많이 해왔다고 한다. 그는 "조직에 기대어 조직의 힘을 자신의 것으로 착각하는 '모기형 인간'이 아님은 분명하다"고 결론 내리면서도 윤석열의 과오에 대해 날카로운 비판을 아끼지 않는다.[25]

신평은 『중앙일보』 인터뷰에서 "문 정부는 진보를 표방하며 기득권자로 득세한 진보귀족 정권"이라면서 "보수냐 진보냐가 중요한 게아니라 사법부 기득권이 핵심"이라는 점을 강조했다. "전 세계적으로 사법의 독립과 사법의 책임이란 두 기둥 위에서 공정한 재판이란집이 지어진다. 한국은 갈라파고스 제도에 갇혀 재판 독립만 주장하면 지고한 가치가 실현되는 것으로 착각한다. 사법의 독립이 아니라공정한 재판이 실현되는 것이 궁극적인 것이다. 김명수 체제는 기존사법 권력을 강화하겠다는 의도로밖에 읽히지 않는다."[26]

10년 전 당시 노무현재단 이사장이었던 문재인과 『문재인, 김인회의 검찰을 생각한다』를 함께 출간하며 문재인 정권의 검찰 개혁에 이론적 토대를 제공한 인하내학교 법학선문대학원 교수 김인회도 "검찰 파쇼를 피하려다 경찰 파쇼를 초래할 수 있다"고 경고하고 나섰다. 그는 "검·경 수사권 조정에 이어 국가정보원의 대공 수사권까지 경찰에 이관될 것이기 때문에 경찰의 권한은 더욱 늘어난다"며 검찰 개혁과 경찰 개혁을 동시에 추진하기로 했던 애초의 합의가 전혀 지켜지지 않았다고 비판했다.[27]

검찰의 문제점에 대한 강한 비판의식은 문재인 정권의 그 어느 누구도 신평의 수준엔 미치지 못할 것이다. 그는 오랜 세월 검찰 개혁을 포함한 사법 개혁을 주장함으로써 개인적으로 온갖 불이익과 고난을 감수해오지 않았던가? 그런데 문재인 정권은 신평을 배신했고, 김인회도 배신했다. 문재인은 2021년 12월 3일 김인회를 감사위원에 임명함으로써 '임기 말 코드 인사'라는 비판을 받는데,[28] 정작 제기해야 할 문제는 검찰 개혁에 대한 배신이 아니었을까?

내가 늘 하는 말이지만, 도대체 검찰 개혁에 찬성하지 않을 사람이 누가 있을까? 그런데 문재인 정권은 거의 모든 국민이 지지할 검찰 개혁을 변질시켜 엉망진창으로 만드는 바람에 국민을 분열시켜 서로 싸우게 만드는 파괴적인 묘기만 잔뜩 보여주고 말았다. 이게 참 놀랍고도 희한한 일이다. 마키아벨리는 "적을 공격할 때는 그 적이 복수를 꿈도 못 꿀 정도로 깊은 상처를 입혀야 한다"고 했는데,[29] 혹 문재인 정권은 이 원리를 따른 것인가? 국익國益이 아닌 사적 복수를 위해서? 그래서 '검찰=악마 타령'을 그렇게 해댄 것인가? 도무지 알다가도 모를 일이다.

언론도
'원한'의
대상인가?

"이명박 정권도 MBC 〈PD수첩〉 PD들을 잡아 가두고 종합편성채널 만들 때 '언론 개혁'이라고 했다. 언론 개혁이라는 말이 정파적으로 소비돼선 안 된다. 우리가 지켜온 언론 개혁 운동은 권력에 의해 뺏긴 말과 글을 되찾는 과정이었다. 1970년대 동아·조선투위, 1980년대 80해직자 선배들, 1987년 엄혹했던 시기 박종철 죽음을 알렸던 선배 기자들……. 권력 압제에 맞서 언론을 되찾아오는 게 개혁 본질이었다. 촛불 정부를 자임하는 정권이 언론에 위험을 가져다줄 수 있는 법안을 이렇게 가볍게 취급해서는 안 된다."[30]

2021년 7월 언론노조 위원장 윤창현이 한 말이다. 민주당이 추진한 언론중재법 개정안을 둘러싼 논란의 핵심을 꿰뚫는 명언이다.

이른바 '언론징벌법'으로 불리는 이 개정안은 '고의나 중과실에 의한 허위 보도'로 인한 피해액의 최대 5배까지 언론사에 징벌적 손해배상을 물릴 수 있고, 소송에서 피해 입증을 피해자가 아닌 언론사가 부담하도록 하면서, 해당 언론사 매출의 1만 분의 1 수준으로 배상기준 금액의 하한을 설정하도록 했다. 이에 대해 언론은 물론 언론자유와 헌법을 중히 여기는 각계 인사는 단호히 반대하고 나섰다.

"5공 때의 '정의사회 구현'과 무엇이 다른가"(박경신 고려대학교 교수), "처음부터 끝까지 총체적으로 잘못된 명백한 위헌 법률"(윤서민 서울대학교 교수), "문재인 정권이 파시스트의 길을 가고 있다"(윤평중 한신대학교 교수), "이 법 통과되면 '최순실 보도' 못 나온다"(황용석 건국대학교 교수), "박정희도 하고 싶었지만 못했다"(이준웅 서울대학교 교수).

그럼에도 민주당은 왜 이 법을 힘으로 밀어붙이려고 했던 걸까? 충남대학교 교수 이승선이 지적한 '이 논의를 둘러싼 세 가지 현실 인식'은 민주당의 '세 가지 믿는 구석'으로 해석해도 무방할 것 같다. 첫째, 언론 보도로 인한 피해 구제를 위한 손해배상액이 낮다. 둘째, 한국 언론에 대한 시민들의 신뢰 수준이 낮다. 셋째, 각종 여론조사 결과 잘못된 언론 보도에 대한 징벌적 손해배상제 도입에 대해 찬성 의견이 높다.[31]

이 정도면 밀어붙여볼 만하지 않느냐는 생각을 했음직하다. 나 역시 언론 보도로 인한 피해 구제를 위한 손해배상액을 더 올려야 한다고 생각하며, 낮은 언론 신뢰도에 대해선 "스스로 죽으려고 그러느냐"며 언론을 강하게 비판해왔다. 그러나 이런 문제에 대한 해결책이 징벌적 손해배상제라고는 생각하지 않는다.

징벌적 손해배상제에 대한 찬성 의견이 높은 것은 언론에 대한 불신을 넘어선 혐오의 산물이다. 그런데 이 문제는 언론만의 책임은 아니다. 문재인 정권도 공동 책임을 져야 한다. 미국의 도널드 트럼프는 대통령 재임 시절 자신에게 비판적인 언론을 '쓰레기'로 매도해 지지자들의 열광적인 환호를 누렸지만, 한국에선 일부 여권 정치인들이 그런 트럼프 역할을 함으로써 언론을 '기레기'로 각인시키는 데에 큰 기여를 했다.

그로 인해 보수 언론만 기레기가 된 게 아니다. 진보 언론 사이트엔 문재인 정권에 조금만 비판적인 기사가 실리면 친문 지지자들이 '기레기'라고 욕하는 댓글 공세가 퍼부어진다. '정치적 양극화'를 극단으로 밀고 간 문재인 정권하에서 언론은 아무리 잘해도 '기레기'의 굴레를 벗어날 수 없는 운명에 처해진 것이다.

가짜뉴스? 그건 유튜브나 1인 미디어에 흘러넘치는데, 이들은 규제 대상이 아니다. 정치인들도 가짜뉴스를 양산해내고 있는데, 이들 역시 규제 대상이 아니다. 언론계 일각에선 "권력의 거짓말도 손해액의 5배까지 배상하도록 법 대상을 확대하자"는 말까지 나왔는데, 그렇게 할 각오가 있는가?

이 법의 문제는 8월 4일 CBS라디오 〈한판승부〉에서 법안 처리를 주도한 열린민주당 의원 김의겸과 진중권의 논쟁에서도 잘 드러났다. 진중권은 "MBC에서 '채널A 기자와 한동훈 검사장이 짜고 (별인) 검언 유착 사건이었다'라고 허위 보도를 했다"며 "(이건) 징벌적 손해배상 대상이 되나 안 되나"라고 물었다. 또 그는 "『한겨레』에서 윤석열 전 검찰총장을 음해하기 위해 별장 성 접대를 받았다고 얘기를 했다. 그건 징벌적 손해배상의 대상이 되나, 안 되나"라고 물었다. 이 두 질문에 심의섭은 곤혹스러워하는 모습을 보이면서 제대로 답을 하지 못했다.[32]

민주당에 필요한 건 역지사지다. 정치는 언론 이상으로 국민적 불신과 비판의 대상이 되고 있지만, '정치징벌법'을 주장하는 사람은 없다. 단지 입법권을 가졌다는 이유로 정치에 대한 정파적 분노를 언론에 떠넘기려는 건 옳지 않다. 윤창현은 "이명박 정권이나 박근혜 정권이 이런 법률을 만들었다면 민주당이 찬성했겠느냐"고 물었다.[33] 당장 거리로 뛰쳐나가 대대적인 반대 시위를 벌였을 게다.

문재인은 야당 시절인 2014년 "우리 당이 집권하면 (언론의) 비판·감시를 확실히 보장할 것이다. 언론의 잘못된 보도나 마음에 들지 않는 논조에 정치권력이 직접 개입해 좌지우지하려는 시도는 옳지 않다"고 했다.[34] 그때의 마음 그대로라면 문재인은 민주당을 강하게 비판했어야 옳다.

그러나 이런 합리적인 반론은 아무런 소용이 없다. 문재인 정권에선 검찰에 이어 언론도 '원한'을 갚아야 할 대상이 되었기 때문이다. 민주당은 사회 각계의 강한 반대에도 "180석 줬는데 언론법 하나 통과 못 시키느냐", "이리저리 눈치 보다 누더기 법안 만드느냐. 후퇴시키지 말고 더 강력하게 해서 통과시켜라"며 민주당 지도부를 압박하는 강성 지지층의 눈치를 보고 있었으니 말이다.[35]

그간 민주당은 강성 지지층이 언론에 대해 강한 반감을 갖게끔 선동을 해왔으니, 자업자득이라고 해야 하는가? 민주당의 기세는 한풀 꺾이긴 했지만, 언론징벌법을 완전히 포기한 건 아니다. 2021년 12월 14일 국회 언론·미디어제도개선특별위원회는 마지막 언론중재법 공청회를 열었다.[36] 앞으로 어떤 결론이 날지 지켜볼 일이지만, 언론에도 하고 싶은 말이 있다.

진지하고 심각한 표정을 지으면서 언론징벌법을 밀어붙이려고 하는 민주당 의원들에겐 미안한 말이지만, 이 법은 한마디로 말해서 국격을 크게 훼손하는 난센스다. 그런데 그런 난센스가 여론조사에선 다수의 지지를 받기도 했다는 건 무얼 말하는가? 이 또한 언론의 자업자득이 아니고 무엇이랴.

나의 지인은 사석에서 언론징벌법에 대해 분노하면서도 "언론은 당해도 싸다"는 말까지 내뱉었다. 그의 논지는 이렇다. "도대체 말이 안 되는 미친 짓을 집권 여당이 해보겠다고 나설 정도로 언론이 국민적 불신의 대상이 된 게 아닌가. 그간 그런 불신을 방치해온 언론이 더 한심하고 괘씸하다." 전적으로 공감하면서도 나는 재미 삼아 다음과 같은 반론을 폈다.

"정치는 더 큰 국민적 불신과 혐오의 대상이 아닌가? 그래서 국회의원 수를 팍 줄이자고 하면 국민의 다수가 찬성한다. 그러면 많은 언론과 지식인은 '아무리 정치가 한심해도 그런 반反정치는 위험하다'며 반대한다. 실현 가능성이 없다는 이야기다. 정치권은 불신과 혐오에 대해 아무런 자구책을 취하지 않고서도 그런 보호를 받고 있는데, 언론징벌법은 실현 가능성이 매우 높다. 단지 언론이 자구책을 취하지 않았다는 이유로 '당해도 싸다'는 건 너무 불공정하지 않은가?"

말은 그렇게 했지만, 정치권과 언론을 그렇게 비교하는 게 무리라는 걸 모르진 않는다. 십난석으로 진영 전쟁이 벌어지는 상황에서 정당들은 무슨 짓을 해도 '묻지마 지지'를 하는 지지자들을 거느리고 있다. '묻지마 지지'는 하지 않는다 하더라도 정당들의 고정 지지자들을 모두 합하면 전체 국민의 절반이 넘는다. 반면 고정 지지자를 가진 언론은 극소수에 불과하다. 디지털 혁명 덕분에 수백, 수천 개로 분열되어 있는 언론은 '클릭'으로 살아가는 것이지, 수용자의 소속감이나 지지로 살아가는 게 아니다.

언론은 그간 그런 변화된 환경에 맞게 생존하려는 노력을 전혀 하지 않았다. 물론 각 언론사별로는 필사의 노력을 해왔지만, 언론 전체의 집단적 차원에선 그 어떤 시도도 없었다는 것이다. 그런 각자도생형 노력은 오히려 언론에 대한 불신을 키우는 데에 일조했을 뿐이다. 생각해보면 이상한 일이다. 각종 언론단체의 수와 규모를 보면 집단적 노력을 할 수 있는 여건이 충분히 갖추어져 있는데도 이렇다 할 시도를 하지 않은 채 언론징벌법과 같은 비상사태에 반대 성명을 내는 수준에만 머무르고 있으니 말이다.

나는 언론이 디지털 혁명 시대에 살아남을 수 있는 길은 기존의 '권력자 모델'에서 새로운 '봉사자 모델'로 전환하는 것이라고 역설해왔다. 그간 언론은 '권력 감시'를 최대의 사명으로 내세워 활동하는 과정에서 그 자신도 '권력'으로 행세해왔다. 언론은 그런 권력을 올바르게 사용해 사회발전에 큰 기여를 하기도 했지만, 동시에 민간 영역에선 올바르지 않게 사용하는 경우도 많아 국민적 불신과 혐오의 대상이 되었다.

언론에 대한 불신과 혐오는 자신의 생각과 다른 논조로 보도하는 언론을 싸잡아 '기레기'로 매도하는 정파적 수용자들에게도 큰 책임이 있다. 하지만 더 두렵게 생각해야 할 것은 정치와 무관하게 국민의 일상적 삶에서 '기레기' 노릇을 하는 언론도 많으며, 이들이 정치에 무관심한 사람들마저 언론에 대해 불신과 혐오를 갖게끔 만들었다는 사실이다.

언론계는 이런 문제의 실상을 기록한 백서라도 발간한 적이 있는가? 그렇게 된 이유를 찾고 대처 방안을 모색하면서 모든 언론이 공동 대응해야 한다고 역설한 적이 있는가? 일부 언론의 약탈적 행위를 상시적인 뉴스로 고발하면서 스스로 언론계 정화를 위해 애쓴 적이 있는가? 없다! 언론은 모래알이다.

내가 말하는 '봉사자 모델'은 춥고 배고프게 살라거나 희생을 하라는 뜻이 아니다. 기존의 권력자 모델에서 벗어나 낮은 곳에 임하는 봉사자의 체질과 자세를 갖고 국민적 신뢰를 밑천 삼아 장사를 해보라는 뜻이다. 그래야 자신들의 평판과 이익을 위해서라도 사이비 언론을 스스로 가려내 정당한 응징을 해야겠다는 사명감도 생겨날 게 아닌가 말이다.

언론이 그런 노력을 하는 자세라도 보여왔다면 언론징벌법과 같은 반反민주주의적인 발상은 감히 나올 수가 없는 것이었다. 민주당이 언론징벌법을 힘으로 밀어붙이면 부메랑으로 돌아가 민주당에 큰 타격을 입히겠지만, 그런 문제를 떠나서 나라 꼴이 이게 무언가? 그런 답답한 마음에 "당해도 싸다"는 말이 나오는 것이다. 언론이 앞으로 언론징벌법을 맹비난하더라도 자업자득에 대한 반성과 앞으로 각오를 밝히는 말을 곁들이면 좋겠다.

제8장

부동산
약탈과
지방 소멸

삼호어묵이
김현미 자리에
앉았더라면

2020년 4·15 총선에서 여당인 민주당은 177석을 얻는 압승을 거두었으며, 위성정당인 열린민주당의 3석을 합하면 180석에 이르렀다. 민주당은 특히 수도권(121석)에서 103석(85.1퍼센트)을 차지했는데, 서울 41석(87.2퍼센트), 인천 11석(84.6퍼센트), 경기 51석(96.4퍼센트)이었다.

야당의 압승이 예상되었던 선거에서 어떻게 이런 결과가 나왔을까? 문정인은 『문정인의 미래 시나리오』에서 "여당이 참패할 것으로 전문가들은 내다보았지만 압도적으로 승리한 것은 문재인 정부의 효과적인 코로나 대응 정책 때문이다"고 했다.[1]

김종혁은 『두 번 다시, 경험하고 싶지 않은 나라』에서 코로나 긴급 재난지원금 효과에 무게를 두었다. 선서 박바지에 문재인 정권은 4인 가구당 100만 원씩의 긴급 재난지원금을 지급하겠다고 발표했다. 야당은 선거 기간 내내 긴급 재난지원금에 반대하다 분위기가 심상치 않게 돌아가자 선거일을 불과 열흘 앞두고 방향을 선회했지만 민심은 이미 등을 돌린 뒤였다는 것이다.[2]

이 가설이 타당하다면, 그건 민주당의 '정략의 승리'를 의미하는 것이었다. 민주당 정책위원장 한정애는 나중에(2020년 9월 7일) 방송에 출연해 진실을 말했다. 정부가 원래는 취약 계층을 중심으로 재난지원금을 주려다가 민주당이 우기는 바람에 전 국민 지원으로 돌아섰다는 것이다. 진행자가 "전 국민에게 지급하자는 주장에 선거 논리가 개입돼 있었다는 말 아니냐"고 문자, 한정애는 "일정 부분 그런 게 있었다"고 답했다.[3]

이렇듯 4·15 총선은 '코로나 선거'라고 불러도 좋을 정도로 코로나가 선거 결과에 결정적인 영향을 미친 선거였다. 여당의 압승에 그 어떤 장점이 있건, 이는 수도권 무주택자들에겐 재앙으로 가는 길을 열어준 것이었다. 문재인 정권이 총선 결과를 잘못된 정책을 수정하는 게 아니라 오히려 더 강하게 밀어붙이라는 신호로 해석했기 때문이다. 그 결과는 오늘날 우리가 잘 목격하고 있지 않은가?

이런 이야기를 하다 보면 표정이 심각해지기 마련이다. 그런 표정을 그대로 따라가는 심각한 어조론 독자들마저 심각하게 만들어 생각을 달리하는 분들의 반발을 부르기 십상이다. 아무리 떠들어도 달라질 게 없다면 차라리 재미있게 말할 수는 없을까? 윤세경이 2020년

9월에 출간한 『정부가 집값을 안 잡는 이유』를 읽으면서 내내 웃은 건 물론 그의 탁월한 안목과 필력에 새삼 감탄하지 않을 수 없었다.

자신을 "정부의 부동산 정책에 화가 나서 밥하다 말고 뛰쳐 나온 아줌마"로 소개한 윤세경은 '삼호어묵'이란 필명으로 유명한 논객이다. 그와 인터뷰를 한 기자는 "단 몇 편의 글로 부동산 카페 수십만 회원들 공감을 얻어 '난세의 영웅'으로 떠올랐다"고 했다.[4] '난세의 영웅'은 아닐망정 부동산 정책을 자신들의 도그마에 꿰맞춰 실패를 거듭해온 정부 여당과 관변 전문가들보다는 훨씬 유능한 전문가라고 말해도 무방할 것 같다.

김현미는 취임 직후부터 3년간 줄곧 "서울의 주택은 부족하지 않다"며 다주택자가 집을 계속 사면서 집값이 오른다는 이상한 주장을 폈다. 그때까지 내놓은 22번의 부동산 대책도 대부분 다주택자를 옥죄는 데 초점을 맞추었다.[5] 이런 잘못된 방향이 문제의 본질이었건만, 이걸 외면한 문재인 정권의 헛발질은 멈출 줄을 몰랐다.

김현미도 청와대의 뜻에 따른 것이었겠지만, 면책될 수는 없다. 청와대의 요구가 '미친 짓'이라는 걸 미처 깨닫지 못했다고 해도 문제고 알고서도 어쩔 수 없이 따라갔다면 더욱 큰 문제다. 차라리 김현미 대신 삼호어묵이 그 자리에 앉았더라면 청와대의 미친 생각을 바로잡진 못할망정 어느 정도의 정책적 재량을 발휘해 최악의 상태로 몰아가진 않았을 것이다. 청와대를 비롯한 정책 결정자들과 여권 전문가들의 문제는 무엇일까? 상식의 힘으로 그들을 능가한 삼호어묵의 해학적 분석을 감상해보자.

"이 사람들은 세상 모든 것을 옳고 그른 것으로 판단해요. 심지어 자본주의 경제하의 시장마저도 옳고 그름의 문제로 봅니다. 자신들은 물론 옳은 쪽이죠. 그러므로 정책이 실패했다면 정책이 잘못된 것이 아니라 정책에 따르지 않은 국민이 나쁜 것입니다. 나쁜 국민은 때려서라도 말을 듣게 만들어야지 우리의 옳은 정책을 수정해서는 안 돼요. 그건 악과 타협하는 거거든요."[6]

문재인 정권이 4년 동안 내놓은 26번의 부동산 대책이 모두 실패로 돌아간 건 바로 그런 '부동산 정책의 도덕화' 때문이었다. 문재인 정권의 엘리트는 자신들의 삶에선 도덕을 초월해 살면서도 그러니 어이가 없지만, 정책의 일관성 하나만큼은 인정해주어도 좋을 것 같다. 그간 나온 정책 메시지는 대부분 "때려잡겠다"는 의지의 표현이었으니 말이다. 삼호어묵은 그 메시지를 다음과 같이 번역한다.

"8·2 대책이 '집 사지 마라'였다면, 9·13 대책은 '집 좀 사지 말라고 이 새○들아', 12·16 대책은 '아 집 좀 사지 말랬지 이 개○○들아!', 6·17 대책은 '집 좀 사지 말라고 (찰싹)!', 그리고 6·17 대책의 실패로 급하게 나온 7·10 대책은 '집 (퍽) 좀! (퍽) 사지! (퍽)! 말라고! (퍽)' 정도가 되겠습니다. 점점 격해져갈 뿐 메시지의 방향 자체는 그대로예요."[7]

문재인 정권은 도대체 왜 그런 걸까? '부동산 정책의 도덕화'와 '임대성애자'이기 때문이라는 삼호어묵의 설명에 수긍하지 않을 도리가 없다. "이분들은 국민이 전세보다 월세 사는 걸 더 선호하며 월세보다도 공공임대를 더 좋아합니다. 그러니까 왜 자꾸 시장은 공급을 이야기하는데 엉뚱하게 임대 공급으로 대답하는지 이해가 좀 가실 겁니다. 쉽게 말해서 임대성애자라고 생각하면 되겠습니다."[8]

20번째 대책과 21번째 대책 사이에 4·15 총선이 있었다. 뒤늦게나마 문재인 정권이 '임대성애'와 '때려잡는 도그마'에서 탈출할 수 있는 기회가 있었다는 뜻이다. 누가 그 기회를 무산시켰는가? 삼호어묵의 답을 들어보자. "정부가 집값을 잡지 '않은' 것은 결코 정부만의 잘못이 아닙니다. 잘못이 있다면 우리 이니 하고 싶은 대로 다 하라고 외쳤던, '대가리가 깨져도' 지지하겠다고 외쳤던, 결정적으로 집값을 이 지경으로 만들었는데도, 또다시 177석으로 화답해준 바로 님들에게 있습니다."[9]

이른바 '대깨문'들이 "부동산을 '못 잡았는데도' 180석 준 게 아니라 '잡으라고' 180석 준 거다. 즉 잡으라고 힘 실어준 거다!"라는 반론을 펴자 삼호어묵은 다음과 같이 꾸짖는다.

"보세요. 어떤 남편이 마누라를 21번 패면 이놈은 반드시 22번째도 팰 놈이에요. 그러면 21번째 맞았을 때 해야 될 액션은 도망가서 이혼 수속을 밟는 거예요.……근데 21번째까지 두들겨 맞은 아내가 22번째는 반드시 개과천선하여 다정한 남편이 되리라 믿고! 앞으로는 잘하라는 의미에서! 180만 원어치 보약을 해다 바쳤다? 과연 이 남편이 180만 원어치 보약을 드시고 힘이 나서 더 세게 두들겨 팰까요? 아니면 감동의 눈물을 흘리며 '여보 내가 잘못했어!' 하면서 개과천선을 할까요?"[10]

삼호어묵은 부동산 가격 폭등 문제 자체를 인정하지 않는 강성 지지지들을 가리켜 '신앙인'이라고 부르면서 이렇게 말한다. "설마 세상에 이런 사람이 존재할까 싶죠? 친정부 성향 커뮤니티들 가보시면 수두룩합니다. 이분들 눈 감고 귀 막고 지지하는 거 부끄러워하지 않습니다. 오히려 자랑스러워하죠. 자기들끼리도 주기도문 사도신경 외듯 끝없이 다짐합니다. 콘크리트 지지! 다이아몬드 지지!"[11]

나는 실제로 그런 신앙인을 몇 번 만나본 적이 있다. 어떤 지인이 "부동산 가격 폭등은 전 세계적인 현상인데 도대체 뭐가 문제냐"며 OECD의 글로벌 통계 수치까지 들먹이는 실력을 과시하길래 다음과 같은 반론을 드린 적이 있다.

"OECD가 의존한 우리 정부 통계를 믿으세요? 아니 그게 맞다해도 그건 부동산 가격 하락을 걱정하는 우리 전북 같은 지방 덕분에 물타기 된 통계죠. 수도권에 전체 인구의 절반 이상이 몰려 사는 '수도권 공화국'이 한국 말고 이 지구상 어디에 있나요? 부동산 가격 폭등으로 죽어나는 수도권 무주택자들 생각하면 너무 잔인한 말 아닌가요?"

감히 신앙인들을 비아냥대거나 비판할 생각은 추호도 없다. 타인의 신앙은 존중의 대상이지 비판의 대상은 아니잖은가? 부동산 가격 폭등으로 인해 고통받는 사람들을 생각하면 그런 '정치의 종교화'가 안타깝긴 하지만, 그게 우리의 역사적 업보라면 수긍해야지 어쩌겠는가? 국민적 불신의 대상이 된 기존 종교인들이 대오각성하고 분발해 하루 빨리 정치적 신앙인들을 종교의 영역으로 모셔가 좀더 평온하게 지낼 수 있게 해주길 바랄 뿐이다.

김수현은
'부동산 약탈'의
책임이
없는가?

"부동산 가격 폭등은 '합법적 약탈'이다. 내 집 마련해보겠다고 뼈 빠지게 일해 저축한 사람들, 전세·월세 값이 뛰어 살던 곳에서 쫓겨나게 된 사람들의 처지에서 보면 폭력으로 빼앗아 가는 약탈보다 나쁜 약탈이다. 폭력적 약탈을 저지른 악한은 그 정체가 분명하고 처벌받을 수 있지만, 합법적 약탈엔 지목할 수 있는 행위 주체마저 없어 '피해자 탓하기'라는 해괴한 일이 벌어진다. 합법적 약탈은 시스템의 문제다. 그 시스템의 관리 책임자인 정부를 약탈의 주범으로 간주할 수도 있겠지만, 이 주범이 처벌받을 수 있는 상한선은 그저 무능하다는 수준의 비판을 받는 것에 불과하다."

내가 2년 전에 출간한 『부동산 약탈 국가』의 서문 첫 문단이다.

집 문제와 관련해 '약탈'이라는 표현을 쓰는 것에 대해 너무 심한 말 아니냐고 이의를 제기하는 분들이 있어 다시 소개한 것이니 독자들의 너그러운 이해를 바라마지 않는다. 나는 자가 소유자인데다 그런 약탈이 거의 일어나지 않는 지역에 살고 있는 사람이지만, 수도권에서 벌어지는 그런 약탈에 대해 혈압이 오른다. 동료 시민으로서 가져야 할 최소한의 도리 때문인지는 모르겠지만, 도무지 남의 일 같지 않게 여겨지기 때문이다.

약탈의 주범은 찾기 어려울망정 약탈에 대해 가장 큰 책임을 져야 할 사람은 대통령일 게다. 하지만 대통령이 책임을 져야 할 분야가 워낙 광범위한 탓인지 비판의 화살은 주로 부동산·주택 정책의 책임자들을 향하고 있다. 그런 책임자들 중 한 분이 전 청와대 정책실장 김수현이다. 그는 2021년 9월에 출간한 『집에 갇힌 나라, 동아시아와 중국』이란 책에서 한국 집값 상승률이 다른 나라에 비해 낮은 편이라고 주장해 언론의 비판을 받기도 했다.

2021년 9월 『중앙일보』가 연재하는 '나는 저격한다' 칼럼에서 서울 강북구 주민인 엘리가 김수현을 비판했고, 김수현은 반론을 하고 나섰다. 어떤 반론일지 궁금하다. 반론은 밑에서부터 읽는 게 이해에 더 도움이 될 것 같다. 김수현은 반론의 끝부분에서 이렇게 말한다. "참고로, 저는 아래 (집값 추세) 그래프의 가장 낮은 점일 때인 2019년 3월 퇴임했습니다. 변명하려고 드리는 말씀이 아니라, 그만큼 저로서는 안타깝게 이후 상황을 지켜봤고, 저라면 어떻게 했을까 하는 생각을 했습니다."

그는 이 모든 문제와 관련한 책을 준비 중이고, 문재인 정부의 임기가 끝난 다음에 발간하겠다며 그 이유를 이렇게 밝혔다. "사죄, 책임, 반성, 성찰. 어떤 이름을 붙이더라도 차기 정부 그리고 한국 사회에 관해 얘기를 전하는 것이 도리라고 생각하고 있기 때문입니다. 당장 하지 않는 이유는 제가 초기 2년을 몸 담았던 현 정부 정책에 대한 아쉬움을 표현할 수도 있고, 혼선을 줄 수도 있기 때문입니다."

들고 보니 김수현으로선 억울하게 생각할 점이 많을 것 같다는 생각이 든다. 이 글을 쓰는 나도 미안한 마음이 들긴 하지만, 반론의 시작을 다음과 같이 한 것이 문제가 아닌가 싶다. "우선 저는 책을 발간하고서 인터뷰한 적이 없습니다. 누구도 접촉하지 않았고, 아마 어떤 언론에서 그런 식으로 국민이 화낼 만한 지점을 뽑은 모양인데 원문은 내용이 좀 다릅니다. 앞뒤에 전제들이 있고, 표현도 정확히 그게 아닙니다. 엘리님도 책의 원문을 보지 않으신 게 확실합니다. 주소를 꼭 좀 부탁드립니다. 보내드리겠습니다."

물론 원문의 내용은 좀 다르지만, 언론이 '국민이 화낼 만한 지점'만 발췌한 것이 잘못된 일은 아닐 게다. 그는 이 책에 이렇게 썼다. "한국의 집값 상승률은 적어도 평균적으로 다른 나라들보다 낮은 편이다. 특히 OECD 국가 중에서는 일본과 함께 하위권을 형성하고 있다. 다만 체감하는 집값 상승률은 국민들이 주로 어떤 집값과 비교하고 또 관심을 갖는가가 중요하기 때문에, 숫자로만 얘기하기는 어렵다."[12] 이런 주장은 48쪽에서도 반복되고 있고, 355~356쪽에서는 평등주의라는 문화 탓을 하기도 한다.

이건 결코 가벼운 문제가 아니다. 일부 문재인 정권 인사들과 지지자들은 그간 "부동산 가격 폭등은 전 세계적인 현상인데 도대체 뭐가 문제냐"는 식으로 문제 자체를 인정하지 않는 태도를 보여왔기 때문이다. OECD 통계는 한국 정부가 제출한 한국부동산원 자료를 토대로 산출한 것이라는데, 이 통계를 믿을 수 있는가? 2020년 7월 당시 국토교통부 장관이던 김현미는 "지난 3년간 서울 아파트값이 14% 올랐다"고 주장했고, 경실련은 52퍼센트라고 반박했다. 이런 식의 공방이 한두 번 일어난 게 아니다. 정부 통계에 대한 불신과 분노가 고조된 게 어제오늘의 일이 아니다.

게다가 국가 간 비교 통계는 전국 통계가 아닌가? 오히려 부동산 가격 하락을 걱정하는 지방 덕분에 물타기 된 통계가 아니냐는 것이다. 김수현은 한국의 문제를 자꾸 동아시아의 문제로 보려는 것 같은데, 답답하다. 도시국가를 제외하고, 수도권에 전체 인구의 절반 이상이 몰려 사는 '수도권 공화국'이 한국 말고 이 지구상 어디에 있는가? 나는 이 책과 김수현이 11년 전에 출간한『부동산은 끝났다』를 읽으면서 놀란 게 있다.[13] 두 책 모두 주택과 부동산만 다루고 있다는 사실이다! 나는 이걸 '전문가의 저주' 또는 '분업의 저주'라 부르고 싶다.

수도권 집중은 나날이 악화되고 있다. 특히 문재인 정권은 집권 이후 오늘에 이르기까지 내내 수도권 신도시·광역교통망 정책 등과 같은 수도권 집중의 가속화라는 신호를 보내왔다. 노무현 정권 시절 노무현은 지역균형발전 회의 60~70회 가운데 30회 가까이 직접 주재한 반면, 문재인이 회의를 주재한 회수는 딱 한 번에 불과했다고 한다.[14] 문재인에겐 아예 균형발전 마인드가 없었다는 이야기다.

지역균형발전 정책과 수도권 부동산 정책의 분리가 가능하단 말인가? 비극은 분리할 수 없는 이 두 가지 문제를 다루는 전문가들이 분업 체제로 인해 분리되어 있다는 점이다. 즉, 부동산·주택 전문가들은 균형발전은 자신의 전공이 아니라는 이유로 거들떠보지도 않은 채 정책을 세우는 일을 계속해왔다는 점이다. 나는 한국의 '부동산 약탈'을 부추긴 주범으로 이런 말도 안 되는 '전문가 분업 체제'를 꼽으련다. 김수현의 다음 책에선 이 문제가 꼭 거론되기를 바란다.

마강래,
집값 폭등은
'서울 공화국'의
저주다

어느 날 밤 좀 어두운 길을 지나가고 있는데, 술에 취한 듯한 어떤 중년 남자가 가로등 밑에서 무엇을 열심히 찾고 있는 것 같았다. 그냥 지나치기 어려워 "뭘 찾으세요?"라고 물었더니, 열쇠를 찾는다며 도와달란다. 워낙 딱해 보여 나도 가로등 밑을 한참 두리번거렸지만 아무것도 보이지 않았다. "여기서 잃어버린 게 확실해요?"라고 물었더니, 나오는 답이 기가 막히다. "저쪽에서 잃어버린 것 같긴 한데 거긴 가로등이 없잖아요."

내 이야기처럼 각색을 하긴 했지만, 오스트리아의 파울 바츨라비크라는 학자가 만든 우화다. 어떤 사회적 문제의 답을 찾는 과정에서 나오는 어리석은 해법을 비유하기에 적합해 학자들이 즐겨 인용하는 것이다. 나름 열심히 애를 쓰긴 하지만 성공의 가능성이 전혀 없을 때 우리는 "번지수를 잘못 찾았다"고 하는데, 이게 바로 이 가로등 우화를 잘 압축해준 표현이라고 할 수 있겠다.

나는 그간 수도권 부동산 가격 폭등 문제에 대해 이 분야의 전문가들이 수도권 내에서만 답을 찾는 것을 비판해왔다. 전문가도 아닌 사람이 감히 전문가들을 비판해도 되는 것인가? 물론 '괜찮다'는 게 내 생각이다. 이건 상식으로 쉽게 판단할 수 있는 문제라고 보기 때문이다. 내 주장은 간단하다. 수도권 집중의 문제를 그대로 두거나 오히려 그걸 악화시키면서 수도권 부동산 가격 폭등의 해법을 아무리 찾아보아야 답은 나오지 않는다는 것이다.

중앙대학교 도시계획부동산학과 교수 마강래가 2021년 10월에 출간한 『부동산, 누구에게나 공평한 불행: 우리는 왜 부동산 때문에 좌절하는가』를 읽고 반가웠다. 나처럼 생각하는 전문가가 있다는 것도 반가웠지만, 그는 나의 상식 수준의 주장을 넘어서 실증적인 증거들을 제시해가면서 역설하는 '전문가 포스'를 보여주고 있으니, 이 어찌 환호할 일이 아니랴.

마강래는 2020년 8월 어느 라디오방송에 출연해 집값 폭등의 원인이 수도권 집중 때문이며, 국회를 이전하는 정도로 서울 집값을 잡을 수 있다고 생각하는 건 서울을 과소평가하는 것이며, 따라서 지방에도 서울과 '맞짱' 뜰 강력한 대도시를 키워야 한다고 주장했다.

그런데 흥미롭거니와 비극적인 건 이 당연한 주장을 이해하지 못하는 사람이 너무 많았다는 것이다. 그는 자신의 주장에 이런 댓글들이 딜렸다고 안타까워한다. "역시 교수님들은 뜬구름만……." "연관성 떨어지는 문제들로 사회문제를 하나로 엮지 말라." "쓸데없는 이야기로 서울 집값 잡는 데 도움 안 되는 이야기만 하시네요. 정확한 방법 제시가 필요합니다."[15]

이 댓글을 쓴 사람들이 무지하거나 무식해서 이런 말을 한 건 아닐 게다. 이들은 '단기 대책', '중기 대책', '장기 대책' 등과 같은 시간적 감각을 갖고 한 말이었을 가능성이 높다. 서울과 '맞짱' 뜰 강력한 대도시를 키우는 건 장기 대책에 속하는 것인데, 발등에 떨어진 불을 끄자는 판에 왜 그런 한가한 말을 하느냐는 항변이 아니었겠느냐는 것이다.

그런데 과연 그럴까? 나는 그런 생각이 바로 가로등이 있다는 이유만으로 그 밑에서 잃어버린 열쇠를 찾으려는 취객의 사고방식이라고 생각한다. 부동산은 심리다. 이 말을 인정하지 않을 사람은 없을 게다. 그렇다면 '신호'를 주는 게 매우 중요하다는 데에도 동의할 것이다. 오랜 시간이 걸리는 장기 프로젝트인데도 정부의 중대 발표 하나에 부동산 시장이 큰 영향을 받는다는 걸 우리는 수없이 경험해오지 않았던가? 문재인 정권은 그간 어떤 신호를 주었던가? 수도권 집값 폭등이 일어날 수밖에 없는 신호만 열심히 주었다. 그 신호를 감지한 청년들이 먼저 움직이는 바람에 지방에선 청년들의 '서울행'이 유행처럼 번지고 있다.

수도권 신도시·광역교통망 정책은 집값 폭등을 막으려고 취한 조치가 아니냐는 반론은 가로등 밑에서 열쇠를 찾는 취객의 헛소리와 다를 바 없다. 문재인 정권이 그간 내놓은 26번의 부동산 대책이 모두 실패로 돌아간 것처럼 그것 역시 번지수를 잘못 찾은 것이었다. 마강래의 책에 집값 폭등의 원인 분석과 함께 해법이 잘 제시되어 있으니 꼭 한 번 읽어보실 걸 권하고 싶다.

이 책에 '옥의 티'가 있다는 건 지적할 필요가 있겠다. 마강래는 "부동산에 관한 한 문재인 정부는 운이 없었다. 없어도 너무나 없었다"며 이런 이유를 제시한다. "박근혜 정부에서는 주택 공급을 축소했고, 수요를 부양했다. 정책의 본격적인 효과는 박근혜 정부 4년차인 2016년부터 나타났고, 문재인 정부는 2017년 5월에 정권을 잡았다."

이 주장에 굳이 반박할 필요는 없을 것 같다. 그는 "그렇다고 문재인 정부에 책임이 전혀 없는 것은 아니다"며 이렇게 말하고 있으니 말이다. "공급이 부족하고 수요가 증가하면 집값은 올라갈 수밖에 없다. 그런데 문재인 정부는 이런 조건이 갖추어져 있는지 몰랐다. 주택이 부족한데도, '공급은 충분하다'라는 말만 되풀이했다. 저금리와 풍부한 유동성의 힘도 과소평가했다. 무엇보다도 대도시로 인구가 빠르게 집중되고 있는 현실을 파악하지 못했다."[16]

이 정도면 운이 없는 게 아니라 무능했던 거다. 그리고 그 무능의 정체가 운동권 대학생 수준의 '도그마'에 사로잡힌 오만한 고집이었기 때문에 더욱 비판받아 마땅하다. 총체적 분석을 제시하고자 했던 마강래의 선의는 믿어 의심치 않지만, 이 책의 다른 두 군데에서도 문재인 정권이 "지지리도 운이 없다"는 식의 말씀을 하셔서 '옥의

티'로 거론한 섯임을 이해해주시기 바란다.[17]

　문재인 정권의 책임을 묻는 것은 과오를 반복하지 않기 위해 해야 할 일이다. 집값 폭등은 '서울 공화국'의 저주라는 걸 밝히기 위해서도 필요한 일이다. 문재인 정권은 '서울 공화국'을 넘어서기 위한 이렇다 할 비전이나 정책을 제시하거나 실천하지 않은 정권이 아니었던가? 바로 이 점에 대한 철저한 성찰이 있어야 집값 폭등이라는 비극의 재발을 막을 수 있다. 문재인 정권이 일으킨 2년간의 검찰 개혁 논란에 바쳐진 국민적 열정과 에너지의 반의반만이라도 '지방 소멸'을 막기 위한 일에 돌려졌더라면 하는 아쉬움과 안타까움 을 금할 길이 없다.

'1당 독재'에
죽어가는
'풀뿌리 민주주의'

(1) "당원 모집으로 여기저기서 난리다. 당원 모집 수와 유지율, 지
지도 등이 이후 선거 결과에 따른 논공행상의 기준이 되다 보니
물불 안 가리고 이익단체나 관변 단체가 동원된다. 물론 은밀한
정치자금 제공자가 그 앞을 차지하는 것이 보통이다."(4월 2일)[18]

(2) "시군마다 선거 기술자가 생겨 이들이 선거판을 좌지우지한다.
이들은 법망을 피해가며 점조직 내지는 피라미드 방식으로 권
리당원을 모집하면서 정치적 흥정거리로 만들기 때문에 위험성
이 크다.……입지자 중 아무리 능력이 출중해도 물 먹는 하마처
럼 움직일 때마다 돈이 들어가므로 공직자들이 주저앉기 일쑤
다."(5월 12일)[19]

(3) "도내 지방선거 후보자들 사이에서 '전북 지역 선출직 공직자는 사실상 민주당 임명직이나 다름없다'는 자조 섞인 이야기가 흘러나오고 있다.……벌써부터 도내 지방의원들 사이에선 2022년 지방선거를 앞두고 공천을 받기 위해 지역위원장인 민주당 국회의원에게 줄을 서는 경향이 강하게 나타나고 있다."(7월 21일)[20]

(4) "민주당 권리당원 경선은 봉건적 유제로서 희미해져 가던 학연·혈연·지연을 도리어 강하게 부활시켰다.……사회 곳곳의 '갑'들이 생존권을 무기로 '을'을 통해 당원을 모집하는 것은 이미 일상이다.……이처럼 공정과 정의와는 거리가 먼 경선 제도를 뜯어고치지 않는 한 금력도 없고 낡은 사회적 관계를 형성하지 못한 정치 신인들은 설자리가 없다."(8월 6일)[21]

(5) "정당 간 경쟁이 무풍지대인 전북에서 민주당의 동원된 가짜 권리당원이 도지사와 시장, 군수, 지방의원 등의 선출직 권력을 쥐락펴락하고 있는 꼴이다.……민주당은 끼리끼리 해먹는 기득권 세력의 폐쇄형 보호 장치를 언제까지 활용할 텐가. 원성이 더 부풀기 전에 개선 대책을 내놓아야 할 것이다."(8월 18일)[22]

이상 소개한 5개의 증언은 전북 지역의 대표적 신문인 『전북일보』에서 가져온 것이지만, 그런 모습은 전북만의 현실은 아니다. 지역주의로 인해 한 정당이 지역 내 선출직 권력을 거의 독식하는 '1당 독재'가 자행되고 있는 여러 지역에서 비슷하게 나타나고 있는 현상이다.

생각할수록, 이건 참 기가 막힌 일이다. 우리는 말로는 '풀뿌리 민주주의'라는 말을 긍정적으로 쓰면서도 그 풀뿌리가 썩어가고 있는 현실엔 아무런 관심도 기울이지 않고 있으니 말이다. 어느 곳이건 '1당독재' 지역을 가보라. 지역 정치에 대해 강한 비난을 퍼붓는 분노의 목소리를 쉽게 들을 수 있을 것이다.

그런데 기이한 건 막상 선거에선 손가락은 딴 방향으로 작동한다는 사실이다. 죽어라 하고 '1당 독재' 정당에 표를 준다는 뜻이다. 왜 그럴까? 지방민들은 자기 지역의 발전엔 중앙 권력이 더 중요하다고 보기 때문이다. 그래서 평소엔 '1당 독재' 정당에 욕을 퍼부으면서도 선거에선 그 정당이 중앙에서 힘을 가지라는 뜻으로 표를 주는 것이다. 이는 인질로 잡힌 사람들이 위협과 공포로 인해 인질범을 사랑하게 된다는 '스톡홀름 신드롬'이 아닌가?

나는 사석에서 지역 정치를 비난하는 분께 이런 질문을 던진 적이 있다. "그래서 지난 총선 땐 어디 찍었어요?" 내 질문의 의미를 간파한 탓인지 그분은 쑥스러워하는 기색으로 '1당 독재' 정당에 표를 주었노라고 했다. 차마 다른 정당엔 표를 줄 수 없었다는 변명도 곁들이면서 말이다.

일부 지역의 '1당 독재' 문제는 우리가 막연히 생각하는 이상으로 심각하다. '1당 독재' 지역엔 경쟁이 없기 때문에 1당의 횡포가 심하다. 그래서 상식으론 도무지 이해할 수 없는 일도 벌어지기도 한다. 2020년 4월 총선 때 '전주시 을' 선거구에서 일어난 일이 대표적예다. 당시 민주당 예비 후보로 나선 주자는 최형재·이상직·이덕춘이었다.

예상대로라면 3명 모두 경선에 참여했어야 했지만, 민주당 공천 관리위원회는 총선을 두 달 남긴 시점에 최형재를 갑자기 '컷오프(배제)'시켰다. 여론조사에서 1위를 달리고 있던 최형재로선 황당한 일이었다. 시민운동가 출신으로 별 흠결이 드러난 게 없는데다, 지지도가 높았던 최형재가 경선에서 배제되자 큰 논란이 되었지만, 민주당은 끝내 이유를 밝히지 않았고, 결국 이상직이 당선되었다.

억울하게 당한 최형재는 민주당을 탈당해 무소속으로 출마했지만 패배했다.[23] 유권자들의 민주당에 대한 응징도 없었다는 뜻이다. 선출직 공직자는 '민주당 임명직'이라는 속설을 확인시켜준 셈이다. 지금 나는 이 사건에 대해 「이상직, 횡령·배임 혐의로 결국 구속…다시 논란 커지는 '민주당 공천 과정'」이라는 『경향신문』(2021년 4월 29일) 기사를 참고해 쓰고 있다. 다시 논란은 되었다지만 민주당은 왜 그런 일이 벌어졌는지 지금까지도 아무런 해명이 없다. 왜? 그래도 괜찮으니까.

민주당이 믿는 구석은 단 하나다. "전북 유권자들이 우리 정당 안 찍을 수 있겠어?" 민주당 정치인들에게 본선은 거저먹는 것인지라, 당내 경선에 목숨을 거느라 글 첫머리에 인용한 문제들도 발생하는 것이다. 여야를 막론한 대선 후보들이 이런 '1당 독재' 문제의 해결책을 선거 의제로 다루어주기를 요구한다. 아니, 간절히 호소한다. '1당 독재' 지역의 민주주의가 죽어가고 있지 않은가?

'지잡대'라며
누워서 침 뱉는
못난 사람들

‎‎‎‎‎‎

"국민의힘 대표 이준석은 '약육강식의 정글'과 같은 세상을 불러올 사람이다." 일부 진보적 지식인들이 그런 논지로 맹공을 퍼붓는 걸 보고선 속으로 웃었다. 이미 '약육강식의 정글'인데, 더 나빠질 게 뭐가 있단 말인가 하는 생각으로 말이다. 세계 최저의 출산율 이상 확실한 증거가 또 있을까?

한국 사회는 '약육강식의 정글'보다 못한 점도 있다. '약육강식의 정글'엔 의도적으로 강자를 돕는 개입자가 없다는 점에서 말이다. 반면 "대大를 위해 소小를 희생할 수 있다"는 원리에 따른 국가 발전 전략을 추진해온 한국은 그렇지 않다. 가난한 나라에서 경제개발을 위해선 '선택과 집중'이 필요하다는 이유로 정부가 지방을 중앙의 '내부 식민지'로 만드는 개입을 주도적으로 실천해왔다. 이 내부 식민지 체제는 지방에서 중앙으로 이동이 가능한 '개천에서 용 나는 모델' 덕분에 유지되어왔다. 역대 대통령들을 비롯해 출세한 용들의 대부분이 지방 출신이라는 게 그걸 잘 말해준다.

고성장 시대엔 제법 그럴듯한 전략이요 모델이었다. 한국의 눈부신 압축성장을 누가 부인할 수 있겠는가? 문제는 고성장 시대가 끝나고 민주화가 이루어진 세상에서도 내부 식민지 체제가 계속 강화되어왔다는 데에 있다. 민주화 이후의 정권들이 기존의 '경로 의존'을 변경할 비용을 부담하지 않겠다는 '5년짜리 정권 안보' 차원에서 이기적인 국정 운영을 해왔기 때문이다.

지금 한국은 '지방 소멸'의 위기에 직면해 있지만, 그 어떤 항의 시위나 집회도 일어나지 않는다. 검찰 개혁 찬반 집회엔 수백만 명이 몰려도, 지방민들은 "나 죽을 때까지야 별 일 있겠나. 자식은 서울로 보내면 되고"라는 식으로 천하태평이다. 하긴 그들은 성공한 '생존자'다. 고향에선 도저히 먹고살 길이 없어 수도권으로 탈출해 하층민으로 살아가는 사람들이 최대 피해자다. 그들은 기본적인 호구지책에 시달리느라 억울하다는 절규마저 할 시간조차 없다.

돈줄을 쥔 중앙정부의 '지방대 죽이기'를 비판하는 글에 달린 댓글들엔 '지잡대'의 한심한 실태를 거론하면서 "지잡대는 죽어 싸다"는 비난과 욕설이 많다. 이들은 지방대가 자격도 없는 떼쓰기를 하고 있다고 보는 모양이다. 무지와 무식이 힘인가? 이른바 '구조맹'에 '역사맹'이 되기로 작정한 걸까? '거대한 불공정'의 문제를 그렇게 오도해도 되는 걸까? 이들은 자신이 직접 더럽고 잔인한 불공정의 피해자가 되어보아야 제정신을 차릴 수 있을까?

'거대한 불공정'이 피해자의 문제로만 끝난다면 어차피 '약육강식의 정글'인데 그게 무슨 문제냐고 생각할 수도 있겠다. 그러나 지방의 문제는 지방만의 문제가 아니다. 이미 임박한 '지방 소멸'이라는 재앙이 닥칠 경우 한국이라는 나라 자체가 무사할 수 없는데, 서울의 존속이 어찌 가능하겠는가? 바보가 아니라면, 아니 바보라도 조금만 더 생각해보면, 쉽게 이해할 수 있는 일이 아닌가?

지금까지 이 글을 읽은 분들은 내가 혈압이 많이 오른 상태라는 걸 직감하실 게다. 그렇다. 지난 30년간 지방의 내부 식민지화를 끊임없이 비판해온 나로선 날이 갈수록 악화되는 현실에 "이게 나라인가?"라는 생각을 많이 했다. 하지만 이러다간 내 건강이 상할까 염려되어 '평온'을 껴안기로 한 지 오래다. 호소를 위해 잠시 과거로 돌아간 것일 뿐이니, 걱정하지 않으셔도 된다. 이젠 좀 차분하게 이야기해보자.

"아주대 같은 지잡대 병원에서 별것도 아닌 환자를 데려다 쇼를 한다고 의료계에서 뒷이야기가 심했다."[24] 국내 중증외상센터 확충에 큰 기여를 한 아주대학교 교수 이국종이 2017년 12월 국회 세미나에서 '아덴만의 영웅' 석해균을 치료할 때의 상황에 대해 한 말이다. 이게 웬 말인가? 경기도의 명문대인 아주대학교가 지잡대라니! 그럼에도 음지의 영역으로 들어가면 크게 놀랄 일은 아니었다. 강고한 대학 서열 체제를 자랑하는 한국에서 지잡대라는 딱지는 원래의 정의를 벗어나 서울 소재 대학을 제외한 거의 모든 대학을 가리키는 용법으로 쓰이고 있으니 말이다.

자신의 이름과 얼굴을 공개적으로 드러낸 양지의 영역에서 서열을 숭배하거나 낮은 서열을 멸시하는 말을 하는 사람은 거의 없다. 다행스러운 일이지만, 익명의 사이버공간이나 사적인 잡담이 이루어지는 음지의 영역에선 서열의 노예가 되는 사람이 많다. 성장기의 12년간 또는 16년간 서열과 점수의 중요성을 주입시킨 학교에서 그렇게 생각하도록 교육을 받았으니, 어찌 생각하면 당연한 일일 수도 있다.

그런데 이상한 건 이런 서열 겨루기 경쟁이 모두를 멸시의 대상이 되는 피해자로 만들고 있음에도 달라질 기미가 전혀 보이지 않는다는 점이다. 자신이 서열의 최정상에 있지 않는 한 언제든 자신보다 높은 서열에서 멸시를 당할 수 있다. 누워서 침 뱉는 일이 끊임없이 반복될 수밖에 없다는 것이다. 오찬호가 『우리는 차별에 찬성합니다』에서 잘 지적했듯이, "지금 대학생들은 더 '높은' 곳에 있는 학생들이 자신을 멸시하는 것에 문제를 제기하기보다, 스스로 자신보다 더 '낮은' 곳에 있는 학생들을 멸시하는 편을 택한다. 그렇게 멸시는 합리화된다."[25]

그게 바로 '동물의 왕국'의 문법이다. 독일의 영장류 동물학자인 폴커 조머는 이렇게 말한다. "높은 서열의 개체에게 공격을 당하고는 서열이 낮은 동물에게 앙갚음을 하는 일이 영장류 사회에서는 매우 흔해요. 실제로 연쇄적인 반응이라고 봐야 해요. 갑에서 을에게로, 을에게서 병에게로, 병에게서 정에게로, 그리고 정에게서 애꿎은 구경

꾼에게로 말이죠."[26]

멸시에 대한 문제 제기는 강자를 대상으로 한 것이어서 쉽지 않은 반면 멸시를 하는 건 약자를 대상으로 한 것이어서 비교적 쉽다는 게 아닌가? 정말 한심하고 못난 짓임에도 한 사회 구성원의 절대다수가 그렇게 살아가면 그게 '상식'이 되고 만다.

이런 상식에 도전하고 나선 이들이 있으니, 바로 세명대학교 저널리즘스쿨대학원의 젊은 기자들이다. 이들이 2021년 8월에 출간한 『어느 대학 출신이세요?: 지방대를 둘러싼 거대한 불공정』은 '멸시의 제도화'를 고발한다. 지방대에 대한 멸시가 음지에서만 이루어지는 게 아니라 교육부에서부터 각 지방자치단체에 이르기까지 제도적으로 멸시를 조장하는 메커니즘이 있다는 걸 상세하게 밝힌 것이다.

교육평론가 이범이 간파했듯이, "대학 서열화의 원인은 '돈의 격차'에 있다".[27] 재정 지원의 크기가 서열을 만들고 있음에도 돈줄을 쥔 정부는 기존 서열 중심으로 상위 서열에 돈을 몰아주고 있는 것이다. 서열 체제의 부작용을 완화하려는 게 아니라 더 키우겠다는 게 아닌가? 그런데 정작 놀라운 건 서열 체제에 분노하는 의로운 사람들이 제도 자체를 바꾸는 큰 변화만 수십 년째 외치고 있을 뿐 그런 '돈'의 문제엔 별 신경을 쓰지 않는다는 점이다. 제도의 변화는 힘들고 오래 걸리는 반면 재정 지원을 바꾸는 건 지금 당장 할 수 있는 일인데도 말이다.

우리 인간은 영장류에 불과하다며 포기할 게 아니다. '지잡대'라며 누워서 침 뱉는 못난 사람들의 의식이 바뀔 수 있게끔 계속 애를 써보자. 그러나 그건 문화의 문제이므로 장기 프로젝트이며, 중단기 프로젝트로 돈줄에 주목해보자. 대학들 간 평등을 요구하는 게 아니다. 오히려 그건 단호히 반대한다. 열심히 해보겠다는 동기부여의 씨앗까지 죽이진 말자는 것이다. 사실상 서울이라는 입지 조건에 대학 평가의 가중치를 두어, 서울에 있는 대학 한 곳에 132개 대학 몫의 지원금을 몰아주는 식의 재정 배분은 다시 생각해보자.

대선 국면을 맞아 지방이 강하게 요구해야 이게 대선 이슈가 될 수 있다. 인재를 서울로 보내는 걸 '지역발전전략'이라며 밀어붙이는 지자체들, 서울의 특정 대학에 진학하면 1,000~1,500만 원의 장학금을 주는 지방 장학회들에 호소하고 싶다. 그런 일을 하더라도 동시에 "지방대 살려보자"고 외쳐달라. 지방이 아무리 서울의 식민지라지만, 지방이 죽으면 서울도 죽는다. 제발 더불어 같이 살아보자.

맺는말

'좀비 정치'를
넘어서

"일상생활에서 우리는 대부분 좀비다."[1] 인지생물학자 크리스토프 코흐의 말이다. 우리가 의식하면서 하는 뇌 활동은 전체의 5퍼센트에 불과하며, 95퍼센트는 무의식에 따라 좀비처럼 행동한다는 의미에서 한 말이다. 역설적이지만, 이는 '좀비 정치'를 넘어서길 원하는 사람들에게 희망을 주는 말이다. 좀비 언행에 대해 너그러워짐으로써 증오의 증폭을 막을 수 있다는 점에서 말이다.

중국 전문가 김인희가 2021년 3월에 출간한 『중국 애국주의 홍위병, 분노청년』이란 책은 우리에게 반면교사의 교훈을 준다. '분노청년憤怒靑年(펀칭)'은 중국에서 주로 열혈 국수주의 성향의 청년들을 이르는 말인데, 이들의 맹렬한 활동은 중국 내에서도 논란이 되고 있다. 이 책에 소개된, 중국의 자유주의파 지식인 랴오바이펑이 분노청년에 대해 한 말을 들어보자.

"머리는 충분히 녹슬고 논리는 충분히 부족해야 한다. 정보로부터 폐쇄되어 있어, 가짜 정보인지 진짜 정보인지 알지 못해야 한다. 피는 충분히 뜨겁고 이성은 충분히 부족해야 한다. 입은 구린내로 진동하고, 사람에 대해 욕을 할 때는 충분히 악독해야 한다."[2]

김인희는 "분노청년은 심리적 군중으로 개인의 개성과 주체성이 박탈되어 혼자서는 판단도 결심도 하지 못한다는 점에서 종교의 신도와 유사하다"며 그들이 갖고 있는 여섯 가지 확신 또는 종교적 신념을 이렇게 지적한다. "첫째, 나는 정치적 올바름을 대표한다. 둘째, 나는 도덕적인 우세를 대표한다. 셋째, 나는 진리를 대표한다. 넷째, 애초에 상대를 평등한 위치에 놓지 않는다. 다섯째, 상대방에게 맘대로 말하지만 상대방은 맘대로 말하지 못한다. 여섯째, 상대방은 아예 이의가 있을 수 없고, 발언권이 없고 말참견을 할 수 없다."[3]

슬그머니 웃음이 나온다. 한국엔 분노청년과 같은 집단이 없다는 게 다행이라는 생각을 하면서도 그들의 일부 행태는 어딘가 낯익은 모습이라는 생각이 들어서다. 그 무엇을 목표로 내걸건 어느 나라에건 이런 열혈 집단은 있기 마련이다. 한국엔 좌우를 막론하고 '애국'과는 좀 다른 가치를 내세우면서 특정 지도자나 정치 집단에 종교적 수준의 지지를 보내는 사람이 적지 않다.

나는 그런 현상을 흥미롭게 생각해 6년 전 『정치를 종교로 만든 사람들』이라는 책을 출간한 적이 있다. 그때만 해도 정치를 종교로 여겨서야 되겠느냐는 생각으로 책을 썼지만, 지금은 생각이 좀 달라졌다. '편 가르기'는 원시시대부터 면면히 이어져 내려온, 생존을 위한 인간의 본성이라는 점에 대해 체념하면서 "정치=종교"라는 걸 흔쾌히 인정하기로 했다. 물론 이건 나만의 생각은 아니며, 이미 많은 사회과학자가 그런 논지를 펴왔다.

미국 정치학자 도널드 그린은 『당파적인 심장과 정신』이란 책에서 정당을 선택하는 행위는 종교를 선택하는 행위와 비슷하다고 주장한다. 정당을 선택할 때 논리적이고 이성적인 판단을 하기보다는 민주당은 어떻고 공화당은 어떻다 하는 식으로 머릿속에 어떤 고정관념을 가지고 있으며, 자기와 비슷한 사람들로 구성된 정당에 이끌리며, 이렇게 해서 어떤 정당에 가입한 뒤에는 그 정당에 속한 사람들과 더 일치되도록 하려고 기존에 가지고 있던 철학이나 현실을 바라보는 눈을 수정한다는 것이다. 한마디로 이야기해서 집단의 소속감이 이념보다 우위라는 이야기다.[4]

특정 종교의 신도들 사이에서도 대충 믿는 사람이 있는가 하면 혼신의 힘을 다해 믿는 사람이 있듯이 열정의 차이는 있기 마련이다. 일반적인 종교에서도 악惡에 대한 증오가 있긴 하지만, 정치종교엔 증오가 필수다. 반대편에 대한 증오가 없이는 신도들을 모을 수가 없다. 혹 주변에 정치종교 신도가 있으면 잘 살펴보시라. 반대편에 대한 증오로 똘똘 뭉친 모습을 쉽게 볼 수 있을 게다.

미국의 사회운동가 에릭 호퍼는 『맹신자들』이란 책에서 "열정적인 증오는 공허한 삶에 의미와 목적을 줄 수 있다"고 했다.[5] 이 말이야말로 특정 정치적 신념이나 노선을 내세워 생각이 다른 사람들을 증오하면서 욕설과 악플로 공격하는 정치적 광신도들의 의식과 행태를 설명할 수 있는 최상의 진술이 아닐까?

호퍼는 "이것이다"보다는 "이것이 아니다"가 늘 더 강력한 동기를 유발한다고 말한다. 즉, '긍정'보다는 '부정'의 힘이 훨씬 크다는 것이다. 열정적 증오는 그런 부정의 힘이 극대화된 것으로 볼 수 있다. 선거가 네거티브 공세 위주로 전개되는 것도 바로 그런 이유 때문이다. 호퍼는 "대중운동이 시작되고 전파되려면 신에 대한 믿음은 없어도 가능하지만 악마에 대한 믿음 없이는 불가능하다"며 다음과 같이 말한다.

"대중운동의 힘은 대개 악마가 얼마나 선명하며 얼마나 만져질 듯 생생한가에 비례한다.……공동의 증오는 아무리 이질적인 구성원들이라도 하나로 결합시킨다.……증오는 우리의 부적합함, 쓸모없음, 죄의식, 그 밖의 결함을 자각하지 못하게 억누르려는 필사적인 노력의 표현이다.……머리끝부터 발끝까지 나쁘기만 한 적보다는 장점이 많은 적을 증오하는 편이 쉽다. 경멸스러운 상대를 증오하기는 어렵다."6

나는 '정치의 종교화'를 비판하기 위해 이 글을 쓰고 있는 게 아니다. 정치를 종교로 여기지 않는 사람들이 정치를 종교로 여기는 사람들과 소통이 불가능하기 때문에 겪는 불편과 스트레스를 해소하거나 예방할 수 있는 방법에 대해 말하려는 것이다. 나의 경험담이니 조금은 믿으셔도 된다. 내가 거의 모든 면에서 존경했던 사람이 특정 정치종교의 광신도로 행세하는 걸 지켜보는 건 불편하다 못해 인간에 대한 기본적인 신뢰마저 흔들리게 할 정도로 고통스러운 일이었다. 적지 않은 기간에 그런 시간들을 보내면서 나는 스스로 해법을 찾아냈다.

우리는 일상적 삶에서 종교 문제로 다투진 않는다. 각자의 종교를 존중해준다. 한국은 다중교 국가이면서도 '종교전쟁'이 없는 '화이부동和而不同의 나라'가 아닌가? 당신은 결코 그렇게 생각하지 않더라도 다른 사람들에 대해선 "정치=종교"라는 걸 인정해버리시라. 물론 이성과 논리는 잠시 버리셔야 한다. 그러면 마음이 편해지고 상대방을 존중할 수 있게 된다. 상대방이 자꾸 자신의 정치종교 이야기를 하면 짜증이 나기 마련이다. 그럴 땐 부드럽게 화제를 딴 데로 돌리시라. 자꾸 하다 보면 요령이 생긴다. "당신의 신은 당신의 성전에서만 섬겨라"거나 "증오의 배설은 악플을 통해서나 하시라"고 속으로만 말하면 된다.

이런 방법은 정치적 무관심도 아니고 냉소주의도 아니다. 종교적 열정이 분출하기 마련인 시대적 전환기에 증오를 탄핵하는 부드러운 해법이다. '정치'를 '종교'로 여기면, 아니 여겨주면, 정치 문제로 스트레스를 받을 일이 사라지거나 확 줄어든다. 이게 결코 작은 혜택이 아니다. 게다가 당신이 좋아하지 않는 정치인이나 정치 세력에 대해서도 비교적 너그러워지면서 '선의의 경쟁'과 '더불어 같이 사는 삶'의 철학이 공고해진다. 분단은 남북 분단 하나로 족하지 않은가?

주

머리말

1   이상돈, 「이 절망적인 극단의 정치를 어찌할까」, 『한국일보』, 2021년 11월 8일.
2   박정태, 「역대급 비호감 대선, 제3지대 판 키워야」, 『국민일보』, 2021년 11월 9일.
3   김진우, 「'비호감 대선'을 부추기는 것들」, 『경향신문』, 2021년 11월 22일.
4   데이비드 런시먼(David Runciman), 최이현 옮김, 『쿠데타, 대재앙, 정보권력: 민주주의를 위협하는 새로운 신호들』(아날로그, 2018/2020), 66쪽.
5   표창원, 『게으른 정의: 표창원이 대한민국 정치에 던지는 직설』(한겨레출판, 2021), 80, 111~125, 197쪽.
6   글을 쓸 기회를 준 『경향신문』, 『신동아』, 『영남일보』(『무등일보』, 『중부일보』, 『충청투데이』 공동 게재), 『UPI뉴스』, 『한겨레』 등에 깊은 감사의 말씀을 드린다.

제1장

1   백상진, 「이재명 "적진에서 날아온 탄환 모아 부자 돼…'만독불침'의 경지"」, 『국민일보』, 2018년 11월 1일.
2   전종헌, 「윤석열 "이낙연 '꼼꼼함' 이재명 '깡' 배우고 싶다"」, 『매경닷컴』, 2021년 9월 19일.
3   김용민, 『마이너리티 이재명: 당연한 게 당연하지 않습니다』(지식의숲, 2020), 42쪽.
4   이재명, 『이재명은 합니다: 무엇을 시작하든 끝장을 보는 사람, 이재명 첫 자전적 에세이』(위즈덤하우스, 2017), 13쪽.
5   홍수민, 「이재명 "재난지원금 30만 원 100번 지급해도 부채 비율 괜찮다"」, 『중앙일보』, 2020년 8월 28일.

6 2020년 8월 31일 국회 예산결산특별위원회 전체회의에서 미래통합당 의원 임이자는 부총리 겸 기획재정부 장관 홍남기에게 이런 질문을 던졌다. "최근 이재명 지사가 30만 원씩 전 국민에게 50번, 100번을 줘도 재정 건전성을 우려할 필요가 없다고 했는데, 50회면 750조 원에 100회면 1,500조 원이다. 이렇게 줘도 상관없다는 이재명 지사의 말에 대해 어떻게 생각하느냐?" 이에 홍남기는 "책임 없는 발언"이라고 일축했다. 이어 임이자가 "아주 철없는 얘기죠"라고 다시 묻자 "자칫 잘못하면 국민들에게 오해의 소지를 줄 수 있는 발언"이라고 말했다. 강진규, 「'재난지원금 30만 원씩 100번 지급' 이재명에…홍남기 "책임 없는 발언"」, 『한국경제』, 2020년 8월 31일.

7 한국사회여론연구소(KSOI)가 TBS 의뢰로 2021년 11월 5~7일 실시한 여론조사에서 이재명이 제안한 전 국민 재난지원금 추가 지급에 대해 응답자의 60.1퍼센트는 "재정에 부담을 주기 때문에 지급하지 말아야 한다"고 답한 것으로 나타났다. "내수 진작을 위해 지급이 필요하다"는 답변은 32.8퍼센트로 집계되었다. 박태근, 「'이재명식 재난지원금'…반대 60.1% · 찬성 32.8%」, 『동아닷컴』, 2021년 11월 8일.

8 오경묵, 「이재명, 전 국민 재난지원금 철회…"방식 · 대상 고집하지 않겠다"」, 『조선일보』, 2021년 11월 18일.

9 변태섭, 「[팩트파인더] "낮은 부채 비율이 무슨 의미?" 반문한 이재명이 놓친 사실들」, 『한국일보』, 2021년 12월 8일.

10 신용호, 「윤석열 후보, 김종인 위원장」, 『중앙일보』, 2021년 12월 6일.

11 손덕호, 「'전두환 비석 밟더니 찬양하냐' 비판에, 이재명 "흑백 논리, 심각한 병폐"」, 『조선비즈』, 2021년 12월 12일.

12 황희진, 「고민정 "국민들과 진흙탕에서 뒹굴며 살아온 이재명 후보에 마음 열어 주시라"」, 『매일신문』, 2021년 12월 4일.

13 「'대박 드라마' 성공 공식 있다」, 『조선일보』, 2006년 1월 21일, A4면.

14 하지현, 『예능력: 예능에서 발견한 오늘을 즐기는 마음의 힘』(민음사, 2013), 180쪽.

15 오현석, 「'바보 노무현'과 닮은 듯 다르다, 인간 이재명의 '무수저 전략'」, 『중앙일보』, 2021년 12월 8일.

16 변지민 · 방준호 · 서보미, 「800m 거리 두 학교 전교생 '1,242명 대 178명'의 비밀은」, 『한겨레21』, 2020년 3월 13일, 12면.

17 박권일, 「휴거, 빌거, 이백충」, 『한겨레』, 2019년 11월 15일, 21면.

18 조건희, 「[단독] 영양실조로 사망 작년 345명…외환위기 후 최다」, 『동아일보』, 2021년 10월 7일.

19 윤홍식, 『이상한 성공: 한국은 왜 불평등한 복지국가가 되었을까?』(한겨레출판, 2021), 8~11쪽.

20 박시영 · 김계환, 『위너는 어떻게 결정되는가: 이기고 싶은 사람들의 이기는 전략』(김영사, 2021), 77~82쪽.

21 이세영, 「팬덤은 책임지지 않는다」, 『한겨레』, 2021년 9월 8일.

22 카를 슈미트(Carl Schmitt), 김효전 · 정태호 옮김, 『정치적인 것의 개념』(살림, 1932/1963/2012), 43, 68~69쪽.

23 테오도르 젤딘(Theodore Zeldin), 김태우 옮김, 『인간의 내밀한 역사』(강, 1994/1999), 273쪽.

24 마크 뷰캐넌(Mark Buchanan), 김희봉 옮김, 『사회적 원자: 세상만사를 명쾌하게 해명하는 사회물리학의 세계』(사이언스북스, 2007/2010), 199쪽.

25 Eric Hoffer, 『The True Believer: Thoughts on the Nature of Mass Movements』(New York: Harper & Row, 1951/2010), p.98; 에릭 호퍼(Eric Hoffer), 이민아 옮김, 『맹신자들: 대중운동의 본질에 관한 125가지 단상』(궁리, 1951/2011), 146~147쪽.

26 정희진, 「문재인 정부와 젠더: 나라 만들기를 넘어 민주주의로」, 정희진 외, 『지금 여기의 페미니즘 X 민주주의』(교유서가, 2018), 262~264쪽.

27 천정환, 「촛불 항쟁 이후의 시민정치와 공론장의 변화: '문빠' 대 '한경오', 팬덤 정치와 반지성주의」, 『역사비평』, 120권(2017년 8월), 386~406쪽.

28 막스 베버(Max Weber), 이상률 옮김, 『직업으로서의 학문/직업으로서의 정치』(문예출판사, 1994), 125쪽.

29 「손가락혁명군」, 『나무위키』.

30 박상준, 「문빠, 힘이가 독인가」, 『한국일보』, 2017년 2월 18일.

31 권호, 「[단독] 이재명 "난 포퓰리스트…시 수익 1,800억 시민에 현금 배당할 것"」, 『중앙일보』, 2018년 1월 29일.

32 배재성, 「이재명 "문자 폭탄 그만하라"…진중권 "자업자득"」, 『중앙일보』, 2021년 7월 25일.

33 정진우, 「"경기 거지같다" 말했다가 테러 당한 상인…文 "악의 없었다"」, 『중앙일보』, 2020년 2월 19일; 임민혁, 「[만물상] '문빠'는 "黨의 에너지"」, 『조선일보』, 2020년 9월 25일, A34면.

34 원선우, 「조국이 좌표 찍자…文 비판한 광주 자영업자 마녀사냥 당했다」, 『조선일보』, 2021년 6월 17일.

35 이재우·여동준, 「이재명 "여태 빨간색 찍었는데 솔직히 TK 망했지 않느냐"」, 『뉴시스』, 2021년 12월 11일.

36 한영준, 「다른 지자체는 돈 없는 아프리카?…이재명 '재난지원금' 발언 논란」, 『파이낸셜뉴스』, 2021년 8월 13일; 주희연, 「他 지자체는 아프리카? 이재명 발언 시끌시끌」, 『조선일보』, 2021년 8월 14일.

37 「[사설] 경기도만 '쑷 도민 지원금', 최대 표밭 현금 살포 아닌가」, 『조선일보』, 2021년 8월 14일.

38 강경민·윤상연, 「[2016 국가재정전략회의] 남는 돈 연 2,700억 무상복지에 '펑펑'…'이재명식 포퓰리즘' 막는다」, 『한국경제』, 2016년 4월 22일.

39 최모란, 「[로컬 프리즘] '소통왕' 이재명, 왜 불통이라는 오명 붙었나」, 『중앙일보』, 2021년 4월 8일.

40 마강래, 『지방도시 살생부: '압축도시'만이 살길이다』(개마고원, 2017).

41 남수현, 「'1일 1이재명' 독감감 SNS에 올린다…민주당 "재명학" 열풍」, 『중앙일보』, 2021년 11월 25일; 김효성, 「"나꼼수 이제 뭉치기 힘들 것" 이재명 때문에 더 갈라

진 4인방」, 『중앙일보』, 2021년 11월 27일.

42 김효성, 「추·윤 갈등에 찢어진 나꼼수…오늘 결판의 날, 주진우 선택은?」, 『중앙일보』, 2020년 12월 3일.

43 손국희, 「李 지지층엔 '도덕성' 안 먹히고, 尹 지지층은 '도덕성' 중시했다」, 『중앙일보』, 2021년 11월 29일.

44 윤석만, 「"도덕성 평가 李 5%" "尹도 피장파장" 정치는 실천도덕인데…」, 『중앙일보』, 2021년 12월 4일.

45 Michael J. Robinson & Maura Clancey, 「Teflon Politics」, 『Public Opinion』, 7:2(April/May, 1984), pp.14~18.

46 Sam Donaldson, 『Hold On, Mr. President!』(New York: Fawcett Crest, 1987).

47 이수현, 「아픔의 연대 의식」, 백승대·이송원·이수현 엮음, 『이재명 페이스북』(매직하우스, 2021), 402~407쪽.

48 천현우, 「이재명 "대학 안 가면 천만 원?"에 가슴 울컥한 이유」, 『피렌체의 식탁』, 2021년 5월 9일.

49 장동훈, 「이재명의 정치 성장과정과 리더십」, 김윤태 외, 『2021·2022 이재명론』(간디서원, 2021), 48쪽.

50 김은중, 「김어준 "이재명, 혼자서 여기까지 와…이제 당신들이 도와줘야"」, 『조선일보』, 2021년 10월 24일.

51 김윤덕, 「'화천대유'란 불구덩이에 이 남자가 뛰어든 이유」, 『조선일보』, 2021년 10월 2일.

52 https://www.clien.net/service/board/park/8590847.

53 이재명, 『이재명은 합니다: 무엇을 시작하든 끝장을 보는 사람, 이재명 첫 자전적 에세이』(위즈덤하우스, 2017), 197쪽.

54 이걸 말하기 위해 김윤태가 문재인 정권의 다른 정치인들을 다음과 같이 비판한 게 흥미롭다. "촛불이 광화문 거리에서 사라지면서 민주당 정치인들은 노동조합과 거리를 두고, 비정규직을 외면하고, 중산층과 부자의 지갑을 걱정하기 시작했다. 민주당 정치인 중 홍용표는 최저임금 동결을 주장했고, 이인영은 강남에 가서 종부세를 감면하겠다고 외쳤고, 심지어 이광재는 뇌물죄로 실형 선고를 받은 이재용을 사면해야 한다고 말했다.……이재명은 지방자치단체와 광역자치단체의 행정 경험을 토대로 괄목할 만한 복지 정책의 성공 사례를 만들었다. 이러한 시도는 이해찬, 김진표, 유시민처럼 서비스 산업 선진화, 법인세 인하, 의료 산업화 운운하며 재벌 대기업의 입장을 대변하는 정치인들과 분명하게 구별된다." 물론 여기에 거론된 정치인들이 동의할지는 의문이지만 말이다. 김윤태, 「이재명 현상, 어떻게 한국 정치를 바꿀 것인가: 새로운 시대정신과 2022년 대통령 선거의 과제」, 김윤태 외, 『2021·2022 이재명론』(간디서원, 2021), 13~15, 22~23쪽.

55 조성주, 『알린스키, 변화의 정치학』(후마니타스, 2015), 8쪽.

56 유정인·김윤나영·김상범, 「100일 남겨둔 대선, 4대 변수에 달렸다」, 『경향신문』, 2021년 11월 28일.

제2장

1 허진, 「법대 나와야 명함 내민다? 내년 3·9 대선 흥미로운 현상」, 『중앙일보』, 2021년 6월 28일.

2 박홍두, 「20대 '0'·법조인은 30%나…민주당 '편식 영입'」, 『경향신문』, 2020년 2월 12일, 5면.

3 막스 베버(Max Weber), 이상률 옮김, 『직업으로서의 학문/직업으로서의 정치』(문예출판사, 1994), 73쪽.

4 양권모, 「"법사위는 하루하루 지옥이었다"」, 『경향신문』, 2019년 11월 5일, 30면.

5 인현우, 「경제학자 출신 유승민 "법조인 출신, 과거에 매달려" 동시 겨냥」, 『한국일보』, 2021년 6월 28일.

6 정명원, 『친애하는 나의 민원인: '외곽주의자' 검사가 바라본 진실 너머의 풍경들』(한겨레출판, 2021), 23쪽.

7 추미애, 『추미애의 깃발: 우리 함께 손잡고』(한길사, 2021), 87쪽.

8 한영익, 「與 "최재형, 전두환 때 사시 패스"…이재명·추미애 의문의 1패」, 『중앙일보』, 2021년 6월 28일.

9 강준만, 「왜 우리는 집단의 특성으로 개인을 평가하는가?: 통계적 차별」, 『독선 사회: 세상을 꿰뚫는 50가지 이론 4』(인물과사상사, 2013), 205~210쪽 참고.

10 장훈, 「내년 대선, 초(超)대통령제 해소가 관건」, 『중앙일보』, 2021년 7월 16일.

11 하수영, 「조국·추미애, 尹 선대위 겨냥? "검사 찌끄레기들뿐"」, 『중앙일보』, 2021년 12월 5일.

12 최하얀·서영지, 「이재명 "군사정권 안 되듯 검찰정권도 결코 있어선 안 돼"」, 『한겨레』, 2021년 12월 5일.

13 홍인택, 「'딴지'에 등판한 이재명 "전두환 존경하는 검찰정권 나올지도"」, 『한국일보』, 2021년 12월 8일.

14 하수영, 「조국·추미애, 尹선대위 겨냥? "검사 찌끄레기들뿐"」, 『중앙일보』, 2021년 12월 5일.

15 권준영, 「'친여' 황희석의 일갈 "윤석열 씨가 대통령이 되고 안 되고 이전에…"」, 『디지털타임스』, 2021년 12월 7일.

16 권준영, 「류근 시인, 윤석열 맹폭 "검찰총장 때려치고 대통령 되겠다고 뛰쳐나온 자가…"」, 『디지털타임스』, 2021년 12월 7일.

17 김형원, 「與 "尹이 되면 검찰정권" 野 "李가 되면 검사 사칭 정권"」, 『조선일보』, 2021년 12월 8일.

18 심진용, 「"윤석열 측에는 9명" "이재명 측에도 6명"…상대 선대위 '검사 출신 인원' 놓고 설전」, 『경향신문』, 2021년 12월 7일.

19 양소리, 「'공수처' 평가, 부정 74.8% vs 긍정 18.1%…野 '폐지·개혁 논의할 것'」, 『뉴시스』, 2021년 12월 17일.

20 송승환, 「"이럴려고 몸싸움 했나"…동물국회서 공수처법 처리한 그들은」, 『중앙일보』, 2021년 12월 18일.

21 박제균, 「윤석열, 검찰주의자–검찰 공화국 우려 씻어야」, 『동아일보』, 2021년 12월 13일.

22 조유경, 「윤석열 "26년 검사…대통령 되면 흉악 범죄와의 전쟁 선포"」, 『동아닷컴』, 2021년 12월 17일; 황선영, 「윤석열 "당선 즉시 '흉악 범죄와의 전쟁' 선포"」, 『TV조선 뉴스9』, 2021년 12월 17일.

23 강준만, 「왜 독일은 '2014 브라질 월드컵'에서 우승할 수 있었는가?: 필수적 다양성의 법칙」, 『독선 사회: 세상을 꿰뚫는 50가지 이론 4』(인물과사상사, 2015), 225~229쪽 참고.

24 장슬기, 「반노동 발언 쏟아내는 윤석열 이번엔 "주52시간 비현실적"」, 『미디어오늘』, 2021년 11월 30일.

25 서양원, 「[인터뷰] 윤석열 "주52시간 실패한 정책…기업 노사 간 합의 맡겨야"」, 『매일경제』, 2021년 7월 19일.

26 장슬기, 「윤석열 주52시간제 철폐 발언에 "후진적" "잠잠하더니 망언"」, 『미디어오늘』, 2021년 12월 1일.

27 조현호, 「이재명 "노동시간 단축 주4일제 사회로 가야 한다"」, 『미디어오늘』, 2021년 12월 8일.

28 임재우, 「윤석열 "최저임금·52시간 후퇴 불가능"…포괄적 차별금지법엔 반대」, 『한겨레』, 2021년 12월 15일; 심진용·조문희, 「윤석열 "종부세는 2%와 98% 갈라치기…청와대 축소할 것"」, 『경향신문』, 2021년 12월 15일.

29 김기정, 「尹, 노동계 껴안기…한국노총 만나 "공공기관 노동이사제 찬성"」, 『중앙일보』, 2021년 12월 15일.

30 「[사설] 그제는 노동이사제, 어제는 친기업…윤석열 진심은 뭔가」, 『중앙일보』, 2021년 12월 17일.

31 「[사설] 불법 폭력 일삼는 민노총을 기업 이사회에 참여시키자는 건가」, 『조선일보』, 2021년 12월 17일.

32 강근주, 「주52시간 근무제 시행 기업, 70.4% '부정적'」, 『파이낸셜뉴스』, 2021년 10월 1일.

33 박상돈, 「중소기업 54% "주52시간제 시행에 여전히 어려움 느껴"」, 『연합뉴스』, 2021년 10월 14일.

34 곽래건, 「52시간제 예외 '특별 연장 근로' 90일에서 150일로 한시적 확대」, 『조선일보』, 2021년 10월 26일.

35 김영훈, 「최저임금에 대한 보수 언론 '저주'는 정당한가」, 『미디어오늘』, 2021년 7월 26일.

36 국민의힘 의원 윤희숙은 "문재인 정부가 2년간 최저임금을 30% 올렸는데 우리처럼 이미 성장한 나라에선 2년 30%는 도저히 소화할 수 없는 수준"이라면서 "민노총의 청구서를 그대로 받아준 것"이라고 했다. 그는 "최저임금이 너무 빨리 올라서 처벌한다고 해도 최저임금을 직원에게 못 주는 사용자가 많다"면서 "그 때문에 지금 최저임금도 못 받는 근로자가 300만 명에 달한다"고 주장했다. 이어 "진짜 보호를 받아야 하는 사람들은 제도의 바깥으로 밀려나고 귀족 노조만 최저임금 혜택을

다 누리며 혼자 뛰어올라갔다"고 했다. 또 그는 "지난 2년 동안 노량진의 조그만 분식집들도 다 자동 주문 기계를 넣었고 주인이 홀 서빙을 안 두고 혼자서 한다"며 "정부가 이렇게 폭력적으로 일자리 없애는 것은 말이 안 된다"고 했다. 배성규, 「윤희숙 "이재명은 포퓰리스트에 파시스트까지 결합…모골이 송연"」, 『조선일보』, 2021년 8월 10일.

37 임형섭, 「문 대통령 "최저임금 인상, 긍정적 효과 90%"…비판 정면 돌파」, 『연합뉴스』, 2018년 5월 31일. 이는 청와대가 통계청을 압박해 빼낸 자료로 만든 '엉터리 보고서'에 근거한 주장이라는 반론이 제기되었다. 김형원·김지섭, 「文 대통령 '최저임금 긍정 효과 90%' 발언 뒤엔…靑이 통계청 압박해 빼낸 자료로 '엉터리 보고서'」, 『조선일보』, 2019년 10월 11일.

38 레지 드브레(Régis Debray), 강주헌 옮김, 『지식인의 종말』(예문, 2000/2001), 107, 114~115쪽.

39 또 그는 일본에서 도덕의 이미지는 '노인·보수'인 반면, 한국에서 도덕의 이미지는 '청춘·혁신'이라고 했다. 오구라 기조(小倉紀藏), 조성환 옮김, 『한국은 하나의 철학이다: 리(理)와 기(氣)로 해석한 한국 사회』(모시는사람들, 1998/2017), 13, 15, 22쪽.

40 「[사설] 취준생 65% 구직 포기했는데, 고용 회복세라는 정부」, 『중앙일보』, 2021년 10월 14일; 「[사설] 첫 직장 절반이 단기 계약직, 로또·코인에 기대는 청년들」, 『동아일보』, 2021년 12월 15일; 홍수용, 「'요즘 노동'에 눈감은 대선 후보」, 『동아일보』, 2021년 12월 17일.

41 홍기빈, 「주4일제와 정규직 중심주의」, 『경향신문』, 2021년 11월 16일.

42 오대영, 「[인터뷰] 이준석 "당 대표는 후보의 부하 아냐…윤핵관은 여러 명"」, 『JTBC 뉴스』, 2021년 12월 2일.

43 최동현, 「이준석 "김오수와 일할 수 있나" 돌직구…尹 "여건 되면 잘할 것"」, 『뉴스1』, 2021년 12월 15일.

44 김종인, 『영원한 권력은 없다: 대통령들의 지략가 김종인 회고록』(시공사, 2020), 239~240쪽.

45 조아라, 「김종인 "안철수, 尹이 단일 후보 되도록 해줘야"…제3지대 압박」, 『동아일보』, 2021년 12월 6일.

46 이지은, 「권은희 "안철수 포기하라는 김종인, 행패질 강도 보이는 예고편"」, 『이데일리』, 2021년 12월 9일.

47 이사민, 「김종인 "이재명, 재주 많고 변신 능력 탁월…간단히 봐선 안 돼"」, 『머니투데이』, 2021년 5월 2일.

48 최승현, 「"멸종하는 갈라파고스 정당" 옛 한국당의 길 따라가는 민주당」, 『조선일보』, 2021년 6월 8일.

49 강준만, 「왜 휴대전화 전쟁에서 일본은 한국에 패배했나?: 갈라파고스 신드롬」, 『감정 독재: 세상을 꿰뚫는 50가지 이론 1』(인물과사상사, 2013), 285~290쪽 참고.

1 로버트 그린(Robert Greene)·피프티 센트(Fifty Cent), 안진환 옮김, 『50번째 법칙: 역사상 가장 대담하고 냉혹한 성공의 기술』(살림비즈, 2009), 146쪽.

2 이영섭, 「신평 "文 대통령 최대 특징, 책임 지지 않고 회피하는 것"」, 『뷰스앤뉴스』, 2020년 11월 25일.

3 황호선, 「변호사 문재인, 그리고 정치인 문재인」, 고민정 외, 『그래요 문재인: 위기와 희망의 길목에서 문재인을 말하다』(은행나무, 2017), 160~161쪽.

4 강준만, 「왜 한국은 '불감사회(不感社會)'가 되었는가?: 의도적 눈감기」, 『생각과 착각: 세상을 꿰뚫는 50가지 이론 5』(인물과사상사, 2016), 187~192쪽 참고.

5 최강욱 외, 『권력과 검찰: 괴물의 탄생과 진화』(창비, 2017), 48쪽.

6 곽창렬, 「강금실 "내 몸에 안 맞는 정치하다 체해…생명 공부에 빠졌어요"」, 『조선일보』, 2021년 5월 22일.

7 최강욱 외, 『권력과 검찰: 괴물의 탄생과 진화』(창비, 2017), 47쪽.

8 최강욱 외, 『권력과 검찰: 괴물의 탄생과 진화』(창비, 2017), 61~62쪽.

9 이상돈, 『시대를 걷다: 이상돈 회고록』(에디터, 2021), 312~313쪽.

10 디지털뉴스팀, 「정청래 "이상돈 영입은 새정치연합에 대한 테러"…박영선 대표 퇴진도 불사」, 『경향신문』, 2014년 9월 12일.

11 이상돈, 『시대를 걷다: 이상돈 회고록』(에디터, 2021), 315쪽.

12 강찬호, 「[강찬호의 시선] 선거 이기자 입 싹 씻은 문재인, 선거 이기자 바로 오만해진 국민의힘」, 『중앙일보』, 2021년 4월 15일.

13 김종인, 『영원한 권력은 없다: 대통령들의 지략가 김종인 회고록』(시공사, 2020), 376~377쪽.

14 강찬호, 「[강찬호의 시선] 선거 이기자 입 싹 씻은 문재인, 선거 이기자 바로 오만해진 국민의힘」, 『중앙일보』, 2021년 4월 15일.

15 최경민, 「"녹음기 켜놔야 한다"…文 대통령-김종인 만남 결렬의 이유」, 『머니투데이』, 2020년 8월 18일; 김광일, 「[김광일의 입] "문재인 대표와 대화 땐 녹음기를 켜놔야 한다"」, 『조선일보』, 2020년 8월 18일.

16 박상훈은 "대통령이 청와대에 집착하는 것은 일을 빨리 해야 한다는 조급증과 깊은 관련이 있다. 크고 빠른 성과에 연연하는 조급함은 한국의 역대 대통령들 모두를 망가뜨린, 일종의 '정치적 질병'이었다"며 이런 대안을 제시한다. "왜 국무총리와 장관, 집권당이 자율적인 역할을 하도록 권한이 위임되지 않는지 알 수 없다. 청와대 정부는 결코 최선이 될 수 없다. 우리는 빠른 변화를 기대하는 것이 아니라 제대로 된 변화를 바란다. 이 모든 것이 입법부와의 좋은 관계 속에서만 가능하다." 박상훈, 『청와대 정부: '민주정부란 무엇인가'를 생각하다』(후마니타스, 2018), 61, 80, 232~233쪽.

17 강태화·하준호, 「'김' 보내고 '추' 남기고…문 대통령 마이웨이 개각」, 『중앙선데이』, 2020년 12월 5일, 1면.

18 강태화, 「[단독] 盧 인사수석이 文 인사수석 비판 "목은 자르라 있는 것"」, 『중앙일

보』, 2021년 6월 30일.

19 김은중, 「"대깨문" "청와대 이너서클" 정권 금기어 쏟아낸 송영길」, 『조선일보』, 2021년 7월 6일.

20 권경애, 『무법의 시간: 어쩌다 우리가 꿈꿨던 세상이 이 지경이 되었나?』(천년의상 상, 2021), 143쪽.

21 이낙연, 『이낙연의 약속: 내 삶을 지켜주는 나라』(21세기북스, 2021), 144쪽.

22 박홍두, 「청와대와 교감 속 '사면 카드'…통합 앞세워 '위기 돌파' 뜻」, 『경향신문』, 2021년 1월 2일.

23 황대진·박상기, 「친문들 "촛불은 우리가 들었는데, 이낙연 맘대로 사면? 용서 못 해」, 『조선일보』, 2021년 1월 2일, A3면.

24 심새롬·김기정·송승환, 「문 대통령과 사전 조율? 3위로 밀린 이낙연 '통합' 승부수」, 『중앙선데이』, 2021년 1월 2일, 4면.

25 이완, 「'MB·박근혜 사면론' 이낙연–청와대 사전 교감 있었나」, 『한겨레』, 2021년 1월 2일.

26 강태화, 「이낙연 "M·박근혜 사면 건의할 것" 청와대 "좋은 말씀"」, 『중앙선데이』, 2021년 1월 2일.

27 송호진, 「사면론 한 발 뺀 이낙연 "당사자 반성이 중요"」, 『한겨레』, 2021년 1월 4일, 1면.

28 이현상, 「'공무원 영혼 지킴이 법' 실종 사건」, 『중앙일보』, 2020년 11월 6일, 34면.

29 김현정·김민정, 『인간 이재명: 어렵다는 것은 가능성이 있다는 것이다』(아시아, 2021), 375쪽.

30 민재용, 「공무원, 말은 잘 들었다」, 『한국일보』, 2021년 12월 10일.

31 루크 도멜(Luke Dormehl), 노승영 옮김, 『만물의 공식』(반니, 2014), 270쪽.

32 토머스 소웰(Thomas Sowell), 박슬라 옮김, 『경제학의 검은 베일』(살림비즈, 2008/2009), 183쪽.

33 이가람, 「정부 또 통계 조작 논란…경실련 "집값 안정? 공시가 86% 급등"」, 『중앙일보』, 2021년 6월 30일.

34 「[사설] '통계 분식' 감사 연기, 정권이 싫어할 사안은 뭉개는 감사원」, 『조선일보』, 2021년 12월 1일.

35 임도원·박종필·이태훈, 「통계청장 돌연 경질…'통계 전쟁'으로 번졌다」, 『한국경제』, 2018년 8월 27일.

36 최훈길, 「[단독] 前 통계청장 "큰 과오 없어…윗선 말 듣지 않아 경질한 듯"」, 『이데일리』, 2018년 8월 27일.

37 신동욱, 「[신동욱 앵커의 시선] 이걸 믿으라고요?」, 『TV조선 뉴스9』, 2021년 7월 1일.

38 김형원·김지섭, 「文 대통령 '최저임금 긍정 효과 90%' 발언 뒤엔…靑이 통계청 압박해 빼낸 자료로 '엉터리 보고서'」, 『조선일보』, 2019년 10월 11일.

39 「[사설] '통계 분식' 감사 연기, 정권이 싫어할 사안은 뭉개는 감사원」, 『조선일보』, 2021년 12월 1일.

40 김은경, 「윤희숙 "세대수 때문에 집값 상승?…文 왜곡 위험 수준"」, 『조선일보』, 2021년 1월 19일.

41 이진구, 「"지질하게 통계 비틀어…靑 참모들, 얼마나 머리 쥐어짰을지"」, 『동아일보』, 2021년 6월 28일.

42 신성식, 「한국 20위, 이스라엘 27위…백신 접종 이스라엘 추월?」, 『중앙일보』, 2021년 6월 19일; 신동욱, 「[신동욱 앵커의 시선] 국민들의 속이 숯덩이입니다」, 『TV조선 뉴스9』, 2021년 7월 8일.

43 배영경, 「"남북 관계 위해 8월 한미 훈련 잠정 중단, 찬반 팽팽"」, 『연합뉴스』, 2021년 6월 25일; 홍영림, 「'한미 훈련' 찬반 팽팽? 반년 새 확 달라진 여론조사 결과의 비밀」, 『조선일보』, 2021년 8월 12일.

44 김남준, 「문 대통령 "계산 다시" 지시하자, 태양광 비중 2.9→11.1% 껑충」, 『중앙일보』, 2021년 8월 5일; 「[화나요 뉴스] 지도자의 눈…통계의 함정」, 『채널A 뉴스 A 라이브』, 2021년 8월 8일.

45 곽래건, 「입법조사처 "노인 일자리, 복지 사업인데 고용으로 계산"」, 『조선일보』, 2021년 8월 13일.

46 오경묵, 「0.9대 1 청약률, 알고 보니 2.9대 1…"부동산 무능 정부, 산수도 못하나"」, 『조선일보』, 2021년 8월 5일.

47 「[사설] 청와대 "집값 상승률 5.4%", 54%를 잘못 말한 것 아닌가」, 『조선일보』, 2021년 8월 28일.

48 예영준, 「초보적이고 치명적인 정부의 오류」, 『중앙일보』, 2021년 12월 14일.

49 조현숙, 「너무도 어려운 '실업자 되기'」, 『중앙일보』, 2021년 9월 23일.

50 「[사설] '통계 분식' 감사 연기, 정권이 싫어할 사안은 뭉개는 감사원」, 『조선일보』, 2021년 12월 1일.

51 김정훈·심나리·김항기, 『386 세대 유감: 386 세대에게 헬조선의 미필적 고의를 묻다』(웅진지식하우스, 2019), 5쪽.

52 「[사설] 외통수 몰린 여권 선거법 야합, 없던 일로 하는 것이 옳다」, 『조선일보』, 2019년 12월 25일, A27면; 최승현, 「與, 비례정당 비난 자격 있나」, 『조선일보』, 2020년 1월 29일, A30면.

53 김명진, 「'1호 사건' 조희연 택한 공수처…與 "이러려고 만들었나 자괴감"」, 『조선일보』, 2021년 5월 11일.

54 하준호, 「"생각 같아선 손해배상 300배" 슈퍼 여당의 언론 입 막기」, 『중앙일보』, 2020년 6월 11일, 12면.

55 채종원·이석희, 「가짜뉴스 언론 망해야 된다는 이재명, 홍보비로 보도 통제 논란」, 『매일경제』, 2021년 8월 3일.

56 조윤영, 「여당 원내대표들의 반성 "민주당, 오만했고 폐쇄적이었다"」, 『한겨레』, 2021년 12월 9일.

제4장

1 최병성,「[뉴스토마토] 49.7% "이재명 게이트" vs 29.4% "국민의힘 게이트"」,『뷰
  스앤뉴스』, 2021년 9월 30일; 박순봉,「"대장동, 이재명 책임" 50%⋯"고발 사주,
  윤석열 개입" 45%」,『경향신문』, 2021년 10월 6일; 박인혜·서동철,「국민 46%
  "대장동·이재명 직접 연관"」,『매일경제』, 2021년 10월 21일; 정혜정,「"대장동
  은 이재명 책임" 56.5%⋯"檢 수사 못 믿겠다" 68.1% [엠브레인퍼블릭]」,『중앙일
  보』, 2021년 11월 1일.
2 강성원,「유시민 "야권의 집권, 정치 권력만 잡은 것일 뿐"」,『미디어오늘』, 2017년
  5월 6일.
3 황희진,「진중권 "추미애·유시민은 장외 윤석열 선대위"」,『매일신문』, 2021년 12월
  10일.
4 오병상,「유시민의 귀환⋯이재명의 천군만마」,『중앙일보』, 2021년 12월 9일.
5 손원제,「국민의힘이 꽃길 깔아준 이재명의 '빅쇼'」,『한겨레』, 2021년 10월 20일.
6 박인혜·서동철,「국민 46% "대장동·이재명 직접 연관"」,『매일경제』, 2021년 10월
  21일.
7 김명일,「정청래 "'인간 이재명' 흐느끼며 읽어, 이토록 처절한 서사 있을까"」,『조선
  일보』, 2021년 12월 13일.
8 손혜원,「정청래를 부탁합니다」, 정청래,『정청래의 국회의원 사용법』(푸른숲,
  2016), 206쪽.
9 김은중,「與 "배신자는 실패" "친일파 가담 안 돼"⋯최재형 입당 맹폭」,『조선일보』,
  2021년 7월 15일.
10 송치훈,「정청래, 추미애 비판한 김해영에 "알량한 완장질"」,『동아닷컴』, 2021년 7월
   5일.
11 정청래,『정청래의 국회의원 사용법』(푸른숲, 2016), 131쪽.
12 유재일,「김부선 이야기를 하겠다」, 2018년 6월 11일; https://www.82cook.
   com/entiz/read.php?num=2579370.
13 이슬비,「李 "일제 부역자들이 대한민국 주축으로"」,『조선일보』, 2021년 11월 2일.
14 최진석,『최진석의 대한민국 읽기』(북루덴스, 2021), 73쪽.
15 최진석,『최진석의 대한민국 읽기』(북루덴스, 2021), 72~73쪽.
16 한영익,「여의도 떨어진 윤미향 폭탄⋯"친일 공세" vs "적반하장"」,『중앙일보』,
   2020년 5월 12일.
17 김나윤,「정책 지적했는데 가족까지 혐한 낙인⋯일본 상품 불매의 그늘」,『중앙선데
   이』, 2020년 8월 15일, 14면.
18 Peter Collier & David Horowitz,「McCarthyism: The Last Refuge of the Left」,
   『Commentary』, 85:1(January 1988), p.39.
19 안준용,「김원웅 "민주당 내 친일 비호 정치인 있다"⋯박주진 겨냥한 듯」,『조선일
   보』, 2021년 3월 1일.
20 김은중,「[단독] 여론조사업체 대표가 또⋯"윤석열은 시한폭탄, 이재명은 소탈"」,

『조선일보』, 2021년 8월 17일.

21 원선우, 「진중권 "에모토 시마지 아들 김원웅, 최후의 친일파"」, 『조선일보』, 2021년 8월 15일.

22 최진석, 『최진석의 대한민국 읽기』(북루덴스, 2021), 84쪽.

23 유창선, 『나는 옳고 너는 틀렸다: 민주주의를 무너뜨리는 극단과 광기의 정치』(인물과사상사, 2021), 28쪽.

24 오경묵, 「박노자도 '오세훈 지지 2030'에 "본래 극우" 비하」, 『조선일보』, 2021년 4월 5일.

25 오기영, 『민족의 비원 자유조국을 위하여』(성균관대학교출판부, 2002), 144~145쪽.

26 조은산, 『시무 7조』(매일경제신문사, 2021), 26쪽.

제5장

1 김종구, 「윤석열, '반정치의 정치'」, 『한겨레』, 2020년 12월 1일.

2 성한용, 「'안철수 현상'을 돌아보면 '윤석열의 미래'가 보인다」, 『한겨레』, 2021년 3월 14일.

3 김영희, 「안철수·박원순의 반정치 실험」, 『중앙일보』, 2011년 10월 14일.

4 네이슨 밀러(Nathan Miller), 김형곤 옮김, 『이런 대통령 뽑지 맙시다: 미국 최악의 대통령 10인』(혜안, 1998/2002), 31쪽.

5 이철희, 『정치가 내 삶을 바꿀 수 있을까?: 이철희의 정치 썰전 2』(인물과사상사, 2020), 21~22쪽.

6 진중권, 『보수를 말하다: 한국 보수를 향한 바깥의 시선』(동아일보사, 2020), 8쪽.

7 강준만, 「왜 1퍼센트의 사람들이 전체 조직을 뒤흔들 수 있는가?: 1퍼센트 법칙」, 『독선 사회: 세상을 꿰뚫는 50가지 이론 4』(인물과사상사, 2015), 260~266쪽 참고.

8 진중권, 『보수를 말하다: 한국 보수를 향한 바깥의 시선』(동아일보사, 2020), 78쪽.

9 진중권, 『보수를 말하다: 한국 보수를 향한 바깥의 시선』(동아일보사, 2020), 94쪽.

10 니콜라스 카(Nicholas Carr), 임종기 옮김, 『빅스위치: Web2.0시대, 거대한 변환이 시작된다』(동아시아, 2008), 228~231쪽.

11 Sears, Freedman & Peplau, 홍대식 옮김, 『사회심리학(개정판)』(박영사, 1986), 452~453쪽.

12 캐스 R. 선스타인(Cass R. Sunstein), 이정인 옮김, 『우리는 왜 극단에 끌리는가』(프리뷰, 2009/2011), 78쪽; 강준만, 「왜 개인보다 집단이 더 과격한 결정을 내리는가?: 집단 극화 이론」, 『감정 독재: 세상을 꿰뚫는 50가지 이론 1』(인물과사상사, 2013), 279~283쪽 참고.

13 김영민, 『산책과 자본주의』(늘봄, 2007), 162쪽.

14 김동연, 『대한민국 금기 깨기: 미래로 가는 길에는 금기가 없다』(쌤앤파커스, 2021), 227쪽.

15 김경화·이슬비, 「극렬 지지·유튜버에 휘둘린 정치…'똥별', '적정 수명 80세' 막말

사태」,『조선일보』, 2021년 9월 3일.

16 이건희,『이건희 에세이: 생각 좀 하며 세상을 보자』(동아일보사, 1997), 247~248쪽.

17 김도연,「[김도연의 취재진담] 진행자 정관용이 '회색지대'에 서 있는 이유」,『미디어오늘』, 2021년 3월 14일.

18 백수진,「세상은 원래 회색인데 왜 黑白으로 편 가를까」,『조선일보』, 2019년 6월 26일.

19 이상돈,「이 절망적인 극단의 정치를 어찌할까」,『한국일보』, 2021년 11월 8일.

20 김훈,「[거리의 칼럼] 꼰대」,『한겨레』, 2020년 10월 5일.

21 윤춘호,『어떤 어른: 그 사람, 성찰하는 꼰대』(개마고원, 2021), 5쪽.

22 제임스 보그(James Borg), 이수연 옮김,『설득력: 간결하고 강력하게 말하는 대화의 힘』(비즈니스맵, 2007/2009), 35쪽.

23 어빙 코피(Irving M. Copi)·칼 코헨(Carl Cohen), 박만준·박준건·류시열 옮김,『논리학 입문』(경문사, 1998/2000), 105~106쪽.

24 2019년 9월 고려대학교 강연에서; 윤춘호,『어떤 어른: 그 사람, 성찰하는 꼰대』(개마고원, 2021), 84쪽.

제6장

1 김진명,「한국인·미국인 90% "다른 정당 지지자 간 갈등 심하다 느껴"」,『조선일보』, 2021년 10월 14일.

2 맷 타이비(Matt Taibbi), 서민아 옮김,『우리는 증오를 팝니다』(필로소픽, 2019/2021), 82쪽.

3 맷 타이비(Matt Taibbi), 서민아 옮김,『우리는 증오를 팝니다』(필로소픽, 2019/2021), 65~66쪽.

4 소피아 로젠펠드(Sophia Rosenfeld), 정명진 옮김,『상식의 역사: 왜 상식은 포퓰리즘을 낳았는가?』(부글북스, 2011), 4쪽.

5 윤희숙,『정치의 배신』(쌤앤파커스, 2021), 220쪽.

6 윤희숙,『정치의 배신』(쌤앤파커스, 2021), 9~10쪽.

7 윤희숙,『정치의 배신』(쌤앤파커스, 2021), 214쪽.

8 루크 구드(Luke Goode), 조항제 옮김,『민주주의와 공론장: 위르겐 하버마스』(컬처룩, 2005/2015), 123쪽.

9 정두언,『정두언, 못다 이룬 꿈: 상식과 실용의 정치를 꿈꾸다』(블루이북스미디어, 2021), 131쪽.

10 정두언,『정두언, 못다 이룬 꿈: 상식과 실용의 정치를 꿈꾸다』(블루이북스미디어, 2021), 130쪽.

11 강준만,「왜 양당 체제의 정당들은 서로 비슷해지는 걸까?: 사회적 판단 이론」,『생각과 착각: 세상을 꿰뚫는 50가지 이론 5』(인물과사상사, 2016), 68~73쪽 참고.

12 정두언, 『정두언, 못다 이룬 꿈: 상식과 실용의 정치를 꿈꾸다』(블루이북스미디어, 2021), 133쪽.

13 강찬호, 「박용진 대박, 유치원·김일성 겁 안 낸 '똘끼'가 비결」, 『중앙일보』, 2018년 10월 25일.

14 박용진, 『박용진의 정치혁명: 대한민국을 바꾸려는 도전과 용기』(오픈하우스, 2021), 119쪽.

15 박용진, 『박용진의 정치혁명: 대한민국을 바꾸려는 도전과 용기』(오픈하우스, 2021), 131쪽.

16 박용진, 『박용진의 정치혁명: 대한민국을 바꾸려는 도전과 용기』(오픈하우스, 2021), 127쪽.

17 권승준, 「자산 364억, 빚 291억…공약만큼 재산도 파격적인 '이단아' 허경영」, 『조선일보』, 2021년 4월 3일.

18 윤영신, 「[만물상] 돈 풀기 공약 쏟아내던 허경영 "이제 나를 따라 한다"」, 『조선일보』, 2021년 8월 20일.

19 이옥진, 「허경영은 일시적 '허풍'인가, 무시 못할 변수인가」, 『조선일보』, 2021년 12월 4일.

20 이동수, 「허경영을 어찌할까」, 『한국일보』, 2021년 12월 3일.

21 한승훈, 「허경영 지지가 말해주는 것」, 『한겨레』, 2021년 12월 14일.

22 김범수, 「"비호감 대선, 여론조사 쏟아져도 막판까지 민심 반영 못할 수도"」, 『한국일보』, 2021년 11월 25일.

23 김범수, 「"비호감 대선, 여론조사 쏟아져도 막판까지 민심 반영 못할 수도"」, 『한국일보』, 2021년 11월 25일.

24 Pierre Bourdieu, 「Public Opinion Does Not Exist」, Armand Mattelart and Seth Siegelaub, eds., 『Communication and Class Struggle. Vol.1 Capitalism, Imperialism』(New York: International General, 1979), pp.124~126.

제7장

1 노정태, 『불량 정치: 우리가 정치에 대해 말하지 않은 24가지』(인물과사상사, 2021), 30, 35쪽.

2 김두식, 「'그들' 출신 대통령은 영영…」, 『한겨레』, 2005년 10월 24일, 23면.

3 나운채, 「김의겸 "윤석열, 5·18 언급하니 젊은 시절 전두환 떠올라"」, 『중앙일보』, 2021년 5월 18일.

4 황상진, 「윤석열의 선택적 헌법 정신」, 『한국일보』, 2021년 5월 18일.

5 김동호, 「김의겸 "文 정부 피 맛 보려는 무리들…'도자기 장관' 내줬다"」, 『연합뉴스』, 2021년 5월 14일.

6 이주현, 「사라진 '외교 행낭'을 찾아서」, 『한겨레』, 2021년 5월 18일.

7 고석현, 「기자 출신 김의겸 "경찰 사칭 과거 흔한 일…尹, 고발 심했다"」, 『중앙일

보』, 2021년 /월 12일.

8   정환봉, 「[말 거는 한겨레] 김의겸의 감수성」, 『한겨레』, 2021년 7월 14일.

9   김성진, 「'경찰 사칭' 김의겸 "친정 질책에 가슴 무너져⋯못난 선배 꾸~벅"」, 『머니투데이』, 2021년 7월 14일.

10 김명일, 「尹 측에 고발당한 김의겸 "누구 뼈가 부러지는지 겨뤄보자"」, 『조선일보』, 2021년 10월 4일.

11 김은빈, 「김건희 "靑 가면 초대" 발언 진실은⋯기자가 밝힌 26분 전말」, 『중앙일보』, 2021년 12월 17일.

12 정철운, 「"기자도 털면 안 나올 줄 아느냐" 김건희 발언 사실일까」, 『미디어오늘』, 2021년 12월 17일; 이해준, 「"기자도 털면⋯" 발언 진위 공방에, 김의겸 "김건희 씨 폰 까자"」, 『중앙일보』, 2021년 12월 16일.

13 김도연, 「2016년 뉴스가 된 언론인 10인을 뽑아봤습니다」, 『미디어오늘』, 2016년 12월 30일.

14 전희경, 「가해자 중심 사회에서 성폭력 사건의 '해결'은 가능한가: KBS 노조 간부 성폭력 사건의 여성 인권 쟁점들」, 한국여성의전화연합 기획, 정희진 엮음, 『성폭력을 다시 쓴다: 객관성, 여성운동, 인권』(한울아카데미, 2003), 59쪽.

15 권경애, 『무법의 시간: 어쩌다 우리가 꿈꿨던 세상이 이 지경이 되었나?』(천년의상상, 2021), 264~265쪽.

16 권경애, 『무법의 시간: 어쩌다 우리가 꿈꿨던 세상이 이 지경이 되었나?』(천년의상상, 2021), 152~153쪽.

17 권경애, 『무법의 시간: 어쩌다 우리가 꿈꿨던 세상이 이 지경이 되었나?』(천년의상상, 2021), 280쪽.

18 권경애, 『무법의 시간: 어쩌다 우리가 꿈꿨던 세상이 이 지경이 되었나?』(천년의상상, 2021), 303쪽.

19 남정미, 「권경애 "文 파시즘 이기는 길? 기죽지 않고 열심히 떠드는 것!"」, 『조선일보』, 2021년 7월 17일.

20 신평, 『공정사회를 향하여: 문재인 정권의 실패와 새로운 희망』(수류화개, 2021), 93~95쪽.

21 신평, 『공정사회를 향하여: 문재인 정권의 실패와 새로운 희망』(수류화개, 2021), 186~187, 192쪽.

22 김원철, 「최강욱 "당연히 중징계 나와야⋯윤, 자신 없으니 절차 문제 삼는 것"」, 『한겨레』, 2020년 12월 4일.

23 진중권, 『진보는 어떻게 몰락하는가: 저들은 대체 왜 저러는가?』(천년의상상, 2020), 208쪽.

24 신평, 『공정사회를 향하여: 문재인 정권의 실패와 새로운 희망』(수류화개, 2021), 305~306쪽.

25 신평, 『공정사회를 향하여: 문재인 정권의 실패와 새로운 희망』(수류화개, 2021), 306~308쪽.

26 장세정, 「[장세정 논설위원이 간다] "문 정부는 진보 표방하며 기득권자로 득세한

진보귀족 정권」, 『중앙일보』, 2021년 6월 29일.

27 김민중, 「"검찰 패야" 文과 외쳤던 김인회, 이젠 "경찰 파쇼 걱정"」, 『중앙일보』, 2021년 2월 17일. 김인회는 최근 출간한 저서에선 이렇게 말했다. "필자는 검찰 개혁과 경찰 개혁이 동시에 혹은 순차적으로 추진될 것이라고 기대했다. 경찰 개혁의 원칙과 과제들은 그동안 충분히 논의된 것으로 판단했다. 하지만 실제 개혁은 그렇게 진행되지 않았다. 경찰 개혁은 검찰 개혁만큼 충분히 준비되고 연구되고 추진되지 못했다. 경찰이 독자적인 개혁 과제를 안고 있다는 사실이 널리 공유되지 못했다. 몇 번의 기고를 통해 검찰 개혁과 함께 경찰 개혁을 주장했으나 반향은 없었다." 김인회, 『김인회의 경찰을 생각한다: 경찰 권력의 견제와 균형』(준평, 2021), 20쪽.

28 「[사설] '공동 집필' 김인회 감사위원에 앉힌 文의 임기 말 코드 인사」, 『동아일보』, 2021년 12월 6일.

29 김태현, 『세상의 통찰: 철학자들의 명언 500』(리텍콘텐츠, 2020), 21~22쪽.

30 김도연, 「언론노조 위원장 "언론 개혁, 정파적 소비 안 돼" 민주당 작심 비판」, 『미디어오늘』, 2021년 7월 21일.

31 김효실, 「"언론 피해 구제 시급하지만, '기사 열람 차단' 등 악용 막아야"」, 『한겨레』, 2021년 8월 6일.

32 김은빈, 「김의겸 앞에서 진중권 "'尹 성 접대' 한겨레, 손해배상 대상이냐"」, 『중앙일보』, 2021년 8월 5일.

33 조현호, 「이재명 "언론 망하게 해야" 발언에 "민주주의자 맞나"」, 『미디어오늘』, 2021년 8월 4일.

34 안준용, 「[기자의 시각] '언론 자유'도 내로남불」, 『조선일보』, 2021년 5월 7일.

35 이슬비, 「"언론중재법, 신중한 논의 필요" "단독 처리 땐 역풍"」, 『조선일보』, 2021년 8월 14일.

36 정철운, 「첨예하게 엇갈린 '언론 징벌적 손배' 마지막 공청회」, 『미디어오늘』, 2021년 12월 15일.

제8장

1 문정인, 『문정인의 미래 시나리오: 코로나19, 미·중 신냉전, 한국의 선택』(청림출판, 2021), 49쪽.

2 김종혁, 『두 번 다시, 경험하고 싶지 않은 나라: 기대할 것 없는 정권, 기댈 곳 없는 국민』(백년동안, 2021), 79~81쪽.

3 김종혁, 『두 번 다시, 경험하고 싶지 않은 나라: 기대할 것 없는 정권, 기댈 곳 없는 국민』(백년동안, 2021), 80쪽.

4 박윤예, 「'어쩌다 부동산 논객' 된 39세 주부…친文서 전향한 사연은」, 『매일경제』, 2020년 8월 1일.

5 황정일, 「'집값 폭등' 해법 찾기 난항」, 『중앙선데이』, 2020년 7월 25일, 1면.

6   윤세경, 『정부가 집값을 안 삽는 이유』(이레퍼블리싱, 2020), 113~114쪽.

7   윤세경, 『정부가 집값을 안 잡는 이유』(이레퍼블리싱, 2020), 114~115쪽.

8   윤세경, 『정부가 집값을 안 잡는 이유』(이레퍼블리싱, 2020), 93쪽.

9   윤세경, 『정부가 집값을 안 잡는 이유』(이레퍼블리싱, 2020), 59쪽.

10   윤세경, 『정부가 집값을 안 잡는 이유』(이레퍼블리싱, 2020), 337~338쪽.

11   윤세경, 『정부가 집값을 안 잡는 이유』(이레퍼블리싱, 2020), 93~94쪽.

12   김수현·진미현, 『집에 갇힌 나라, 동아시아와 중국: 꿈의 주택정책을 찾아서 2』(오월의봄, 2021), 29~30쪽.

13   김수현, 『부동산은 끝났다: 우리 삶에서 가장 중요한 곳, 다시 집을 생각한다』(오월의봄, 2011).

14   고재석, 「"문재인보다 윤석열이 노무현에 더 가깝다": 노의 책사에서 윤의 멘토로 김병준 국민의힘 상임선대위원장」, 『신동아』, 2022년 1월호, 53쪽.

15   마강래, 『부동산, 누구에게나 공평한 불행: 우리는 왜 부동산 때문에 좌절하는가』(메디치, 2021), 10~11쪽.

16   마강래, 『부동산, 누구에게나 공평한 불행: 우리는 왜 부동산 때문에 좌절하는가』(메디치, 2021), 51~52쪽.

17   마강래, 『부동산, 누구에게나 공평한 불행: 우리는 왜 부동산 때문에 좌절하는가』(메디치, 2021), 23, 89~91쪽.

18   김영기, 「당원 모집 경선이 민주당을 좀먹고 있다」, 『전북일보』, 2021년 4월 2일, 10면.

19   백성일, 「권리당원 많이 모집하는 사람이 단체장(?)」, 『전북일보』, 2021년 5월 12일.

20   김윤정, 「전북에서 선출직은 민주당 임명직?」, 『전북일보』, 2021년 7월 21일.

21   김영기, 「민주당 지방선거 경선, 정의롭고 공정한 경선은 불가능한가」, 『전북일보』, 2021년 8월 6일.

22   이경재, 「경쟁 무풍 속 가짜 권리당원 판치는 전북 정치권」, 『전북일보』, 2021년 8월 18일.

23   이스타항공 창업주였던 이상직은 문재인 정권 출범 후 대통령 직속 일자리위원회 위원장, 중소벤처기업진흥공단 이사장을 역임하며 승승장구했다. 그의 막강한 '빽'에 대해선 이런저런 의혹이 제기되었다. 억울하게 컷오프를 당한 최형재는 2020년 8월 『중앙일보』 인터뷰에서 "경선 전 서울에서 중소벤처기업진흥공단 이사장을 지내던 이상직이 전주를 출마 뜻을 비치면서 '최형재는 서울(민주당 중앙당)에서 날려버릴 것'이란 얘기를 하고 다닌다고 시의원들이 내게 전했다. 난 '내가 지지율 1위인데 당이 그럴 리 있나'며 일축했지만, 당은 아무런 이유도 밝히지 않고 날 컷오프했다"며 다음과 같이 말했다. "이상직은 인지도 낮은 청년 후보 1명만을 상대로 땅 짚고 헤엄치기로 경선에 이겼다. 난 억울함을 호소하러 양정철 만나러 갔는데 안 만나주고 전화도 안 받더라. 그래서 나랑 친분이 두터운 박원순 당시 서울시장이 내 구명을 위해 양정철에 전화했더니 '서울시장님이 뭐하러 전주까지 신경 쓰시냐'는 답이 돌아왔다고 한다." 이런 이상한 일은 당시 월급을 6개월 넘게 안 주고도 매일 강제로 출근을 시킨 이스타항공에 대한 문제 제기에 대해서도 똑같이 일어

났다. 이스타항공 조종사 노조 위원장 박이삼은 『중앙일보』 인터뷰에서 다음과 같이 말했다. "민주당사를 5번이나 찾아갔지만 거들떠보지도 않더라. 사태 초기에 민주당의 '을지로위원회'에서 보자고 해서 만나니 우원식 의원 보좌관이 나와 '잘 해결될 것'이란 원론적인 얘기만 하더라. 그 뒤 연락이 없어 '다시 만나자'고 하니 대답이 없더라. '을'을 위한다는 위원회조차 발을 빼는 걸 보고 도대체 이상직의 뒷배가 누구일까 하는 의문이 절로 들었다. 난 엄청난 문빠(문재인 열혈 지지층)였는데 이젠 치를 떨게 됐다." 강찬호, 「이상직 전북도당 위원장 출마와 사퇴, 의문의 해프닝⋯공천 논란도」, 『중앙일보』, 2020년 8월 5일, 23면; 강찬호, 「"15끼니째 컵라면으로 때워⋯문빠였지만 이젠 치 떨린다": 노조 위원장이 전한 이스타항공 참상」, 『중앙일보』, 2020년 8월 5일, 23면.

24 제정임·곽영신 엮음, 『어느 대학 출신이세요?: 지방대를 둘러싼 거대한 불공정』(오월의봄, 2021), 25쪽.

25 오찬호, 『우리는 차별에 찬성합니다: 괴물이 된 이십대의 자화상』(개마고원, 2013), 168쪽.

26 리처드 윌킨슨(Richard G. Wilkinson), 김홍수영 옮김, 『평등해야 건강하다: 불평등은 어떻게 사회를 병들게 하는가?』(후마니타스, 2005/2008), 250쪽.

27 이범, 『문재인 이후의 교육』(메디치, 2020), 9쪽.

맺는말

1 마르틴 후베르트(Martin Hubert), 원석영 옮김, 『의식의 재발견: 현대 뇌과학과 철학의 대화』(프로네시스, 2006/2007), 93쪽.

2 김인희, 『중국 애국주의 홍위병, 분노청년』(푸른역사, 2021), 51쪽.

3 김인희, 『중국 애국주의 홍위병, 분노청년』(푸른역사, 2021), 91, 98~99쪽.

4 데이비드 브룩스(David Brooks), 이경식 옮김, 『소셜 애니멀: 사랑과 성공, 성격을 결정짓는 관계의 비밀』(흐름출판, 2011), 456~457쪽; Donald Green et al., 『Partisan Hearts and Minds: Political Parties and the Social Identities of Voters』(New Haven, Conn.: Yale University Press, 2002), pp.204~229.

5 Eric Hoffer, 『The True Believer: Thoughts on the Nature of Mass Movements』(New York: Harper & Row, 1951/2010), p.98.

6 에릭 호퍼(Eric Hoffer), 이민아 옮김, 『맹신자들: 대중운동의 본질에 관한 125가지 단상』(궁리, 1951/2011), 137~143쪽.

좀비
정치
ⓒ 강준만, 2022

초판 1쇄 2022년 1월 24일 찍음
초판 1쇄 2022년 1월 28일 펴냄

지은이 | 강준만
펴낸이 | 강준우
기획·편집 | 박상문
디자인 | 최진영
마케팅 | 이태준
관리 | 최수향
인쇄·제본 | 제일프린테크

펴낸곳 | 인물과사상사
출판등록 | 제17-204호 1998년 3월 11일

주소 | (04037) 서울시 마포구 양화로7길 6-16 서교제일빌딩 3층
전화 | 02-325-6364
팩스 | 02-474-1413

www.inmul.co.kr | insa@inmul.co.kr

ISBN 978-89-5906-626-1 03300

값 16,000원